Wosnitza, M. & Jäger, R. S. (Hrsg.)

Daten erfassen, auswerten und präsentieren – aber wie?

Eine elementare Einführung in sozialwissenschaftliche Forschungsmethoden, Statistik, computerunterstützte Datenanalyse und Ergebnispräsentation

Forschung, Statistik & Methoden
Band 1
Herausgeber: Dr. Roland Arbinger, Prof. Dr. Reinhold S. Jäger, Prof. Dr. Peter Nenniger und Dr. Marold Wosnitza

Verlag
Empirische Pädagogik e. V.
Bürgerstraße 23
D-76829 Landau
FON ++49-6341-906-180
FAX ++49-6341-906-166
MAIL info@vep-landau.de
WEB www.vep-landau.de

Titelbild & Layout
© Harald Baron

Druck
DIFO Bamberg

Zitiervorschlag
Wosnitza, M. & Jäger, R. S. (Hrsg.). (2006). Daten erfassen, auswerten und präsentieren – aber wie? Eine elementare Einführung in sozialwissenschaftliche Forschungsmethoden, Statistik, computerunterstützte Datenanalyse und Ergebnispräsentation (4. vollst. überarb. und erw. Auflage) (Forschung, Statistik & Methoden, Band 1). Landau: Verlag Empirische Pädagogik.

ISBN-10: 3-937333- 18-5
ISBN-13: 978-3-937333-18-2

INHALTSVERZEICHNIS

EINFÜHRUNG

Der Erfassung sozialwissenschaftlicher Daten kommt im Zuge des aktuellen gesellschaftlichen und wirtschaftlichen Wandels eine immer größere Bedeutung zu. Es wird immer deutlicher, dass ohne eine qualitativ hochwertige Datenlage finanzintensive Entscheidungen nicht mehr begründet getroffen werden können und dürfen. Auch kommt der Datenerfassung im Zusammenhang mit der Überprüfung dieser Entscheidungen eine weitere wichtige Rolle zu.

Was will dieses Buch erreichen?

- „Daten erfassen, auswerten und präsentieren – aber wie?" soll helfen, die Scheu vor sozialwissenschaftlichen Forschungsmethoden und Statistik abzubauen und die abschließende Präsentation der Ergebnisse zu optimieren.
- Es ist ein Buch, das hilft, die Selbsthilfe zu verstärken. Nach dem systematischen Durcharbeiten sollten die Leser deshalb in der Lage sein, auf der Grundlage von gegebenen Fragestellungen Daten selbstständig zu erheben und auszuwerten sowie Präsentationen zu gestalten.

An wen wendet sich dieses Buch?

„Daten erfassen, auswerten und präsentieren – aber wie?" ist eine elementare Einführung in sozialwissenschaftliche Forschungsmethoden, Statistik, Ergebnispräsentation und computerunterstützte Datenanalyse und Foliengestaltung. Der Band ist deshalb sowohl an Studierende als auch an Praktiker gerichtet und soll den Einstieg in das sozialwissenschaftliche Arbeiten erleichtern.

Wie ist das Buch aufgebaut?

Im *ersten Kapitel* dieses Bands gibt Urban Lissmann einen Überblick über die gängigen *Forschungsmethoden* Beobachtung, Befragung, Experiment, Soziometrie und Inhaltsanalyse. Im *zweiten Kapitel* stellt Ulrike Behrens die gängigsten Formen der *Stichprobenziehung* dar und behandelt ebenso die Repräsentativität von Stichproben. Klaus Konrad vertieft dann im *dritten Kapitel* die Forschungsmethode *Befragung* und entwickelt einen Musterfragebogen, der in den folgenden Kapiteln immer wieder zur Verdeutlichung der dargestellten Inhalte aufgegriffen wird. Reinhold S. Jäger führt im *vierten Kapitel* in die *Deskriptive Statistik* ein und erläutert grundlegende statistische Verfahren zur Auswertung von erhobenen Daten. Im *fünften Kapitel*

Computerunterstützte Auswertung von Daten stellen Marold Wosnitza, Thomas Jäger und Stephan Kolbe anhand der Statistikpakete SPSS und STATISTICA dar, wie statistische Auswertungen auch bei großen Datenmengen mit Hilfe der EDV durchgeführt werden können. Im *sechsten Kapitel* zeigt Maria Bannert die wichtigsten Formen der *Ergebnispräsentation* und deren Grenzen im Überblick. Im abschließenden *siebten Kapitel* gibt Lars Balzer einen Einstieg in die *Computergestützte Foliengestaltung* mit POWERPOINT.

Alle Kapitel sind zur besseren Übersicht durch Randbemerkungen kommentiert. Dabei werden die folgenden drei Symbole verwendet:

Beispiele zur Verdeutlichung

Zwischenzusammenfassung des aktuellen Abschnitts

Übungen zur Vertiefung und Verfestigung

Dieses Buch wurde für die zweite Auflage vollständig überarbeitet und erweitert und in der vorliegenden Auflage noch einmal umfassend aktualisiert. Die Autoren und Herausgeber wünschen sich – wie bei der ersten Auflage – eine entsprechend gute Resonanz.

Kritik und Ergänzungen sind wünschenswerte Rückmeldungen für die Autoren und Herausgeber. Sie helfen, das Buch auch für eine fünfte Auflage zu verändern.

Landau, im Juni 2006

Marold Wosnitza & Reinhold S. Jäger

1 FORSCHUNGSMETHODEN – EIN ÜBERBLICK

Urban Lissmann

Um etwas über die Freizeitinteressen von Jugendlichen zu erfahren, können verschiedene Wege eingeschlagen werden. Man kann sie beobachten, wenn sie Flipper oder Billard spielen. Man kann sie über ihre Freizeit befragen. Denkbar wäre auch ein Experiment, bei dem die Jugendlichen teils an alten Geräten, teils an neuen Maschinen spielen, um abschließend etwas über ihr Spielinteresse in Erfahrung zu bringen.

Ziel des Beitrags oder Zielangabe

Mit der Entscheidung zu Gunsten einer bestimmten Forschungsmethode fallen wichtige Entscheidungen bezüglich der Personengruppe (Wer soll untersucht werden?), der Merkmale (Was soll gemessen werden?), der Datenerhebung (Wie sollen die Daten gewonnen werden?), usw. Die Forschungsmethode hilft mit, Zufall und Willkür auszuschalten. Aus diesem Grund werden in diesem Kapitel einige wichtige Forschungsmethoden beschrieben.

Definition: Forschungsmethode

Wenn die „*Forschungsmethode*" wissenschaftlich betrachtet wird, dann definiert man sie z. B. folgendermaßen: *„Im Bereich von Forschung und Wissenschaft bezeichnet Methode die planmäßige und kontrollierte Vorgehensweise, mit der wissenschaftliche Erkenntnisse gewonnen werden"* (Krapp, Hofer & Prell, 1982, S. 97).

Mit Hilfe der Forschungsmethode wird ein Zugang zur realen Welt hergestellt. An der Schnittstelle zur Realität findet man die Erhebungsmethoden.

Erhebungsmethode

Die *Erhebungsmethode* kann zwar begrifflich von einer Forschungsmethode unterschieden werden (vgl. nachfolgende Einteilung), aber faktisch sind sie nicht voneinander zu trennen. Die Erhebungsmethode kann als Teil der Forschungsmethode angesehen werden, wenn man ihre Stellung im Forschungsprozess zugrunde legt. Zur Forschungsmethode gehören außerdem noch Fragen des Versuchsplans, der Personenmerkmal der Versuchspersonen und Überlegungen zur Auswertung.

Forschungsmethodologie

Die Lehre von den Forschungsmethoden wird *Forschungsmethodologie* genannt. Wenn es also um Beobachtungstechniken, inhaltsanalytische Analyseschritte oder versuchsplantechnische Details geht, dann ist die *Methodenlehre* gefragt.

Wie können Forschungsmethoden eingeteilt werden?

In Tabelle 1.1 sind fünf Forschungsmethoden und ihre Erhebungsmethoden dargestellt. Sieht man von der unterschiedlichen Benennung der Erhebungsmethoden einmal ab, ist festzuhalten, dass *Merkmale* erhoben werden. Anhand von Merkmalen werden Eigenschaften einer Person, Sache oder eines Ereignisses beschrieben.

Die Unterscheidung von fünf Forschungsmethoden ist zwar geläufig, aber nicht die einzige Einteilungsmöglichkeit. Manchmal wird nur zwischen Befragung und Beobachtung unterschieden, wobei die anderen Methoden als Sonderformen der beiden angesehen werden. Die Inhaltsanalyse ist dann z. B. eine Beobachtung bzw. Befragung im Nachhinein.

Tab. 1.1: Vergleich Forschungsmethoden und Erhebungsmethoden

Forschungsmethode	Erhebungsmethode
Beobachtung	Beobachtungskategorien
Befragung	Interviewleitfaden, Fragebogen
Experiment	Test, Schätzskala, Fragebogen, Beobachtungskategorie, usw.
Soziometrie	Frage, Beobachtungskategorie
Inhaltsanalyse	Inhaltsanalysekategorien

1.1 Beobachtung

Die Beobachtung ist die erste von fünf Forschungsmethoden, über die ein Überblick gegeben werden soll.

Alltagsbeobachtung

Prinzipiell sind alle Tatbestände, Handlungen und soziale Prozesse, die sinnhaft wahrnehmbar sind, auch beobachtbar. Man nennt diese Form der Beobachtung *Alltagsbeobachtung* oder naive Beobachtung.

Wissenschaftliche Beobachtung

Die wissenschaftliche Beobachtung unterscheidet sich von der Alltagsbeobachtung. Unter einer wissenschaftlichen Beobachtung versteht man die „... *aufmerksame und planvolle Wahrnehmung und Registrierung von Vorgängen an Gegenständen, Ereignissen oder Mitmenschen in Abhängigkeit von bestimmten Situationen*“ (Drever & Fröhlich, 1971, S. 62f).

Zusammengefasst setzt also die *wissenschaftliche Beobachtung* folgendes voraus:

- Sie verfolgt einen Zweck und wird zusammenhängend durchgeführt.
- Sie darf nicht zufällig erfolgen, sondern muss sorgfältig geplant werden.
- Sie muss systematisch aufgezeichnet werden.
- Sie muss auf Gültigkeit und Zuverlässigkeit hin prüfbar sein.

Nachfolgend soll zuerst auf verschiedene Beobachtungsformen eingegangen werden. Im Rahmen der Planung einer Beobachtung werden dann die Komponenten *Beobachtungseinheit, Beobachtungsintervall, Beobachtungskategorien* und *Beobachtertraining* vorgestellt. Abschließend wird auf die Grenzen der Beobachtung hingewiesen.

1.1.1 Formen der Beobachtung

In Anlehnung an Atteslander können folgende Beobachtungsformen unterschieden werden (vgl. Abbildung 1.1; Atteslander, 1971, S. 131).

Strukturierte vs. unstrukturierte Beobachtung

Die wissenschaftliche Beobachtung lässt sich zunächst in die strukturierte und unstrukturierte Beobachtung unterteilen. Bei der *strukturierten Beobachtung* werden Handlungen nach einem mehr oder weniger differenzierten System von Beobachtungskategorien aufgezeichnet, während bei der *unstrukturierten Beobachtung* mehr oder weniger allgemeine Richtlinien gegeben werden, die dem Beobachter einen größeren Spielraum einräumen.

Hoher vs. niedriger Partizipationsgrad

Eine zweite Unterscheidung betrifft den Partizipationsgrad des Beobachters an der sozialen Realität. Der *Partizipationsgrad des Beobachters ist hoch*, wenn er selbst aktives Mitglied der Gruppe ist. Die Beobachtung mit hohem Partizipationsgrad nennt man auch aktivteilnehmende Beobachtung. Umgekehrt ist der *Partizipationsgrad des Beobachters niedrig*, wenn er nicht aktiv am Gruppenleben teilnimmt und bewusst Distanz hält. Die Beobachtung mit einem geringen Partizipationsgrad nennt man auch passiv-teilnehmende Beobachtung.

Abb. 1.1: Beobachtungsformen

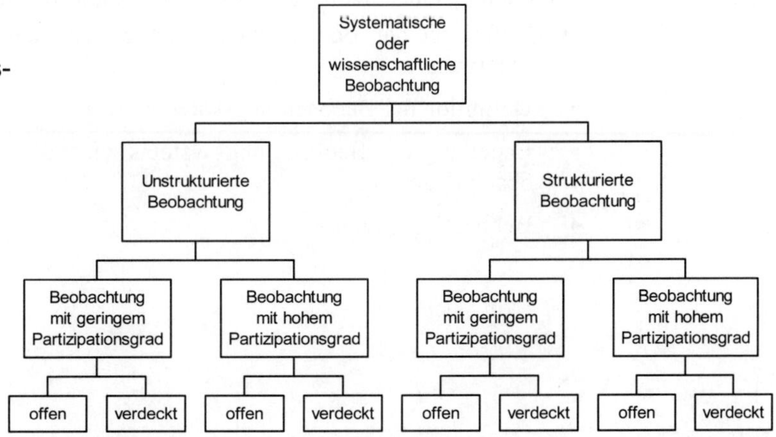

Die letzte Unterscheidung betrifft die Offenlegung der Beobachtungsabsicht. Bei der *offenen Beobachtung* tritt der Beobachter als

Forscher auf und gibt, wenn nicht das Ziel des Forschungsprojekts, so doch den Zweck seiner Anwesenheit bekannt. Bei der *verdeckten Beobachtung* gibt der Beobachter seine Identität als Forscher nicht bekannt.

Wie das folgende Beispiel aus einem Forschungsprojekt zeigt, handelt es sich um eine strukturierte Beobachtung mit niedrigem Partizipationsgrad des Beobachters und offen gelegter Untersuchungsabsicht.

Im Projekt nahmen die Beobachter über fünf Monate hinweg in regelmäßig wiederkehrenden Abständen am Unterricht der Lehrkräfte teil und erfassten mit einem Kategoriensystem alle mündlichen Leistungsrückmeldungen. Das Ziel der Untersuchung war bekannt und der Zweck ihrer Anwesenheit offensichtlich. Mehr noch, die Beobachter sprachen mit den Lehrkräften die aufgezeichneten Leistungsrückmeldungen durch. (Lissmann & Paetzold, 1982)

Selbst- vs. Fremdbeobachtung

In Bezug auf die Unterscheidung verschiedener Beobachtungsformen kann außerdem zwischen *Selbst- und Fremdbeobachtung* unterschieden werden. Zum ersten ist der Blick auf die eigene Person, zum zweiten auf eine andere Person bzw. auf andere Personen gerichtet. Die Selbstbeobachtung wird auch *Introspektion* genannt.

Wenn man diese Unterscheidung auf das genannte Beispiel anwendet, dann liegt eine Fremdbeobachtung vor.

1.1.2 Planung einer Beobachtungsstudie

Planung von Beobachtungen

Die Planung einer Beobachtungsstudie umfasst folgende Schritte:

- Definition der Beobachtungseinheiten und des Beobachtungsintervalls
- Definition der Beobachtungskategorien
- Erstellung des Beobachtungssystems zur Aufzeichnung der Beobachtungen
- Beobachterschulung

1.1.2.1 Beobachtungseinheit

Festlegung der Beobachtungseinheit

Welcher Realitätsausschnitt soll beobachtet werden? Die Abgrenzung der Beobachtungseinheit ist prinzipiell vom Interesse des Forschenden abhängig. Die Beobachtungseinheiten können sich einerseits auf das letzte, nicht weiter reduzierbare Verhalten beziehen, z. B. die Einheit *Lehrerfrage-Schülerantwort-Leistungsrückmeldung*. Andererseits können es komplexe Verhaltensmuster sein, z. B. die Mutter-Kind-Interaktion.

1.1.2.2 Beobachtungsintervall

Festlegung des Beobachtungsintervalls

Sollen feste Zeitabschnitte zu Grunde gelegt werden oder nicht? Je nach Untersuchungszweck können die Beobachtungsintervalle wenige Sekunden, mehrere Minuten oder Stunden umfassen. Man sagt dazu auch, dass eine *Zeitstichprobe* gezogen wird. Im Gegensatz dazu liegt bei der *Ereignisstichprobe* das Interesse an der vollständigen Erfassung eines bestimmten Verhaltens. Damit lassen sich insbesondere auch seltene Ereignisse erfassen.

Welche Methode zu bevorzugen ist, kann nicht generell entschieden werden. Folgt man Bortz und Döring, dann „eignen sich Zeitstichproben mehr zur Beschreibung des gesamten Geschehens und Ereignisstichproben mehr zur Dokumentation bestimmter Verhaltensweisen“ (Bortz & Döring, 1995, S. 249).

1.1.2.3 Beobachtungskategorien

Faßnacht (1995) unterscheidet zwischen Index- und Kategoriensystemen.

Indexsystem

Beim *Indexsystem* – es entspricht dem *Zeichensystem* von Cranach und Frenz oder dem *Merkmalssystem* von Schulz und Mitarbeitern – sind die (sprachlichen) Zeichen untereinander nicht festgelegt, d. h. sie können gleichzeitig auftreten (Cranach & Frenz, 1969; Faßnacht, 1995; Schulz, Teschner & Voigt, 1973). Wie das nachfolgende Beispiel zeigt, kann Otto schon eine Frohnatur sein, wenn er singt. Er ist es aber auch, wenn er singt, pfeift, lacht und hüpft.

Sachverhalt: *Fröhlicher Otto*

Merkmale: Singen, pfeifen, lachen, schmunzeln, herumhüpfen, usw.

Kategoriensystem

Beim *Kategoriensystem* sind die (sprachlichen) Zeichen untereinander festgelegt. Sie decken den Sachverhalt vollständig ab und schließen sich gegenseitig aus (Faßnacht, 1995). Wie das nachfolgende Beispiel verdeutlicht, gibt es sieben Leistungsrückmeldungen und genau eine wird registriert.

Sachverhalt: *Leistungsrückmeldung des Lehrers*

Kategorien: Lob, Zustimmung, nonverbale Zustimmung, keine Rückmeldung, nonverbale Ablehnung, Ablehnung, Tadel

Festlegung der Beobachtungskategorie

Abschließend werden die Beobachtungskategorien definiert. Wie Tabelle 1.2 zeigt, kann die Definition anhand von Beispielen erfolgen (Lissmann & Paetzold, 1982).

Tab. 1.2: Definition eines Kategoriensystems

Lob:	*Der Lehrer akzeptiert eine Schülerantwort durch Bestätigen der Person. Es wird eher die motivationale Komponente angesprochen, die Person des Schülers wird hervorgehoben. Beispiele: „super!“, „gut nachgedacht“, „das hast du prima gemacht“.*
Zustimmung:	*Der Lehrer stellt sachlich die Richtigkeit der Schülerantwort fest. Die informative Komponente steht dabei im Vordergrund, es wird die Leistung des Schülers angesprochen. Beispiele: „ja“, „right“, „völlig richtig“, „okay“.*
Nonverbale Zustimmung:	*Der Lehrer nickt mit dem Kopf.*
Keine Rückmeldung:	*Der Lehrer informiert den Schüler nach einer Antwort nicht eindeutig über die Richtigkeit/Falschheit seiner Leistung. Beispiele: Lehrer fährt im Stoff weiter fort; stellt neue Frage; wiederholt die Antwort des Schülers; bittet um weitere Ausführungen.*
Nonverbale Ablehnung:	*Der Lehrer schüttelt den Kopf, macht eine ablehnende Handbewegung, zieht eine Grimasse.*
Ablehnung:	*Der Lehrer stellt sachlich die Falschheit einer Schülerantwort fest. Beispiele: „Falsch“, „No“, „die Antwort gefällt mir nicht“.*
Tadel:	*Der Lehrer missbilligt die Antwort des Schülers, seine negative Äußerung richtet sich eher auf die Person. Beispiele: „Lass' es, du kannst es ja doch nicht“, „wenn ich dich so höre, sehe ich schwarz für dich“, „katastrophal“.*

Die Einzelbeobachtungen werden in ein *Beobachtungssystem* eingetragen (vgl. Tab. 1.3).

Tab. 1.3: Beispielbeobachtungssystem

Einheit	Lob	Zustimmung	Nonverbale Zustimmung	Keine Rückmeldung	Nonverbale Ablehnung	Ablehnung	Tadel
1	✓						
2		✓					
3						✓	
4				✓			
5				✓			

Jede Zeile stellt eine Beobachtungseinheit dar, d. h. durch sie wird die Verhaltenskette Lehrerfrage-Schülerantwort-Rückmeldung erfasst. Die beobachtete Rückmeldung wird abgehakt. Für jede Rückmeldung soll eine Zeile angelegt werden.

Regelkatalog

Zusätzlich kann für problematische Leistungsrückmeldungen ein *Regelkatalog* aufgestellt werden. Dieser enthält Anweisungen, z. B. dass nonverbale Rückmeldungen nur dann signiert werden sollen, wenn der Lehrer nicht zusätzlich verbal reagiert. Durch den Regelkatalog soll die Handhabung des Beobachtungssystems erleichtert, und Fehler sollen vermieden werden.

1.1.2.4 Beobachterschulung

4 Trainingsstufen

Ebenso wie der Regelkatalog dient die Beobachterschulung der Erhöhung der Genauigkeit, mit der die Beobachtungskategorien von verschiedenen Beobachtern verwendet werden. Allgemein lassen sich vier Stufen eines Beobachtertrainings unterscheiden:

a) *Lernen der Definitionen und Verhaltensregeln*

b) *Training mit Hilfe eines Transkripts*
Ein Transkript ist ein schriftliches Protokoll der mündlichen Interaktion. Einzelne Abschnitte werden gemeinsam kodiert. Fehler werden besprochen. Strittige Beispiele werden ausdiskutiert.

c) *Training mit Hilfe eines Tonbands bzw. einer Videoaufnahme*
Es empfiehlt sich, zunächst an kurzen Filmsequenzen zu üben. Die Aufzeichnungen sollen wieder gemeinsam besprochen und durch mehrmaliges Wiederholen des Filmausschnitts ausführlich

diskutiert werden. Wichtig ist, dass die Beobachter sich immer wieder die Kategoriendefinitionen und die Sonderregeln vergegenwärtigen. Die zu beobachtenden Filmausschnitte werden ständig verlängert, bis die Beobachter konzentriert eine volle Unterrichtsstunde kodieren können. Sehr hilfreich ist, wenn die Beobachter alle fünf Minuten ein Zeichen an den Rand des Beobachtungssystems machen, weil es die Besprechung der Beobachtungen erleichtert.

d) Training in der realen Situation

Der Erfolg einer Beobachterschulung kann rechnerisch überprüft werden. Man kann den Übereinstimmungsprozentsatz aus dem Verhältnis von falschen zu richtigen Angaben ermitteln oder anspruchsvollere Rechenverfahren einsetzen (z. B. bei Bortz, 1984, S. 204-208).

1.1.3 Grenzen der Beobachtung

Kritik an der Beobachtung

Die Beobachtung gibt Aufschlüsse über das faktische Sozialverhalten von Individuen oder Gruppen. In diesem Punkt ist sie der Befragung, die Meinungen, Einstellungen, usw. ermittelt, die aber nicht mit dem realen Verhalten übereinstimmen müssen, überlegen. Der Beobachtung sind jedoch auch Grenzen gesetzt.

- Sie kann nicht, wie z. B. die Befragung, zur Erfassung von Meinungen und Einstellungen herangezogen werden.
- Die Beobachtung ist personalintensiv und erfordert durch den Einsatz technischer Hilfsmittel zusätzliche Kosten.
- Bei der Beobachtung von Privatsphäre bzw. Intimsphäre sind natürliche Grenzen vorgegeben.
- Die Anwesenheit des Beobachters beeinflusst die soziale Situation, in der beobachtet wird.
- Spontanes Verhalten lässt sich unter Umständen nicht erfassen, wenn die Beobachtungsintervalle falsch gewählt wurden.

Die wissenschaftliche Beobachtung hat ein Ziel, ist sorgfältig geplant, wird systematisch aufgezeichnet und kann auf Zuverlässigkeit und Gültigkeit hin überprüft werden. Sie ist strukturiert bzw. unstrukturiert, sie hat einen hohen bzw. niedrigen Partizipationsgrad, sie ist offen oder verdeckt. Eine Beobachtungsstudie beginnt mit der Definition der Beobachtungseinheiten, des Beobachtungsintervalls und der Beobachtungskategorien. Dann wird das Beobachtungssystem zur Aufzeichnung der Beobachtungen entwickelt. Nach der Beobachterschulung kann die Beobachtung durchgeführt werden.

1.2 Befragung

Über die Forschungsmethode der Befragung wird in diesem Band an anderer Stelle ausführlich berichtet (siehe Kapitel 3), so dass an dieser Stelle grundlegende Aspekte angesprochen werden sollen.

Die Befragung unterscheidet sich von der Beobachtung durch den verbalen Reiz, der in die Situation hereingebracht wird. Die Beobachtung setzt keinen Stimulusreiz.

Definition: Befragung

Unter *Befragung* versteht man eine „... *Methode, bei der Versuchspersonen (Befragte) auf der Grundlage verbaler Äußerungen (z. B. direkte, indirekte Fragen) oder anderer ‚Reize' (z. B. bildhafte oder grafische Vorlagen) zu verbalen Reaktionen veranlasst werden*" (Krapp, Hofer & Prell, 1982, S. 11).

Die Befragung kann mündlich oder schriftlich erfolgen. Die mündliche Befragung nennt man Interview.

1.2.1 Interview

Interview und Fehlerquellen

Dadurch dass ein Interviewer anwesend ist, entsteht eine soziale Situation gegenseitiger Beeinflussung. Mögliche *Fehlerquellen* sind:

- Auftreten und Aussehen des Interviewers
- Art und Weise seiner Frageformulierung
- Einstellungen des Interviewers
- Fehler bei der Aufzeichnung der Antworten des Befragten

Die meisten Fehlerquellen lassen sich durch eine *Interviewerschulung* kontrollieren.

Formen des Interviews bzw. Techniken

Ein Interview lässt sich nach dem Grad der Standardisierung bzw. Strukturiertheit klassifizieren.

- Bei einem *nicht standardisierten, unstrukturierten Interview* bleiben die Auswahl der Fragethemen, die Anordnung im Gespräch und die Art der Formulierung dem Interviewer überlassen. Meist hat dieses Interview die Form eines freundlichen Gesprächs (weiches Interview) anhand einer oder mehrerer Leitfragen.
- Beim *halb standardisierten, halb strukturierten Interview* sind die Fragen festgelegt. Die Anordnung und die Formulierung bleiben dem Interviewer überlassen, z. B. darf er Erläuterungen geben, gegebenenfalls präzisieren und zusammenfassen.

- Im *standardisierten, strukturierten Interview* sind dagegen die Fragen, ihre Formulierung und Anordnung im Interview weit gehend festgelegt. Die Antworten werden in ein Interviewleitfaden eingetragen.

1.2.2 Fragebogen

Fragebogen

Bei der mündlichen Befragung stellt der Interviewer die Fragen und notiert die Antworten, während bei der schriftlichen Befragung die Fragen schriftlich vorgelegt und beantwortet werden. Die Beantwortung erfolgt entweder offen, dann werden sie notiert, oder mit Hilfe von Schätzskalen. Bei *Schätzskalen* antwortet der Befragte beispielsweise durch Ankreuzen eines Skalenpunkts auf einer Skala mit den Endpunkten „trifft völlig zu“ bis „trifft überhaupt nicht zu“.

Der *Fragebogen* hat ebenso wie das *Interview* spezifische *Stärken und Schwächen* (vgl. Tab. 1.4).

Tab. 1.4: Vergleich Fragebogen vs. Interview

Fragebogen	Interview
Die Bearbeitung erfolgt allein; der Befragte hat weniger Hemmungen, sich zu äußern.	Der Interviewer kann bei der Bearbeitung motivieren, Hilfestellung geben, Antworthemmungen abbauen.
Die Kosten umfassen Papier und Porti.	Spesen für den Interviewer.
Die Angaben im Fragebogen müssen präzise und eindeutig sein.	Interviewer arbeitet auch dann effektiv, wenn die Aufgabe nur ungenau definiert ist.
Bei postalischer Befragung häufig niedrige Rücksendequote.	Selten Ausfälle durch Terminabsprachen.

1.2.3 Sonderformen der Befragung

Die Panelbefragung und die Delphi-Methode stellen Sonderformen der Befragung dar.

Panelbefragung

Bei der *Panelbefragung* finden in kurzen Zeitabständen mehrere Befragungen statt. Dieselbe Personengruppe wird mit den gleichen Fragen konfrontiert, um Veränderungen bzw. Entwicklungen messen zu können.

Delphi-Methode

Unter der Delphi-Methode versteht man „... eine hochstrukturierte Gruppenkommunikation, deren Ziel es ist, aus den Einzelbeiträgen der an der Kommunikation beteiligten Personen Lösungen für komplexe Probleme zu erarbeiten“ (Bortz & Döring, 1995, S. 239).

Die *Delphi-Methode* nutzt das Wissen von Experten zur Optimierung von Problemlösungen. In einem ersten Schritt füllen Experten den zugesandten Fragebogen aus. Die Meinungen, Ansichten und Lösungsvorschläge werden vom Forscher ausgewertet und zu einem neuen Fragebogen gebündelt. Die Experten erhalten wiederum Gelegenheit, ihren Standpunkt zu begründen und zu präzisieren. Abschließend werden die Problemlösungen vom Forscher zusammengefasst.

Bei der mündlichen und schriftlichen Befragung werden Personen durch verbale und andere Reize zu eigenen Reaktionen veranlasst. Nach dem Grad der Strukturiertheit bzw. Standardisierung unterscheidet man drei Befragungstechniken. Das Interview und die schriftliche Befragung haben spezifische Stärken und Schwächen. Welche Methode dennoch zum Einsatz kommt, wird als von der Fragestellung des Forschers abhängig gesehen. Die Panelbefragung und die Delphi-Methode stellen Sonderformen der Befragung dar.

1.3 Experiment

1.3.1 DEFINITION UND KENNZEICHEN DES EXPERIMENTS

Definition: Experiment

Krapp, Hofer und Prell (1982) definieren das Experiment als *„eine besondere Form empirisch-wissenschaftlicher Untersuchung. Im Experiment wird mindestens eine unabhängige Variable planmäßig und unter kontrollierten Bedingungen variiert ... und der dadurch hervorgerufene Effekt auf eine abhängige Variable ... beobachtet bzw. gemessen"* (Krapp, Hofer & Prell, 1982, S. 43).

Kennzeichen des Experiments

In dieser Definition werden die wichtigsten Kennzeichen eines Experiments angesprochen.

- Planmäßigkeit
- Wiederholbarkeit
- Variierbarkeit

Dabei bedeutet *Planmäßigkeit*, dass der Forscher absichtlich und zu einem von ihm gewählten Zeitpunkt in die soziale Realität eingreift.

Obwohl die soziale Realität prinzipiell einmalig ist, wird davon ausgegangen, dass Experimente repliziert werden können. In der Erziehungswissenschaft ist die *Wiederholbarkeit* fast immer nur mit neuen, vergleichbaren Personengruppen und vergleichbaren Bedingungen und Verhältnissen der experimentellen Situation möglich.

Man kann die *Variierbarkeit* als das entscheidende Kennzeichen experimentellen Vorgehens ansehen. Bestimmte Variablen werden verändert, andere nicht, damit ein Effekt gemessen werden kann.

Variable

Von einer *Variable* spricht man, wenn ein Merkmal in mindestens zwei Ausprägungen vorliegt. Das Geschlecht stellt beispielsweise ein

Merkmal dar, während „männlich" und „weiblich" die Ausprägungen des Merkmals sind.

Unabhängige vs. abhängige Variable

Eine *unabhängige Variable* erhält ihren Sinn durch die Gegenüberstellung mit der *abhängigen Variablen.* Sie hat eine Wirkung auf die abhängige bzw. sie beeinflusst die abhängige Variable. Die Vorgabe bzw. Nichtvorgabe des Kreativitätstrainingsprogramms ist ein Beispiel für eine unabhängige Variable, während die gemessenen Kreativitätswerte die *abhängige Variable* darstellen. Weitere Beispiele für unabhängige Variablen, die schon häufig Gegenstand empirischer Forschung waren, sind Lehrmethoden, Sozialformen und Medien.

Wenn man das folgende Beispiel heranzieht, wird das Prinzip der Variierbarkeit verständlich.

Zehnjährige Kinder wurden nach dem Zufallsprinzip aus allen Schulklassen der Klassenstufe 4 ausgewählt und wiederum zufällig einer Experimental- und einer Kontrollgruppe zugewiesen. Die Kinder der Experimentalgruppe absolvierten zehn Stunden lang ein Kreativitätstrainingsprogramm. Die Kinder der Kontrollgruppe erprobten zur gleichen Zeit ein Rechtschreibtraining. In beiden Gruppen wurde nach Abschluss des Experiments die Kreativität gemessen.

Die Variation der experimentellen Variablen besteht bei diesem Beispiel in der Durchführung bzw. Nichtdurchführung des Kreativitätsprogramms. Mögliche Unterschiede im Nachtest sind daher auf das Kreativitätstrainingsprogramm zurückzuführen.

Störvariable

Haben andere Variablen als die unabhängige Variable einen Einfluss auf die abhängige Variable, spricht man von einer *Störvariablen.* Beispielsweise könnten die Kinder der Experimentalgruppe schon zu Beginn des Experiments kreativer gewesen sein als die Kinder der Kontrollgruppe.

1.3.2 GÜLTIGKEIT DES EXPERIMENTS

Gültigkeit

Der Forscher wird bei der Anlage des Experiments zwei Fragen zu beantworten haben:

1) Wie kann sichergestellt werden, dass das experimentelle Vorgehen (Treatment) und nur dieses im Ergebnis die erwarteten Unterschiede hervorbringt?
2) Inwieweit sollen die Ergebnisse über das konkrete Experiment hinaus verallgemeinert werden?

Die erste Frage betrifft die *innere Gültigkeit* eines Experiments, die zweite Frage seine *äußere Gültigkeit.*

1.3.2.1 Innere Gültigkeit

Störvariablen

Um die innere Gültigkeit zu sichern, müssen störende Einflüsse auf das Experiment kontrolliert werden. Eine *Störvariable* ist demnach eine mit der experimentellen Variablen konkurrierende Variable. Krapp und Mitarbeiter drücken es so aus: „*Als Störvariable wird ein Merkmal in einem Experiment bezeichnet, das (ungewollt und vom Untersucher meist unbemerkt) auf die abhängige Variable ... Einfluss nimmt*" (Krapp, Hofer & Prell, 1982, S. 152).

Beseitigung der Störvariablen

Wie aber kann der Einfluss von Störvariablen beseitigt werden? Dazu werden verschiedene Techniken eingesetzt:

- Eliminierung
- Parallelisierung
- Zufallsprinzip
- Statistik

Eliminierung

Bei der *Eliminierung* von Störvariablen wird die Störvariable durch die Auswahl bestimmter Personengruppen ausgeschaltet. Wenn das Geschlecht einen störenden Einfluss auf die Ergebnisse hat, kann man z. B. nur Jungen heranziehen; wenn Gefahr besteht, dass Straßenlärm einen Einfluss auf das Lernverhalten hat, dann wählt man Schulklassen zum Innenhof hin aus. Die Eliminierung von Störvariablen hat jedoch oft den unerwünschten Effekt, dass die Generalisierbarkeit der Ergebnisse beeinträchtigt wird. Die Ergebnisse gelten dann z. B. nur für Jungen bzw. für Innenhofschulklassen.

Parallelisierung

Die Technik der *Parallelisierung* besteht darin, mögliche Einflüsse von Störvariablen auf Experimental- und Kontrollgruppe gleichmäßig zu verteilen. Kann man beispielsweise davon ausgehen, dass die Intelligenz einen Einfluss auf die Lernergebnisse hat, dann wird man intelligenzgleiche Paare bilden und sie den zwei Gruppen zuweisen. Die Parallelisierung setzt jedoch voraus, dass man die relevanten Störvariablen vorher kennt. Außerdem sind der Parallelisierung durch die Anzahl der Variablen, anhand derer parallelisiert werden soll, Grenzen gesetzt.

Zufallsprinzip

Die einzige Technik, die es gestattet, alle Störvariablen zu kontrollieren, ist das *Zufallsprinzip*. Jede Versuchsperson hat so die Chance, entweder in die Experimental- oder die Kontrollgruppe zu kommen. Dazu werden Karten oder Lose gezogen, oder es wird gewürfelt. Zu beachten ist dabei, dass die Versuchspersonen nicht nur nach dem Zufallsprinzip ausgewählt, sondern auch nach dem Zufallsprinzip den experimentellen Bedingungen (Treatment) zugewiesen werden. Allerdings können sich während des Experiments wieder untersuchungsbedingte Störvariablen bemerkbar machen (vgl. Bortz & Döring, 1995).

Statistische Kontrolle

Die *statistische Kontrolle* von Störvariablen geschieht rechnerisch nach Abschluss des Experiments. Wenn z. B. die Vortestleistung neben dem Treatment einen möglichen Einfluss auf die Nachtestergebnisse hat, dann kann dieser Einfluss quantitativ bestimmt werden.

1.3.2.2 Äußere Gültigkeit

Generalisierbarkeit

Zur äußeren Gültigkeit gehören Fragen nach der Generalisierbarkeit der gefundenen Ergebnisse auf andere Personen, Situationen und Variablen. Zwischen innerer und äußerer Gültigkeit besteht ein Dilemma, weil in dem Maße, in dem die äußere Gültigkeit zunimmt, die innere Gültigkeit abnimmt, und umgekehrt. Deshalb bleibt es dem einzelnen Forscher überlassen, ob er der inneren Präzision seines Experiments oder der Generalisierbarkeit des Effekts den Vorzug gibt.

1.3.3 Versuchspläne

Der Versuchsplan ist eine weitere Möglichkeit zur Kontrolle von Fehlerquellen. Campbell und Stanley (Schwarz, 1963/1970) unterscheiden vorexperimentelle, experimentelle und quasi-experimentelle Versuchspläne.

Vorexperiment

Vorexperimentelle Versuchspläne erlauben keinerlei Kontrolle von Störvariablen. Die experimentelle Variable wird absichtlich eingeführt und die Auswirkung gemessen. Beispielsweise führt eine Lehrkraft mit den Kindern ihrer Klasse vier Wochen offenen Unterricht durch. Anschließend werden die Kinder bezüglich Interesse und Lernerfolg befragt. Bei diesem Beispiel kann nicht zweifelsfrei gesagt werden, dass der Effekt auf den offenen Unterricht zurückzuführen ist.

Experiment

Zur „optimalen" Kontrolle der inneren Gültigkeit in *experimentellen Versuchsplänen* gehören mindestens eine Experimentalgruppe und Kontrollgruppe, die Manipulation von mindestens einer experimentellen Variablen, die zufällige Auswahl und Zuweisung von Individuen auf die Gruppen, usw. (Beispiele in Schwarz, 1963/1970).

Quasi-Experiment

Quasi-experimentelle Versuchspläne mit eingeschränkter innerer Gültigkeit werden in natürlichen sozialen Situationen durchgeführt. Damit wird eine Gruppe von experimentellen Versuchsplänen bezeichnet, bei denen die Zufallsauswahl der Versuchspersonen und die Zufallszuweisung des Treatments nicht oder kaum möglich ist, und wo auch sonst keine vollständige Kontrolle der Störfaktoren stattfinden kann. Das Quasi-Experiment ist dem Feldexperiment gleichzusetzen. Wie schon beim Feldexperiment, so liegt sein Vorteil in der höheren äußeren Gültigkeit.

1.3.4 Formen des Experiments

Man unterscheidet zwischen Labor- und Feldexperiment.

Laborexperiment

Im *Laborexperiment* wird die soziale Wirklichkeit vereinfacht, um die Einflüsse von Störvariablen weitgehend auszuschalten. Beispielsweise werden schulische Lernprozesse auf das Lernen sinnloser Silben unter Laborbedingungen reduziert. Wie noch auszuführen sein wird, erhöht sich dadurch zwar die innere Gültigkeit des Experiments, aber die äußere Gültigkeit wird gefährdet.

Feldexperiment

Beim *Feldexperiment* wird der Gegenstand, den man untersuchen will, in seiner natürlichen Umgebung belassen. Bei innerbetrieblichen Untersuchungen, wie z. B. der Frage der Auswirkung veränderter Arbeitsbedingungen, findet das Experiment im Betrieb statt. Man nimmt in Kauf, dass das Experiment unter weniger streng kontrollierten Bedingungen stattfindet, und erhöht gleichzeitig die äußere Gültigkeit des Experiments. Trotzdem ist man bemüht, so viele Störvariablen wie möglich zu kontrollieren.

Die wichtigsten Kennzeichen eines Experiments sind Planmäßigkeit, Wiederholbarkeit und experimentelle Bedingungsvariation. Bei der Planung eines Experiments ist erstens sicherzustellen, dass das experimentelle Vorgehen und nur dieses die erwarteten Unterschiede hervorbringt, und zweitens auf welche Personengruppen die Ergebnisse verallgemeinert werden sollen. Den verschiedenen Störvariablen kann mit der Technik der Eliminierung, der Parallelisierung, dem Zufallsprinzip oder mit Statistik begegnet werden.

1.4 Soziometrie

1.4.1 Erhebungsmethode

Soziometrie

Die Soziometrie ist eine Methode zur Erfassung sozialer Beziehungen in Gruppen. Um die sozialen Wechselbeziehungen zu erfassen, bedient man sich hauptsächlich folgender Methoden:

- Beobachten der sozialen Wechselbeziehungen (wer mit wem, wann und wie oft etwas tut, z. B. spielen, arbeiten, wegfahren)
- Erfragen der sozialen Präferenzen (Mit wem möchtest Du am liebsten spielen/überhaupt nicht spielen? Wen möchtest Du zum Sitznachbarn haben/nicht haben?)

In Tabelle 1.5 werden die soziometrischen Forschungspläne noch einmal zusammengefasst (Friedrichs, 1985, S. 258):

Tab. 1.5: Soziometrische Forschungspläne

1. Sympathie Antipathie	Mit wem würden sie am liebsten ...? Mit wem würden sie nicht gern ...?	
2. Einstellung Verhalten	Mit welchem Mitglied der Gruppe möchten sie zusammenarbeiten? Mit welchem Mitglied haben sie zusammengearbeitet?	
3. Kriterium	Arbeit, Reise, Wohnen, Diskussion, usw.	
4. Wahrnehmung	Wer, meinen sie, wird sie wählen/ablehnen?	
5. Intra- oder Extra-Gruppe (selten)	Wahlen können auf Mitglieder der Gruppe beschränkt werden oder auch auf Nichtmitglieder ausgedehnt werden.	
6. Art der Wahlen	a)	Nur positive, nur negative, beides
	b)	Anzahl der Wahlen (offen lassen, festlegen, maximale Anzahl nehmen)
	c)	Rangfolge der Wahlen (Gewichtung)
	d)	ein Kriterium oder mehrere
7. Ergänzungen	a)	An die Wahlen können sich Interviews anschließen, in denen nach den Gründen der Wahl (oder Ablehnung) gefragt wird.
	b)	Die Ergebnisse werden den Gruppenmitgliedern mitgeteilt, um sie zu sensibilisieren und/oder zu therapieren.

1.4.2 Datenauswertung

Auf die Erhebung der soziometrischen Daten folgt die Auswertung. Zur Darstellung und Analyse werden in der Regel das Soziogramm bzw. die Soziomatrix verwendet.

Soziogramm

Im *Soziogramm* werden die Wahlen/Ablehnungen grafisch dargestellt. Die Abbildung 1.2 zeigt bestimmte Grundmuster der sozialen Interaktion. Sie beinhaltet die Richtung der sozialen Beziehungen (wer wählt wen; positiv – negativ), jedoch nicht die Intensität der Interaktion (stark – schwach).

Abb. 1.2.:
Soziogramm

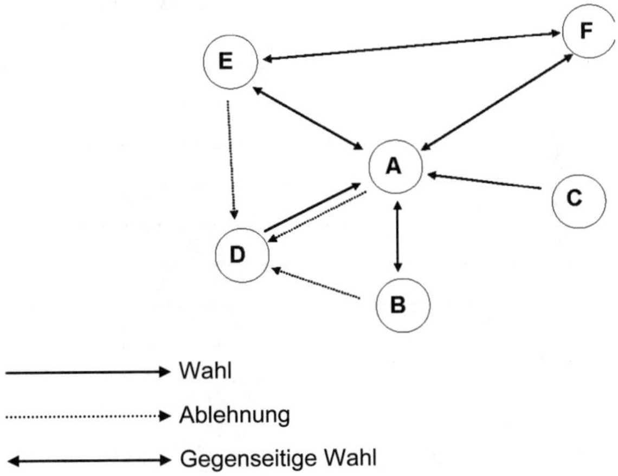

Interpretationsbeispiele

- Die Person A nennt man *Star*, weil sie im Zentrum steht und von allen anderen gewählt wurde.
- Die Person D wird *abgelehnt*, weil sie nur negative Wahlen erhält.
- Die Person C ist ein so genannter *Isolierter*. Sie wählt, wird jedoch nicht gewählt.
- Die Personen A, E und F bilden zusammen eine *Clique*. Jeder wählt den anderen aus der Clique und die Wahl wird von den anderen erwidert.

Soziomatrix

Die zweite Form der Darstellung von Sozialbeziehungen ist die *Soziomatrix*. Die Wähler und Gewählten werden in Tabellenform eingetragen. Dann wird die Summe der einzelnen Spalten bzw. Zeilen gebildet. Man kann so den Sozialstatus der Beteiligten entweder direkt ablesen oder mittels soziometrischer Koeffizienten berechnen.

In Tabelle 1.5 wurden die Daten des Soziogramms in eine Soziomatrix übergeführt. Die Spaltensummen informieren über die Anzahl der erhaltenen Wahlen, während die Zeilensummen die abgegebenen Wahlen wiedergeben. Wie zu sehen ist, erhält A die meisten Wahlen (5) und D die meisten Ablehnungen (3).

Tab. 1.5: Beispielsoziomatrix

		Gewählte						
Wähler		A	B	C	D	E	F	Summe
	A		+		-	+	+	4
	B	+			-			2
	C	+						1
	D	+						1
	E	+			-			2
	F	+						1
	Summe	5	1	0	3	1	1	11

Wahl: +; Ablehnung: -

1.4.3 Probleme der Soziometrie

Bei der soziometrischen Methode sind vor allem zwei Punkte problematisch.

Validität

Die Frage nach dem Sitznachbarn (Neben wem möchtest du gerne sitzen?) könnte beispielsweise außer durch Sympathie auch durch Kalkül (gute Leistungen) motiviert sein. Allgemein sollte die Fragestellung mit Handlungskonsequenzen z. B. Umsetzen verbunden sein, um echte Antworten zu erzeugen.

Reliabilität

Die Zuverlässigkeit der Antworten ist von der Anzahl der geforderten Wahlen abhängig. Soll der beste Freund genannt werden oder soll die ganze Schulklasse eingeschätzt werden. Als Faustregel kann eine Empfehlung für fünf Nennungen weitergegeben werden.

Mit Hilfe der Soziometrie werden die sozialen Beziehungen in Gruppen erfasst. Die Sozialbeziehungen können erfragt oder beobachtet werden. Die Auswertung erfolgt entweder grafisch mit Hilfe des Soziogramms oder durch Indizes über eine Soziomatrix.

1.5 Inhaltsanalyse

Aus allem, was Menschen gedacht, geredet und geschrieben haben, können Rückschlüsse auf ihre Einstellungen, Meinungen, usw. gezogen werden. Die Mitteilungen liegen entweder unmittelbar vor, wie z. B. bei Buch, Zeitung, Video, oder wurden nachträglich verschriftet, wie z. B. bei Interviewprotokollen und Protokollen lauten Denkens.

1.5.1 Definition und Erkenntnisinteresse

Definition: Inhaltsanalyse

Von Früh stammt die folgende Definition: *„Die Inhaltsanalyse ist eine empirische Methode zur systematischen, intersubjektiv nachvollziehbaren Beschreibung inhaltlicher und formaler Merkmale von Mitteilungen“* (Früh, 1991, S. 24).

Bestimmungsstücke der Inhaltsanalyse

Aus dieser Definition lassen sich die vier Bestimmungsstücke isolieren:

- Empirische Methode
- Systematik
- Objektivität
- Formale und inhaltliche Merkmale von Mitteilungen

Empirie beinhaltet den Vorgang des Messens. Die Aussage „es regnet“ stellt noch keine Messung dar. Messen heißt quantifizieren, wie beispielsweise in der Aussage „es regnet heftig“.

Die *Systematik* verlangt eine klare Umsetzung der Untersuchungsfrage in eine Forschungsstrategie und eine konsequente Anwendung der Strategie auf das Untersuchungsmaterial.

Der *Objektivitätsbegriff* begründet sich auf dem Konsens zwischen Individuen. Die Regeln der Konsensbildung müssen mitgeteilt oder in einer anderen Form transparent gemacht werden.

Die Anzahl der Wörter und Substantive eines Texts, die Form der Nebensätze, kurzum alle nicht inhaltsbezogenen Merkmale können Gegenstand der *formal-deskriptiven Inhaltsanalyse* sein. In der Regel werden jedoch die *inhaltlichen Merkmale* im Vordergrund stehen. Bekannt geworden ist Lasswells Analysestrategie: „Wer sagt was, zu wem, wie, warum und mit welcher Wirkung?“

Kommunikationstheoretische Grundlage

Zusammengefasst werden in der Inhaltsanalyse sprachliche Eigenschaften einer Mitteilung untersucht und daraus Schlussfolgerungen auf nicht-sprachliche Eigenschaften gezogen. Dabei auftretende Fehler lassen sich kommunikationstheoretisch erklären, wie Abbildung 1.3 veranschaulicht (Friedrichs, 1985, S. 315).

Abb. 1.3: Kommunikationstheorie und Fehler

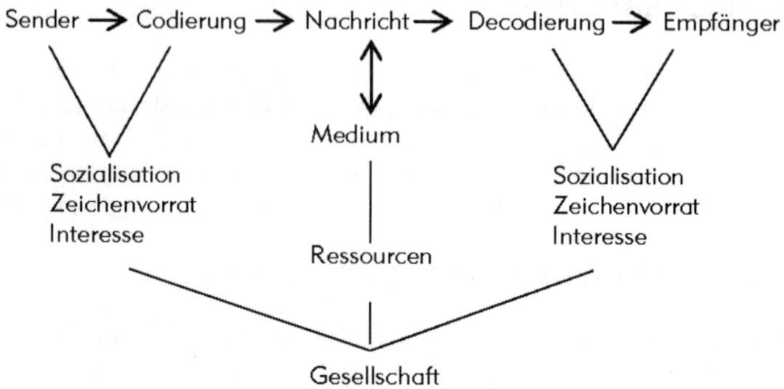

In der Übersicht wird die Unterhaltung zweier Individuen dargestellt. Wenn der Sender eine Nachricht zu einem Empfänger schickt, dann wird sie im Prozess der Versprachlichung durch Sozialisation, Wortschatz und Interessen kodiert und wahrscheinlich auch verändert. Was dann beim Empfänger ankommt, ist wiederum von Sozialisation, Zeichenvorrat und Interessen des Empfängers abhängig. Die Nachricht selbst kann direkt oder über ein Medium, z. B. die Zeitung, übermittelt werden.

Latente Inhalte

Die Nachricht bzw. das Medium kann nach sprachlichen oder formalen Eigenschaften analysiert werden, aber auch im Hinblick auf den Sender oder Empfänger der Nachricht. Dabei muss die Nachricht interpretiert werden. Es müssen *Schlussfolgerungen auf nichtsprachliche Merkmale*, z. B. Wünsche und Absichten, gezogen werden.

Manifeste Inhalte

Die dabei zu Tage tretende Subjektivität der Analyse führte in den 50er Jahren dazu, dass man sich auf den *manifesten Inhalt* von Mitteilungen beschränkte (Berelson, 1952). Unter „manifest" wurde die gewöhnliche oder herkömmliche Bedeutung von Aussagen unabhängig von der Absicht des Sprechers oder der Wahrnehmung des Angesprochenen verstanden.

Tabelle 1.6 beinhaltet Beispiele inhaltsanalytischer Untersuchungsläne (gekürzt aus Holsti, 1969, S. 604).

Tab. 1.6: Untersuchungspläne

Absicht	Frage	Forschungsproblem
Beschreibung von Merkmalen der Mitteilung	Was?	• Beschreibung von Trends in den Kommunikationsinhalten • Beziehen von bekannten Merkmalen des Senders auf die Art der Mitteilung, die sie produzieren • Vergleich der Kommunikationsinhalte mit Standards/Maßstäben
	Wie?	• Analyse von Techniken der Überredung • Stilanalyse
	An wen?	• Beziehen von bekannten Merkmalen des Empfängers auf für sie produzierte Mitteilungen • Analyse von Kommunikationsmustern
Rückschlüsse auf Vorgänge vor der Mitteilung (Codierung)	Warum?	• Erzeugung von politischer und militärischer Intelligenz • Analyse von psychologischen Charakteristika von Individuen • Rückschluss auf Aspekte der Kultur und des kulturellen/sozialen Wandels • Auffinden legaler Beweise
	Wer?	• Klären von umstrittener Autorschaft
Rückschlüsse auf Effekte der Mitteilung (Decodierung)	Mit wechem Effekt?	• Lesbarkeit: Verständlichkeit zu messen • Analyse des Kommunikationsflusses • Ermittlung der Arten der Rezeption

Nach den Ausführungen zu Definition und Erkenntnisinteresse der Inhaltsanalyse sollen ihre Kennzeichen, das inhaltsanalytische Vorgehen und die verschiedenen Techniken der Inhaltsanalyse beschrieben werden.

1.5.2 Kennzeichen der Inhaltsanalyse

Das wichtigste Kennzeichen der Inhaltsanalyse ist der Bezug auf Vergangenes, weil die Kommunikation schon stattgefunden hat. Somit stellt die Inhaltsanalyse eine nicht-reaktive Methode dar.

4 Kennzeichen

Geis beschreibt insgesamt vier Kennzeichen (Geis, 1992).

1) *Der Gegenstand der Inhaltsanalyse ist ständig verfügbar.* Er kann immer wieder der Untersuchung zugänglich gemacht werden. Die Hypothesen können repliziert werden.
2) *Der Gegenstand der Inhaltsanalyse ändert sich nicht.* Dadurch, dass die Mitteilung, der Text oder das Bild vorliegen, sind sie losgelöst vom Einfluss anderer Personen und der Zeit.
3) *Die Kosten und der Zeitaufwand einer Inhaltsanalyse sind geringer als bei anderen Methoden.* Wenn man beispielsweise den Standpunkt einer politischen Partei erkunden will, dann wird man nicht die Interviewmethode verwenden, sondern eine Inhaltsanalyse der verschiedenen Parteiprogramme vornehmen. Grundsätzlich scheint die Kostenfrage jedoch von der Fragestellung der Untersuchung abhängig zu sein.
4) *Die Inhaltsanalyse ermöglicht Erkenntnisse über zurückliegende Zeiten oder Personen.*

1.5.3 Planung einer Inhaltsanalysestudie

Das Verfahren bei der Inhaltsanalyse von Texten besteht aus der Schrittfolge *Auswahl der Texte, Festlegung der Kodiereinheiten und Kodierung.*

Auswahl der Texte

Handelt es sich z. B. um die Frage des Wertewandels in der Gesellschaft des 20. Jahrhunderts, wird man sich überlegen, wie die *Textstichprobe* beschaffen sein muss, mit der sich diese Frage beantworten lässt. Man könnte sich daraufhin für die Neujahrsansprache des jeweiligen Staatsoberhaupts entscheiden oder für eine Analyse von Abituraufsätzen. In einem zweiten Schritt wäre zu überlegen, welche Epochen bzw. Jahre in die Textstichprobe aufgenommen werden sollen, usw.

Festlegung der Kodierungseinheit

Der Auswahl der Texte folgt die Festlegung der *Kodiereinheiten.* Eine Kodiereinheit ist das kleinste sinntragende Element in den Texten. Das kann ein Wort, Satz, Absatz, aber auch ein chronologischer Abschnitt oder eine zentrale Aussage sein. Beim Beispiel des Wertewandels könnte man sich beispielsweise für eine Wortanalyse entscheiden.

Kodierung

Kodieren heißt, den Textteilen Kategorien zuordnen. Die Kategorien bzw. Codes können entweder im Verlauf der Inhaltsanalyse entwickelt oder vorab definiert und auf den Text angewandt werden. Häufig wird man beide Techniken verwenden. Im Beispiel des Wertewandels kann man sich vorstellen, dass Begriffe wie Heimat, Vaterland, Stolz, usw. eine Rolle gespielt haben. Weitere Begriffe kann dann die Analyse der Auftretenshäufigkeiten zu Tage fördern.

1.5.4 Techniken der Inhaltsanalyse

Man unterscheidet quantitative und qualitative Analysetechniken (Mayring, 1995).

Quantitative Techniken

Zu den *quantitativen Techniken* gehören:

- Häufigkeitsanalysen
- Valenz- und Intensitätsanalysen
- Kontingenzanalysen

Häufigkeits- bzw. Frequenzanalysen beruhen hauptsächlich auf dem Auszählen von Wörtern, während *Valenz- und Intensitätsanalysen* die positive/neutrale/negative Bewertung von Aussagen beinhalten. Im Rahmen von *Kontingenzanalysen* werden benachbarte, d. h. vorausgehende bzw. nachfolgende, Textstellen zu Grunde gelegt. In der Forschung sind die Häufigkeitsanalysen am weitesten verbreitet. Ihnen liegt die Annahme zu Grunde, dass häufig verwendete Begriffe auch relevante Begriffe sind.

Validität der Inhaltsanalyse

Aus der Kritik an Häufigkeitsanalysen heraus lassen sich *drei Forderungen* formulieren (Ritsert, nach Mayring, 1992). Erstens muss der Kontext beachtet werden, da gleiche Begriffe unterschiedliches bedeuten können („Wie schon die alten Ägypter sagten ...“, wenn die Nationalität kodiert werden sollte). Zweitens sollen latente Sinnstrukturen berücksichtigt werden. Oft weicht die lexikalische Bedeutung von Begriffen von der intendierten Bedeutung ab („Gewalt in der Schule“ impliziert z. B. auch, dass es Gute und Böse, Friedliche und andere gibt). Schließlich sollen drittens auch die seltenen Begriffe analysiert werden, weil sie ebenfalls bedeutsam sein können.

Qualitative Techniken

Zur *qualitativen Inhaltsanalyse* werden folgende Techniken gezählt (Mayring, 1992, 1995):

- Zusammenfassende Inhaltsanalyse
- Explizierende Inhaltsanalyse
- Strukturierende Inhaltsanalyse

Zusammenfassende Inhaltsanalyse

Das Ziel der *zusammenfassenden Inhaltsanalyse* ist die Reduktion der Textmenge. Durch Abstraktion soll Übersicht erreicht werden. Die verwendete Methode ist die Paraphrasenbildung. Dabei werden alle ausschmückenden, wiederholenden oder verdeutlichenden Textstellen gestrichen. Die grammatikalische Kurzform wird benutzt.

Explizierende Inhaltsanalyse

Die *explizierende Inhaltsanalyse* bzw. Kontextanalyse will einen Sachverhalt erläutern oder erklären. Durch Beachtung des engen bzw. weiten Textkontexts soll zusätzliches Material gefunden werden. Im ersten Fall spricht man von textimmanentem Kontext, während man im zweiten Fall von textübergreifendem Kontext spricht. Über den Text hinaus geht z. B. die Beachtung biografischer Daten zu einem Schriftsteller.

Strukturierte Inhaltsanalyse

Das Prinzip der *strukturierenden Inhaltsanalyse* besteht im Herausfiltern bestimmter Strukturaspekte des Textmaterials. Das können markante Ausprägungen des Textes sein (typisierend), wertende Schätzurteile (skalierend) oder vor der Analyse festgelegte Kodierregeln (formal). Die Struktur kann dann wieder als Kategoriensystem an das Textmaterial herangetragen werden.

Die Inhaltsanalyse wird heute zunehmend mit Hilfe des Computers durchgeführt (vgl. Lissmann, 1989).

Mit Hilfe der Inhaltsanalyse werden inhaltliche und formale Merkmale von Mitteilungen erfasst. Die Inhaltsanalyse ist eine nicht-reaktive Forschungsmethode, weil sie sich auf Kommunikationsinhalte bezieht, die schon Vergangenheit sind. Zu den eher quantitativen Inhaltsanalysetechniken gehören die Häufigkeits-, Valenz-, Intensitäts- und Kontingenzanalyse, während zu den eher qualitativen Techniken die zusammenfassende, explizierende und strukturierende Inhaltsanalyse gezählt werden.

1.6 Zusammenfassung

In diesem Beitrag wurde ein Überblick über wichtige empirische Forschungsmethoden gegeben. Auf Grund einer geläufigen Einteilung konnte zwischen Beobachtung, Befragung, Experiment, Soziometrie und Inhaltsanalyse unterschieden werden.

Mit Hilfe der *Beobachtung* lässt sich in erster Linie menschliches Verhalten messen. Die wissenschaftliche Beobachtung wird sorgfältig geplant und systematisch aufgezeichnet.

Die *Befragung* unterscheidet sich von der Beobachtung durch einen verbalen oder einen anderen Reiz, der in der Befragungssituation vorgegeben wird. Bei der mündlichen oder der schriftlichen Befragung sollen Personen durch Reize zu eigenen Reaktionen veranlasst werden.

Die wichtigsten Kennzeichen eines *Experiments* sind Planmäßigkeit, Wiederholbarkeit und experimentelle Bedingungsvariation. Bei der Planung eines Experiments ist vor allem sicherzustellen, dass das experimentelle Vorgehen und nur dieses die erwarteten Unterschiede hervorbringt.

Mit Hilfe der *Soziometrie* kann man die sozialen Beziehungen in Gruppen erfassen. Die Sozialbeziehungen können erfragt oder beobachtet werden.

Durch die *Inhaltsanalyse* schließlich lassen sich inhaltliche und formale Merkmale von Mitteilungen messen bzw. einschätzen.

Die Forschungsmethode hilft mit, Zufall und Willkür auszuschalten. Zusammengefasst dient sie der planmäßigen und kontrollierten Gewinnung wissenschaftlicher Erkenntnisse.

2 DIE STICHPROBE

Ulrike Behrens

Im Jugendzentrum erfährt die Sozialpädagogin in Gesprächen mit einzelnen Jugendlichen, dass sie Interesse an einem Hip Hop Tanzkurs haben. Eine Gruppe von jüngeren Kindern wünscht sich eine regelmäßige Gruppenstunde. Wie sieht die Interessenlage für das kommende Jahresprogramm für bestimmte Altersgruppen insgesamt aus, welche Angebote stoßen auf Interesse, welche haben wenig Aussicht, angenommen zu werden? Um darüber zuverlässige Informationen zu sammeln, müsste man dazu nicht alle Jugendlichen des Einzugsbereiches befragen? Dies wäre sehr aufwendig und ist auch unnötig, da es die Möglichkeit gibt, eine Stichprobe zu ziehen, das heißt, nur eine Auswahl von Personen zu befragen. Eine solche Stichprobe bietet – wenn sie nach bestimmten Regeln zusammengesetzt wird – sogar verlässlichere Informationen über die Zielgruppe als eine sogenannte Vollerhebung, bei der man tatsächlich alle Mitglieder dieser Zielgruppe einbezieht.

Von der Grundgesamtheit zur Stichprobe

Eine Stichprobe ist also eine Auswahl von Personen oder Elementen aus einer bestimmten Gruppe (Grundgesamtheit oder Population), die befragt oder untersucht wird, um Informationen über diese Grundgesamtheit zu erhalten. Entscheidend sind die Regeln und Kriterien, nach denen die Elemente ausgewählt und in die Stichprobe aufgenommen werden (vgl. Abbildung 2.1).

Abb. 2.1: Grundgesamtheit, Auswahlverfahren und Stichprobe

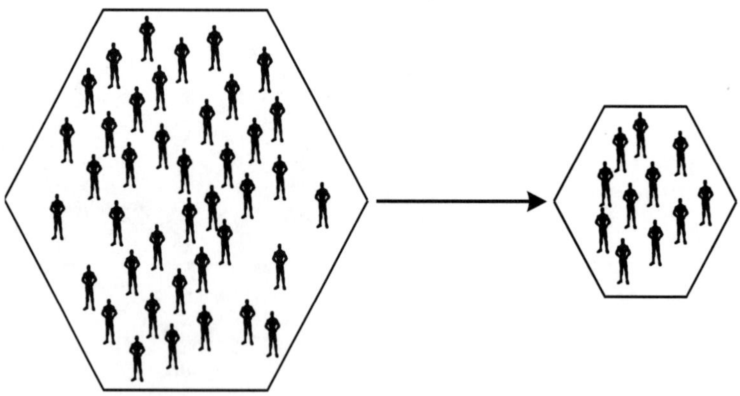

Von der Grundgesamtheit

über ein Auswahl verfahren

zur Stichprobe

2.1 Definitionen und Begriffe

Im Folgenden werden die zentralen Begriffe, die für die Stichprobenziehung relevant sind, erläutert. Deren Klärung und inhaltliche Definition ist unabdingbar für jede Stichprobenkonstruktion.

Grundgesamtheit

Grundgesamtheit

Die Grundgesamtheit ist die Personengruppe oder die Gruppe von Elementen, über die man Informationen sammeln und Aussagen machen will. Ihr Umfang wird mit einem großen „N“ angegeben, der Stichprobenumfang mit einem kleinen „n“; hat z. B. eine Kleinstadt als definierte Grundgesamtheit für eine Befragung 15 600 Einwohner, so bedeutet dies: N = 15 600. Daraus soll eine Stichprobe von 800 Personen gezogen werden: n = 800.

Definition der Grundgesamtheit ist Grundlage für die Stichprobenziehung

Die genaue Definition der Grundgesamtheit ist die Grundlage für die Stichprobenziehung. Beispiele für die Festlegung einer Grundgesamtheit sind: alle Jugendlichen im Alter von 14-16 Jahren im Stadtgebiet, alle Schülerinnen und Schüler der Grundschulen unseres Landkreises, alle Nachmittagskurse der städtischen Jugendzentren, alle Sportangebote der örtlichen Sportvereine für Kinder im Alter von 4 bis 6 Jahren. Es ist empfehlenswert, bei der Definition der Grundgesamtheit Merkmale zu wählen, die objektiv und einfach feststellbar sind. Ein Beispiel für ein ungenaues oder nur schwer kontrollierbares Kriterium wäre das Merkmal „Jugendliche in der Phase der Pubertät“. Ohne zusätzliche Kriterien, die bestimmen, wann das Merkmal „In der Phase der Pubertät“ zutrifft, kann nicht entschieden werden, ob ein Jugendlicher zur Grundgesamtheit gehört oder nicht.

Erhebungseinheit und Untersuchungseinheit

Erhebungeinheit und Untersuchungseinheit

Erhebungseinheit ist die Einheit, die in die Stichprobe einbezogen wird, Untersuchungseinheit ist die Einheit, die untersucht, befragt oder beobachtet wird (vgl. Friedrichs, 1980). Zur Verdeutlichung der Unterscheidung soll folgendes Beispiel dienen: Wenn man einzelne Kurse oder Nachmittagsangebote bewerten will, so ist die Erhebungseinheit der einzelne Kurs. Befragt über ihre Meinung zum Kurs werden jedoch Teilnehmer und/oder Dozenten, d. h. diese bilden die Untersuchungseinheit. Häufig sind Untersuchungs- und Erhebungseinheit identisch.

Die Festlegungen und die möglichst genaue Bestimmung von Grundgesamtheit, Erhebungs- und Untersuchungseinheit sind der erste Schritt für die Konstruktion der Stichprobe.

Die Festlegungen von Grundgesamtheit (N), Erhebungs- und Untersuchungseinheit bilden die Basis für die Stichprobenziehung.

2.2 „Wie eine Studie ergab ...“ – Zum Konzept der Repräsentativität

Stichprobenkonstruktion

Repräsentativität

Repräsentationsschluss

Nach der Definition und Beschreibung der Grundgesamtheit sowie Erhebungs- und Untersuchungseinheit gilt es, das Verfahren für die Konstruktion der Stichprobe zu bestimmen. Die Ergebnisse einer Stichprobenuntersuchung sind nur dann verwertbar und auf die Grundgesamtheit übertragbar, wenn bestimmte Kriterien für die Stichprobenkonstruktion Beachtung finden und die Stichprobe repräsentativ für die Grundgesamtheit ist. Der zentrale Begriff für Stichprobenuntersuchungen ist „Repräsentativität“. Repräsentativität ist dann gegeben, wenn die Stichprobe ein verkleinertes Abbild der Grundgesamtheit darstellt, d. h. wenn die Verteilung hinsichtlich der Merkmale in Grundgesamtheit und Stichprobe gleich ist. Wenn von einem für die Stichprobe berechneten Ergebnis auf den entsprechenden Wert für die Grundgesamtheit geschlossen wird, bezeichnet man dies als Repräsentationsschluss (vgl. Kapitel 2.4)

„Wie eine Studie des Institutes XY ergab, sehen Kinder unter 6 Jahren bereits mehrere Stunden täglich fern“, solche oder ähnliche Zeitungsmeldungen über die Ergebnisse von Befragungen sind häufig zu finden. Die Leser werden aber sehr oft überhaupt nicht darüber informiert, wie diese Stichprobe zusammengesetzt wurde. Daher können sie auch nicht überprüfen, ob diese repräsentativ für die Grundgesamtheit ist, über die hier Aussagen postuliert werden und ob die Ergebnisse der Stichprobe tatsächlich auf die Grundgesamtheit übertragen werden dürfen.

Zufall

Stichprobenumfang

Grundsätzlich ist davon auszugehen, dass nur eine Wahrscheinlichkeitsauswahl die globale Repräsentativität gewährleistet. Die Auswahl nach dem Zufallsprinzip garantiert, dass die Merkmalsverteilungen in Grundgesamtheit und Stichprobe annähernd identisch sind. Der Stichprobenumfang spielt hierbei eine untergeordnete Rolle, d. h. bei einer Auswahl, die in ihrer Zusammensetzung nicht der Grundgesamtheit entspricht, kann auch eine sehr große Stichprobe diesen Fehler nicht ausgleichen (vgl. Bortz & Döring, 1995). Welche Wege zur Ziehung einer Zufallsstichprobe beschritten werden können, zeigen die folgenden Abschnitte.

Repräsentativität ist der zentrale Begriff für Stichprobenuntersuchungen. Nur eine Stichprobe, die ein verkleinertes Abbild der Grundgesamtheit darstellt, gewährleistet Repräsentativität. In diesem Fall kann von den für die Stichprobe errechneten Werten auf die der Grundgesamtheit geschlossen werden (Repräsentationsschluss).

2.3 Die Auswahlverfahren

Auswahlverfahren beinhalten die Regeln und Vorgehensweisen, nach denen Personen oder Elemente aus der Grundgesamtheit ausgewählt und in die Stichprobe aufgenommen werden.

Welches Verfahren man wählt, hängt unter anderem von zwei Grundsatzentscheidungen ab:

Zufalls- oder bewusste Auswahl

1) Die Auswahl kann so vorgenommen werden, dass alle Elemente der Grundgesamtheit die gleiche und angebbare Chance haben, gezogen zu werden (Wahrscheinlichkeitsauswahl), oder dass Elemente mit bestimmten Merkmalen bevorzugt werden bewusste Auswahl)" (Friedrichs, 1980, S. 130). Wähle ich aus einer Liste der Mitglieder eines Sportvereins nach dem Zufallsprinzip 50 Personen aus, so ist dies eine Wahrscheinlichkeitsauswahl. Eine bewusste Auswahl betrifft beispielsweise sogenannte Extremgruppen oder seltene Fälle, über die man mehr erfahren möchte und die in einer repräsentativen Stichprobe kaum vorhanden sind. Ein Beispiel für eine solche Auswahl wäre eine Befragung von 20 willkürlich bestimmten Personen des Vereins, die Leistungssport betreiben. Weiteres Beispiel sind sogenannte Ad-hoc-Stichproben wie eine Passantenbefragung in einer Fußgängerzone.

Elemente und Klumpen

2) „Stichprobeneinheit können entweder Elemente oder Klumpen von Elementen sein. Die Klumpen (z. B. Schulen) umfassen Elemente (Lehrer, Schüler) oder wiederum Klumpen von Elementen (Klassen, Schüler)" (Friedrichs, 1980, S. 130). Diese Entscheidung hängt insbesondere davon ab, welche Informationen man über die Zusammensetzung der Grundgesamtheit hat und in welcher Form diese vorliegen. Wenn beispielsweise eine vollständige Liste aller Elemente vorhanden ist, so ist der Weg zur Stichprobe sehr viel einfacher und direkter als wenn nur vage Informationen über die Zahl und die räumliche Verteilung der Elemente zur Verfügung stehen. Je nachdem, ob sich die Auswahl der Elemente in einem oder mehreren Auswahldurchgängen vollzieht, spricht von einer einstufigen oder einer mehrstufigen Auswahl.

Tabelle 2.1 zeigt, wie sich die Auswahlverfahren anhand dieser Unterscheidungskriterien kategorisieren lassen:

Tab. 2.1: Übersicht über Auswahlverfahren

	Wahrscheinlichkeitsauswahl	Bewusste Auswahl
einstufig	• einfache Wahrscheinlichkeitsauswahl • systematische Wahrscheinlichkeitsauswahl	• keine subjektiven Kriterien: Ad-Hoc-Auswahl, willkürliche Auswahl
mehrstufig	• Geschichtete Wahrscheinlichkeitsauswahl (proportional oder disproportional) • Klumpenauswahl • mehrstufige Wahrscheinlichkeitsauswahl	• Auswahl nach festgelegten subjektiven Kriterien: Extremgruppen, seltene Fälle, typische Fälle • Quota-Auswahl

Im Folgenden werden die in Tabelle 2.1 aufgeführten Verfahren jeweils erläutert.

2.3.1 Wahrscheinlichkeitsauswahlen (auch probabilistische Stichproben oder Probability Samples)

2.3.1.1 Die einfache Wahrscheinlichkeitsauswahl (Simple Random Sample)

Einfache Wahrscheinlichkeitsauswahl

Die Ziehung einer Zufallsstichprobe setzt voraus, dass alle Elemente der Grundgesamtheit bekannt und möglichst in einem Verzeichnis oder einer Liste aufgeführt sind. Sind diese Bedingungen gegeben, so nummeriert man die einzelnen Elemente durch und kann dann anhand von Zufallszahlen eine bestimmte Anzahl der Elemente in die Stichprobe aufnehmen (vgl. Abbildung 2.2). Solche Zufallszahlen finden sich in Tabelle 2.2. Entscheidend für die Zufallsstichprobe ist der Sachverhalt, dass jedes Element exakt die gleiche Chance hat, Teil der Stichprobe zu werden und dass dies rein vom Zufall abhängt. Beispiel für eine reine Zufallsauswahl wäre die Befragung von Schülerinnen und Schülern eines Schulzentrums. Alle Kinder und Jugendlichen, die dieses Schulzentrum besuchen, sind in Schülerlisten alphabetisch aufgeführt. Anhand der Tabelle mit Zufallszahlen wählt man nun die gewünschte Anzahl von Personen aus und befragt diese.

Tab. 2.2: Zufallszahlen (Diehl & Arbinger, 1990, S. 698)

Zeile	1	8		16		24		32		40		48		56		64		72		80		88
1	0310	8222	2995	7036	1076	5759	4157	1575	1233	9093	0098	1357	2968	3312	3119	5618	6886	5864	4976	6393	4817	1673
2	7860	7159	9526	4720	3984	7439	9867	4627	2601	9843	0314	3038	3830	2462	8141	9068	4230	0514	9754	5578	9759	0153
3	1672	2118	4595	2869	3365	0170	9981	3178	4486	4554	8157	8508	2007	7562	0260	2403	2787	9890	8730	7811	7215	7465
4	8725	0480	8047	9323	6567	0482	7667	7852	2749	9837	2212	4242	3278	2963	2227	2935	3978	2450	6461	6068	4587	7212
5	8635	7974	7071	1498	3272	2770	1410	1610	2983	2332	9873	6158	2386	6957	2093	1625	5652	6958	5321	5362	7238	9897
6	5130	4153	4521	9265	6156	7738	7199	2241	2483	3270	8543	5533	0882	9882	4577	3797	6914	6788	9740	2098	1941	9533
7	2237	1766	8372	5569	5059	6393	9257	5655	7122	0293	7339	0386	8375	7069	3145	1455	5676	7108	2030	6298	4509	4698
8	3225	6692	7146	8596	3924	6448	3014	1336	2622	2482	0515	6091	4087	3805	9617	0992	5329	9462	6343	0356	4532	5757
9	3443	3297	5162	6474	2687	8721	6214	3564	2724	3048	2774	3128	4984	9125	1590	3638	4235	5638	6817	2038	2141	3679
10	9124	9386	8067	0620	1051	9543	8178	5536	4904	7743	9492	0886	3095	9944	8794	9723	7151	3546	8347	8662	5183	9860
11	1767	9220	7962	5693	6953	9676	3166	8604	3741	1055	1623	7002	7605	1675	9131	5104	9870	5504	6713	7806	1144	5783
12	9330	4101	5712	2771	3975	9814	1332	6681	7749	4895	0883	8229	0674	2663	2315	0155	1127	3505	5402	1606	4986	1641
13	1330	3493	4805	7964	6053	1063	8461	5897	1363	3679	0289	5425	3355	0448	4361	5351	9264	0184	9272	9844	4724	7473
14	0562	1201	5892	9205	8827	5584	9472	2956	1411	8484	4236	8091	6366	5162	8992	7589	0046	2150	7352	6866	4966	5685
15	7664	3969	6458	7818	5129	2380	6332	4805	1482	4102	8881	6303	3245	1248	2066	9650	0746	9459	0594	6798	3814	1395
16	2261	7537	8738	7858	9381	4139	2380	9991	6754	4950	9081	7409	6632	2160	7231	3723	3537	9231	6521	6654	6385	8825
17	8558	3899	7659	2524	9905	0533	3302	2926	7662	2494	1651	5694	7678	9237	2714	5228	2946	3695	2366	5586	2519	7708
18	1158	7855	7173	8343	2173	7719	9427	6799	1465	8656	3312	5032	3739	4005	8260	1137	8294	7320	4406	9820	8772	4972
19	4470	9464	0326	1319	5029	8433	7897	4685	5602	4992	4334	4117	1836	6800	7699	3911	9652	4643	9585	1170	1925	6846
20	8242	5752	7138	3741	2302	0677	3626	7391	6062	0407	8708	3722	8318	0840	8759	0806	6144	3622	5138	1572	1895	8700
21	8035	8688	0639	5017	8698	1139	8841	2605	2069	8375	8147	3145	7241	9635	6028	3933	2985	2323	2235	7238	8823	9005
22	0673	8144	5831	9709	0205	9226	0034	7920	0379	3265	4801	4861	2662	8567	8702	4006	6099	3495	5238	3979	0646	9413
23	2086	1081	6433	4309	0661	6565	6036	1284	9396	0187	8804	2473	9919	6324	0408	1039	2842	1972	6749	5449	1542	4280
24	1813	3453	8846	0861	7257	6079	0285	7852	7763	5624	1226	4622	3012	2078	4427	3992	5811	6993	0131	3509	4422	8712
25	7570	8631	1904	2490	9362	1255	4636	3191	5066	4285	8550	5618	3395	6603	0417	1685	1892	8024	2153	7925	5618	5948
26	2205	2536	2262	6480	0710	9579	0109	7649	4058	2771	6548	8877	1082	5323	3137	5444	7084	0233	4022	7468	0253	9900
27	9246	0633	7094	5917	4033	1716	5987	4006	8915	4410	1480	8968	7360	6869	5171	9120	9443	6382	9369	3508	2817	7695
28	4933	1273	4905	7338	1757	4917	1349	8720	1531	8034	9507	5677	1011	7450	8047	8460	0335	0978	4207	8932	4165	1595
29	7356	3545	2939	7289	9662	9309	9528	9461	2352	6030	6649	2842	7299	7748	9001	5877	7405	5150	0557	6912	5382	4411
30	4270	5688	9055	2103	8931	1777	0260	0471	6171	6666	6555	1985	6345	1093	8218	7585	7784	9084	7499	8755	8192	1744
31	8937	1989	1011	5717	6002	3389	4975	7297	5602	8968	0210	6664	7835	3236	4671	7882	0073	2103	9220	1356	4060	3886
32	9976	8777	5975	8584	0442	1023	8362	0193	4848	7236	1469	7156	5896	2117	2172	9066	6894	2682	5151	2560	4530	0425
33	0032	8124	9680	2840	1153	3593	2993	3036	5510	5155	2092	0951	3376	5070	1470	8979	0658	9816	4558	6995	6427	6465
34	5582	6006	4655	3734	7581	5525	6794	4743	7400	3626	5400	3296	2679	0702	3157	2373	0106	1705	5258	7928	8520	4853
35	0199	5209	2855	8334	8537	4493	5433	4122	4848	4833	9069	2888	3959	1106	9861	7271	5391	9707	4282	9374	6860	1844
36	7178	7681	3941	8951	4458	6362	7657	1468	1306	2147	6265	9708	2863	5519	7680	3487	5170	6826	2331	0123	2296	5388
37	5996	4971	7454	3318	6641	1676	5459	0975	4510	6813	0295	3438	2740	5434	0301	1424	3946	7789	1180	7928	5913	6161
38	3842	8643	2529	6682	3067	8522	6028	1345	1462	4272	4458	1707	9867	7021	4835	1009	5560	9261	3969	6701	9188	6145
39	7070	5377	8226	4461	1516	5568	2273	4222	0723	7281	1532	8301	1402	3560	3558	0736	3053	4321	5750	8292	2526	5786
40	6409	5255	6700	3323	8277	7297	4224	6996	6884	7865	6696	3072	7998	1644	8418	1372	2276	9433	1892	8974	3308	0309
41	3718	1998	2652	5059	1417	3062	7930	2941	3264	2484	6134	9364	5848	0920	7405	7953	5910	0476	4214	2872	5242	2380
42	2050	8906	6801	0018	1473	7266	4008	3872	2529	5480	0187	7874	7292	2417	8621	2084	9428	5595	1576	2769	3402	0994
43	0762	8266	1744	5989	3395	9283	4518	4719	8641	9973	7702	8307	5494	1045	7585	5557	6982	6940	7486	1221	6190	5422
44	9614	5114	9274	5277	7594	1218	5840	3467	2663	0333	1835	5709	9725	2521	0100	3287	8834	0102	0540	0105	0001	8993
45	2939	9110	5749	1327	1634	1682	2790	0358	9543	1946	8477	9373	4874	2657	7517	2352	5453	7951	5454	9140	9257	8429
46	4947	5147	9410	0373	5830	2196	0251	2005	6302	3090	8808	2961	3927	0450	1626	3992	0766	2250	1035	5636	3451	7898
47	4796	6273	0777	3090	2425	2848	2932	3876	4836	3466	6588	1715	9534	1939	2558	8959	3444	9378	9804	9088	8416	0669
48	1827	3979	0950	8563	1676	7763	0064	7539	5498	7734	3753	9521	5267	8695	4111	8372	6649	3556	3510	3980	7374	7866
49	2241	1081	2283	5476	7320	7553	7734	8632	8081	8642	6430	9871	1402	3346	2982	8920	5905	6958	6290	3104	6287	9436
50	9162	3220	3131	0391	7947	9002	6831	1583	1329	0917	7386	0054	8501	5340	9697	3904	2372	6906	4048	3255	3537	2108
51	3780	6871	1098	9280	7529	7095	0714	6686	0048	2636	4500	0419	3876	1677	6206	5683	5987	2630	2343	5464	6735	7509
52	5656	7765	7203	1424	3731	7163	7170	5944	4471	9004	7504	5146	9042	4031	3423	8197	1180	8682	6318	6936	2955	9722
53	5325	2543	2877	2608	6205	5870	0648	7746	1003	1431	1286	6336	7109	2498	6280	7120	9738	1178	0100	6276	5752	8354
54	8767	7406	3756	6812	0666	1231	7725	1521	8958	4653	8667	9983	8253	1572	4352	5137	2875	5163	8520	4163	4449	0698
55	8991	6418	6493	3441	6115	7956	9222	1695	5994	8193	5275	7922	3872	2249	9503	4849	3419	1808	0672	5490	5268	2598
56	8123	5821	9433	1029	4911	2829	8138	7037	2103	9491	0623	7949	1911	9994	6864	1937	1940	2649	0305	7453	8443	1709
57	0309	0128	0206	1261	1693	1378	4612	5119	0527	2484	5023	3768	4842	9557	4591	1378	6315	5977	4002	4426	6190	6874
Zeile	1	8		16		24		32		40		48		56		64		72		80		88

Abb. 2.2:
Die einfache Wahrscheinlichkeitsauswahl

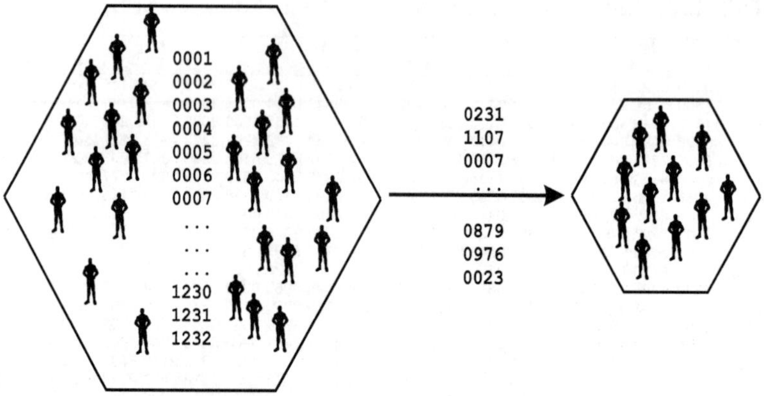

2.3.1.2 Die systematische Wahrscheinlichkeitsauswahl

Jedes x-te Element

Eine weitere Möglichkeit, aus einer Liste eine Stichprobe zu ziehen, wäre die systematische Wahrscheinlichkeitsauswahl. Hierbei wird jedes x-te Element der Liste in die Stichprobe einbezogen. Bezogen auf das geschilderte Beispiel wäre wie folgt vorzugehen: Wenn das Schulzentrum von 900 Schülerinnen und Schülern besucht wird und man eine Stichprobe von 100 Kindern und Jugendlichen erreichen möchte, so wäre jeder neunte Name der Liste Teil der Stichprobe. Abbildung 2.3 verdeutlicht diese Vorgehensweise.

Abb. 2.3:
Die systematische Wahrscheinlichkeitsauswahl

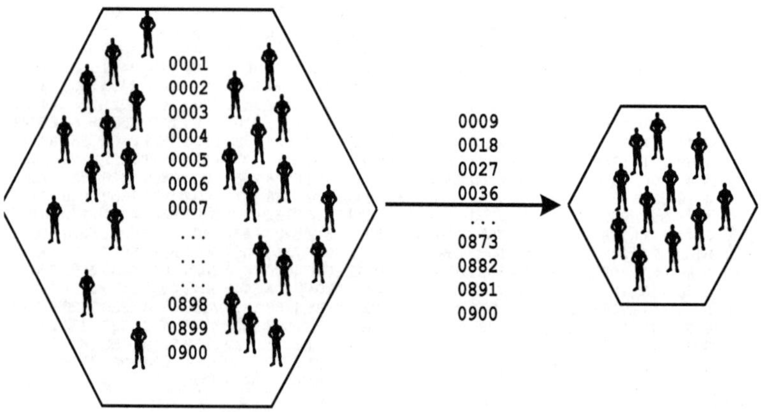

2.3.1.3 Die geschichtete Wahrscheinlichkeitsauswahl

Aufteilung anhand von Merkmalen

Im Gegensatz zur einfachen Zufallsauswahl wird bei der geschichteten Auswahl ein Schritt vorgeschaltet, nämlich die Aufteilung der Grundgesamtheit in mehrere Schichten. Diese Schichten werden anhand eines oder mehrerer Merkmale gebildet. Dies können bestimmte Altersgruppen, Bildungsabschlüsse oder auch das Geschlecht sein.

Teilstichprobe aus Schichten

Aus diesen einzelnen Schichten werden Teilstichproben nach den bereits geschilderten Verfahren gezogen. Um am Beispiel unseres Schulzentrums zu bleiben, bedeutet dies, dass man beispielsweise nach Klassenstufen 1 bis 4, 5 bis 9 und 10 bis 13 als Schichten definiert und jeweils einzelne Teilstichproben aus diesen Schichten zieht. Zu entscheiden ist hierbei, ob das Verhältnis der Stichproben zueinander dem der einzelnen Schichten entspricht oder ob jede Teilstichprobe gleich groß sein sollte.

Proportionale Stichprobe

Enthält beispielsweise die Schicht der Klassen 5-9 dreimal so viele Schülerinnen und Schüler wie die Schicht der Klassen 1 bis 4, so wäre eine Möglichkeit, auch den Stichprobenanteil dreimal so groß zu gestalten. In diesem Fall spricht man von einer proportionalen Stichprobe. Abbildung 2.4 stellt eine proportionale Stichprobe schematisch dar.

Abb. 2.4: Die proportional geschichtete Wahrscheinlichkeitsauswahl

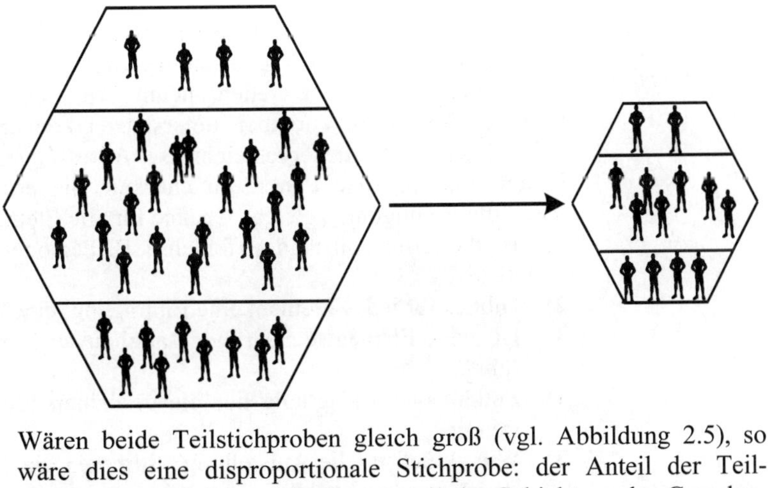

Disproportionale Stichprobe

Wären beide Teilstichproben gleich groß (vgl. Abbildung 2.5), so wäre dies eine disproportionale Stichprobe: der Anteil der Teilstichprobe entspricht nicht dem Anteil der Schicht an der Grundgesamtheit.

Abb. 2.5: Die disproportional geschichtete Wahrscheinlichkeitsauswahl

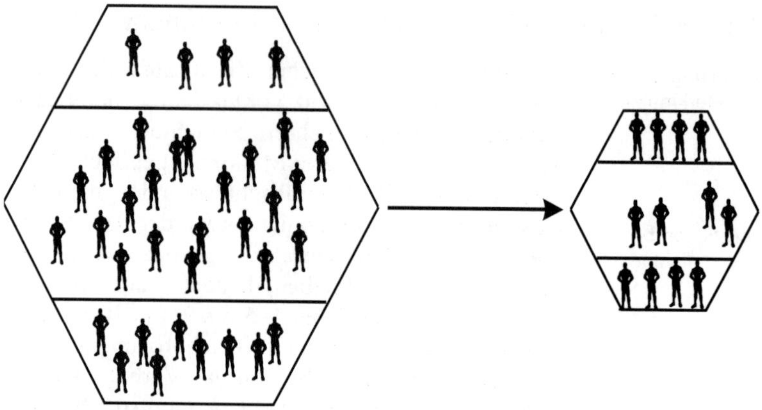

Geschichtete Stichprobe ist sinnvoll, wenn ...

Der höhere Aufwand einer solchen geschichteten Stichprobe ist dann gerechtfertigt, wenn dadurch die Schätzgenauigkeit der Gesamtstichprobe erhöht wird. Dies ist nur dann der Fall, wenn „die Teilstichproben im Vergleich zur Gesamtstichprobe weniger streuen (homogene Teilstichproben). Eine Schichtung ist sinnlos, wenn die Teilstichproben genauso heterogen sind wie die Gesamtstichprobe“ (Bortz & Döring, 1995, S. 405). Das heißt, es macht dann Sinn, wenn wie in unserem Beispiel die Interessen der Kinder und Jugendlichen erfragt werden und diese stark altersabhängig sind.

Voraussetzung zur Ziehung einer Zufallsstichprobe

Für die geschilderten Verfahren der Zufallsstichproben ist das Vorhandensein von Verzeichnissen notwendig. Um fehlende Verzeichnisse oder Listen zu erstellen, nennt Friedrichs (1980) folgende Quellen, die dieses Vorhaben unterstützen können: Meldekarteien, Adressbücher, Mitgliederverzeichnisse, Adressenverlage etc. Für alle Listen sind folgende Punkte zu checken, die erfüllt sein müssen, damit die Bedingung: „gleiche Chance für alle Elemente“ erfüllt ist: „

1) Ist die Liste vollständig (fehlen z. B. Personen, Jahrgänge, Gebiete)?
2) Gibt es für jedes Element eine Eintragung, eine Karteikarte etc.?
3) Ist jedes Element der Grundgesamtheit auch nur einmal aufgeführt?
4) Enthält die Aufstellung nur die gesuchten Elemente oder auch fremde?
5) Wie aktuell ist die Aufstellung? Stimmen die Adressen oder die Berufsangaben noch?
6) Besteht in der Aufstellung eine *inhaltliche* Reihenfolge (z. B. nach Zeit, Beruf, Orten etc.), die man bei der Ziehung berücksichtigen muss?“ (S. 129)

In der Praxis sind aber genaue Angaben über die Zahl der Elemente der Grundgesamtheit oder gar Listen, die alle Elemente aufweisen, nur selten vorhanden, so dass auf andere Verfahren zurückgegriffen werden muss.

2.3.1.4 Die mehrstufige Stichprobe (multi stage sample) und Klumpenstichprobe (cluster sample)

Kein Verzeichnis aller Elemente

Stufenweise Annäherung

Mehrstufige Stichprobenpläne bieten sich an, wenn zwar kein Verzeichnis aller Elemente der Grundgesamtheit vorliegt, man aber Kenntnis darüber hat, welche Gruppen dieser Elemente es gibt und wie diese lokalisiert oder verteilt sind. In diesem Fall „nähert" man sich der eigentlichen Untersuchungseinheit – z. B. der einzelnen Person, die zu befragen ist – in mehreren Stufen. „Die Stufen sind jeweils Einheiten der Grundgesamtheit, wobei jede Stufe als Untermenge die nächste Stufe enthält" (Friedrichs, 1980, S. 141). Eine Form eines solchen mehrstufigen Auswahlverfahrens ist die Klumpenstichprobe (cluster sample).

Klumpen als Elemente der Stichprobe

Sind die einzelnen Elemente in Klumpen oder Gruppen „organisiert", so zieht man zunächst eine Stichprobe solcher Klumpen und untersucht diese ausgewählten Gruppen dann vollständig (vgl. Abbildung 2.6). Wichtige Voraussetzung ist, dass jedes Element der Grundgesamtheit nur einem Klumpen zugeordnet ist und daher nicht mehrfach in die Auswahl aufgenommen werden kann. Anschauliches Beispiel dafür sind hierbei Schulen. Jeder Schüler und jede Schülerin besucht nur eine Schule. Man wählt nun eine bestimmte Anzahl Schulen aus, die das gesamte Spektrum der Schularten repräsentieren. Das Verfahren für die Auswahl der Klumpen wäre eine einfache Zufallsstichprobe der Schulen oder eine geschichtete Stichprobe. Bei der geschichteten Stichprobe werden die Schulen in Schichten nach Schularten eingeteilt, aus denen dann Teilstichproben gezogen werden.

Mehrstufige Auswahl

Wenn die Schule als einzelner Klumpen noch zu groß für die Untersuchung ist, kann man einen weiteren Auswahlschritt einbauen und entweder weitere Klumpen in Form von Klassen auswählen oder eine Zufallsstichprobe der Schülerinnen und Schüler dieser Schule ziehen. Dieses Verfahren wird in Abbildung 2.7 dargestellt.

Abb. 2.6: Die Klumpenstichprobe

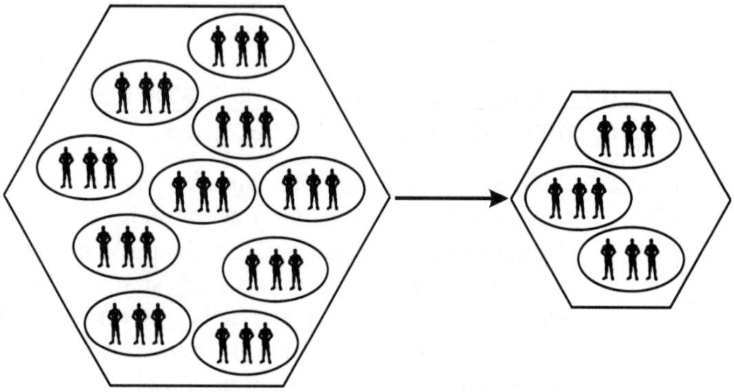

Kombinationen sind möglich

Alle unterschiedlichen Verfahren sind in der Regel zu kombinieren und dem Untersuchungsdesign entsprechend einzusetzen. Auch innerhalb der ausgewählten Klassen kann wiederum eine Zufallsauswahl der Schülerinnen und Schüler gezogen werden, womit dieser Stichprobenplan dann 3 Stufen enthielte: Auswahl der Schulen, Auswahl der Klassen, Auswahl der Schülerin/des Schülers.

Abb. 2.7: Die mehrstufige Wahrscheinlichkeitsauswahl

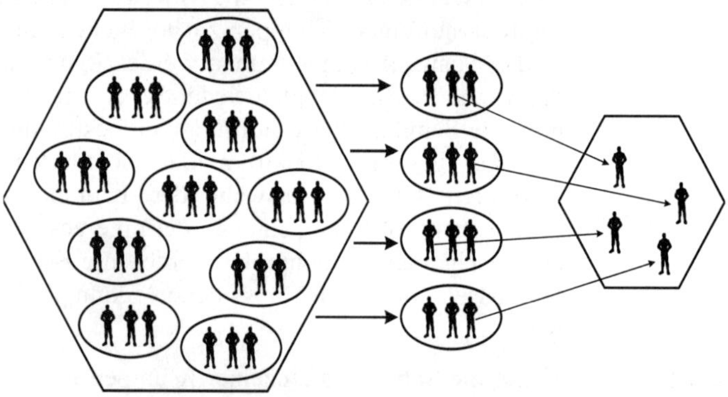

Vorteile der Klumpenstichprobe

Die Vorteile der Klumpenstichprobe liegen in ihrem geringeren organisatorischen Aufwand. Meist ist eine Liste solcher Klumpen mit geringerem Aufwand zu erhalten oder zu erstellen als eine Liste mit einzelnen Elementen. Voraussetzungen für die Ziehung einer Klumpenstichprobe sind eine möglichst heterogene Zusammenetzung der einzelnen Klumpen – im Idealfall eine Zusammensetzung, die der Verteilung in der Grundgesamtheit entspricht –, sowie eine möglichst ähnliche Zahl von Elementen pro Klumpen (vgl. Bortz & Döring, 1995).

Rein verfahrenstechnisch wird bei der „reinen“ Klumpenstichprobe jeder Klumpen vollständig untersucht, der mehrstufige Stichprobenplan kombiniert Klumpenauswahl und Zufallsauswahl.

Gebiets- oder Flächenstichprobe

Ein weiteres Verfahren, das ein mehrstufige Vorgehensweise vorsieht, ist die Gebiets- oder Flächenstichprobe. Hierbei sind die Auswahleinheiten geografische Bezirke oder Gebiete (vgl. Friedrichs, 1980).

2.3.1.5 Kombination der unterschiedlichen Verfahren

Wie im letzten Abschnitt bereits angesprochen, sind alle Verfahren untereinander so kombinierbar, dass der Stichprobenplan optimal auf die Gegebenheiten der Grundgesamtheit, auf vorhandene Informationen über diese und das Untersuchungsziel abgestimmt werden kann.

2.3.1.6 Wiederholte Stichprobenuntersuchungen

Panels

Um Veränderungen bestimmter Merkmale wie Einstellungen oder Verhaltensweisen über die Zeit zu erfassen, kann man eine Stichprobe oder Teile dieser Stichprobe mehrfach untersuchen. Markt- und Meinungsforschungsinstitute bauen zu diesem Zweck sogenannte Panels auf. Dies sind repräsentative Stichproben, die immer wieder zu politischen Einstellungen, Wahl- und Konsumverhalten etc. befragt werden.

Nachteile der Panelforschung

Die Mitglieder eines solchen Panels entwickeln mit der Zeit eine gewisse Routine und sammeln Erfahrungen im Umgang mit Fragebögen. Dies wird als Nachteil der Panelforschung angesehen. Um dieser Fehlerquelle zu begegnen, werden immer wieder Teile der Stichprobe ausgetauscht und erneuert (vgl. Bortz & Döring, 1995).

2.3.2 Bewusste Auswahlen

Trends und Meinungen bestimmter Gruppen

Auch für bewusste Auswahlverfahren bestehen bestimmte Regeln, nach denen die Elemente in die Stichprobe gelangen. Diese Verfahren erfüllen aber nicht die unabdingbaren Voraussetzungen dafür, dass die Ergebnisse der Untersuchung der Stichprobe auf die Grundgesamtheit übertragen werden können. In der Regel ist dies auch nicht das Ziel solcher Untersuchungen, sondern es geht häufig darum, bestimmte Trends zu erkennen oder mehr über die Meinung und Einschätzungen bestimmter Gruppen zu erfahren. Beispiele hierfür sind Stichproben, die so genannte typische Fälle oder extreme Fälle auswählen. Die Problematik besteht darin, dass nur schwer definierbar ist, welche Kriterien den typischen Fall ausmachen.

Auch eine Expertenbefragung ist eine bewusste Auswahl. Hierbei könnte es beispielsweise Ziel sein, die Kenntnisse dieser Experten über eine bestimmte Thematik zu nutzen und die Lösung von Problemen auf eine breitere Basis zu stellen.

Quota-Stichprobe

Die so genannte Quota-Stichprobe stellt einen Sonderfall in der Kategorie „Bewusste Auswahlen" dar. Sie versucht, mit gewissen Regeln zu gewährleisten, dass trotz bewusster Auswahl der Elemente eine Stichprobe zustande kommt, deren Verteilung hinsichtlich bestimmter Merkmale der der Grundgesamtheit entspricht. Die Quota-Stichprobe gibt bestimmte Quoten oder Anteile hinsichtlich dieser Merkmale so vor, wie sie in der Grundgesamtheit vorliegen. In der Regel sind dies Alter und Geschlecht, zum Teil auch soziale Schicht, Konfession, Familiengröße, Kinderzahl, Nationalität etc. (vgl. Schnell, Hill & Esser 1988). Wenn die Grundgesamtheit 45% unter 30-jährige aufweist, so muss auch die Stichprobe den entsprechenden Anteil von unter 30-jährigen enthalten.

Vor- und Nachteile des Quotaverfahrens

Die letztendliche Auswahl der Personen erfolgt aber in der Regel durch den Interviewer, der eben „seine" Quoten erfüllen muss. Insbesondere in der Markt- und Meinungsforschung werden Quota-Auswahlverfahren eingesetzt. Ihre Vorzüge liegen in Zeit- und Kostenersparnis. Untersuchungen, die die Ergebnisse von Quota-Stichproben und Wahrscheinlichkeitsstichproben vergleichen, stützen jedoch die Kritik an diesem Verfahren: „Falls exakte Ergebnisse, deren Genauigkeit angebbar ist, wichtiger sind als „kostengünstige" Lösungen, gibt es im allgemeinen keine Alternative zu Zufallsstichproben" (Schnell et al., 1988, S. 279).

Grundsätzlich lassen sich die Auswahlverfahren in Wahrscheinlichkeitsauswahlen und in bewusste Auswahlen klassifizieren. Bei Wahrscheinlichkeitsauswahlen bestimmt der Zufall, welche Elemente in die Stichprobe aufgenommen werden. Die Stichprobenziehung kann einstufig oder mehrstufig erfolgen. Nur diese Verfahren erfüllen die Voraussetzungen, um von der Stichprobe auf die Grundgesamtheit zu schließen zu können.

2.4 Das „Leistungsspektrum“ einer Stichprobenuntersuchung

Stichprobe vs. Vollerhebung

Stichprobenuntersuchungen dienen dazu, bestimmte Grundgesamtheiten zu untersuchen und zu beschreiben. Dabei sind sie weniger aufwendig und darüber hinaus genauer als Vollerhebungen. Gründe für diese höhere Genauigkeit werden in der schnelleren Durchführung, besseren Schulung und intensiveren Kontrolle der durchführenden Personen, der besseren Möglichkeiten zur Ausschaltung von Datenfehlern gesehen (vgl. Schnell et al., 1988).

Beschreibung einer Grundgesamtheit

Die Untersuchung und Beschreibung einer Grundgesamtheit geschieht durch die Bestimmung bestimmter statistischer Kennwerte wie Mittelwert, Median, Modalwert, Summe, Anteile und Häufigkeiten (vgl. Kapitel 4 und 5). Als Beispiel soll eine fiktive Untersuchung dienen, in deren Rahmen eine repräsentative Stichprobe für die Kinder und Jugendlichen einer Stadt über ihre Nutzung von Nachmittagsangeboten befragt wurde.

Folgende Werte ließen sich für eine solche Stichprobe bestimmen:

- *Mittelwert*: Im Schnitt nutzen die Kinder und Jugendlichen der Stadt 2,1 Nachmittagsangebote.
- *Median*: Dies ist der Wert, den mindestens 50% der untersuchten Population erreicht, z. B. nutzen über 50% mindestens 1 Nachmittagsangebot pro Woche.
- *Modalwert*: Dies ist der am häufigsten genannte Wert. In dem genannten Beispiel reicht die Skala von 0 bis 6 Nachmittagsangeboten, der am häufigsten genannte Wert liegt hier bei 2.
- *Anteile und Häufigkeiten*: Hierbei berechnet man die zahlenmäßige Verteilung sowie die entsprechenden Prozentanteile für die einzelnen Werte für die gesamte Skala, z. B. ergäbe sich folgende Tabelle:

Zahl der genutzten Nachmittagsangebote	0	1	2	3	4	5	6	
Zahl der Kinder und Jugendlichen	20	60	133	84	36	20	4	n = 400
Anteil der Kinder und Jugendlichen in %	5	15	33	21	9	5	1	100%

Fehlertoleranz

Vom errechneten Wert für die Stichprobe kann mit einer gewissen Fehlertoleranz auf den entsprechenden Wert für die Grundgesamtheit geschlossen werden. Dies bezeichnet man als Repräsentationsschluss. Wenn als in einer Stichprobe 80% der befragten Jugendlichen Interesse an einem regelmäßigen Kinoabend anmelden, so kann ich davon ausgehen, dass dieser Wert mit der zu berechnenden Fehlertoleranz für die Grundgesamtheit der Jugendlichen gilt.

Exkurs in die Wahrscheinlichkeitsrechnung

Berechnung des Fehlers

Zur Erläuterung der Berechnung dieses Fehlers ist ein kleiner Exkurs in die Wahrscheinlichkeitsrechnung erforderlich. Den Bereich, in dem sich der Wert für die Grundgesamtheit mit einer gewissen Wahrscheinlichkeit (95-prozentige oder 99-prozentige Wahrscheinlichkeit) bewegen wird, nennt man Konfidenzintervall.

Dieses Konfidenzintervall für Anteile, die sich für die Stichprobe ergaben, berechnet sich nach folgender Formel:

$$\text{Konfidenzintervall}_{95\%} = p \pm z_{2,5\%} \cdot \sqrt{\frac{p \cdot (1-p)}{n}}$$

$$\text{Konfidenzintervall}_{99\%} = p \pm z_{0,5\%} \cdot \sqrt{\frac{p \cdot (1-p)}{n}}$$

(vgl. Bortz & Döring 1995, S. 393)

- p ist der Anteil, der für die Stichprobe errechnet wurde
- z ist der Wert, „der von den Extremen der Standardnormalverteilung 2,5% (für das 95-prozentige Konfidenzintervall) bzw. 0,5% (für das 99-prozentige Konfidenzintervall) abschneidet" (ebd.). Im ersten Fall hat z den Wert 1,96, im zweiten Fall ist z = 2,58.
- n ist der Stichprobenumfang.

Ein Beispiel soll diese Berechnung verdeutlichen. 400 repräsentativ ausgewählte Jugendliche wurden zu ihren Interessen bezüglich des Abendprogramms im Jugendzentrum befragt. 80% wünschen sich einen regelmäßigen Kinoabend.

- p = 0,8 (Anteil für die Stichprobe, 80% → 0,8)
- z: 1,96 (Konfidenzintervall 95%)
- n = 400 (Stichprobenumfang)

$$\text{Konfidenzi ntervall}_{95\%} = p \pm z_{2,5\%} \cdot \sqrt{\frac{p \cdot (1-p)}{n}} = 0{,}8 \pm 1{,}96 \cdot \sqrt{\frac{0{,}8 \cdot (1-0{,}8)}{400}}$$
$$= 0{,}8 \pm 0{,}0392$$

Der Anteil P für die Grundgesamtheit liegt demnach mit 95-prozentiger Wahrscheinlichkeit zwischen 76% und 84%.
Will man eine höhere Wahrscheinlichkeit, so rechnet man mit dem z-Wert von 2,58.

$$\text{Konfidenzintervall}_{99\%} = p \pm z_{0,5\%} \cdot \sqrt{\frac{p \cdot (1-p)}{n}} = 0{,}8 \pm 2{,}58 \cdot \sqrt{\frac{0{,}8 \cdot (1-0{,}8)}{400}}$$
$$= 0{,}8 \pm 0{,}0516$$

Der Anteil P für die Grundgesamtheit liegt demnach mit 99-prozentiger Wahrscheinlichkeit zwischen 74% und 85%.
In Tabelle 2.3 sind solche Konfidenzintervalle für Anteile in der Grundgesamtheit aufgelistet. Anhand des Stichprobenumfangs und des für die Stichprobe errechneten Anteils kann man hier schnell und einfach nachprüfen, in welchem Bereich der Wert für die Grundgesamtheit mit 95-prozentiger bzw. 99-prozentiger Wahrscheinlichkeit angesiedelt ist.

Tab. 2.3: Konfidenzintervalle für Populationsanteile bei Variablen n und p (1. Intervall 95%, 2. Intervall 99%) (Bortz & Döring, 1995, S. 394)

n \ p	0,05	0,10	0,20	0,30	0,40	0,50	0,60	0,70	0,80	0,90
50	0,02-0,15	0,04-0,21	0,11-0,33	0,19-0,44	0,28-0,54	0,37-0,63	0,46-0,72	0,56-0,81	0,67-0,89	0,79-0,96
	0,01-0,19	0,03-0,26	0,09-0,38	0,16-0,48	0,24-0,58	0,33-0,67	0,42-0,76	0,52-0,84	0,62-0,91	0,74-0,97
60	0,02-0,14	0,05-0,20	0,12-0,32	0,20-0,43	0,29-0,53	0,38-0,62	0,47-0,71	0,57-0,80	0,68-0,88	0,80-0,95
	0,01-0,18	0,04-0,24	0,10-0,36	0,17-0,47	0,25-0,57	0,34-0,66	0,43-0,75	0,53-0,83	0,64-0,90	0,76-0,96
70	0,02-0,13	0,05-0,19	0,12-0,31	0,20-0,42	0,29-0,52	0,39-0,61	0,48-0,71	0,58-0,79	0,69-0,88	0,81-0,95
	0,01-0,16	0,04-0,23	0,11-0,35	0,18-0,45	0,26-0,55	0,35-0,65	0,45-0,74	0,55-0,82	0,65-0,89	0,77-0,96
80	0,02-0,12	0,05-0,19	0,13-0,30	0,21-0,41	0,30-0,51	0,39-0,61	0,49-0,70	0,59-0,79	0,70-0,87	0,81-0,95
	0,02-0,15	0,04-0,22	0,11-0,34	0,19-0,44	0,27-0,54	0,36-0,64	0,46-0,73	0,56-0,81	0,66-0,89	0,78-0,96
90	0,02-0,12	0,05-0,18	0,13-0,29	0,22-0,40	0,30-0,50	0,40-0,60	0,50-0,70	0,60-0,78	0,71-0,87	0,82-0,95
	0,02-0,15	0,04-0,21	0,11-0,33	0,19-0,43	0,28-0,54	0,37-0,63	0,46-0,72	0,57-0,81	0,67-0,89	0,79-0,96
100	0,02-0,11	0,06-0,17	0,13-0,29	0,22-0,40	0,31-0,50	0,40-0,60	0,50-0,69	0,60-0,78	0,71-0,87	0,83-0,94
	0,02-0,14	0,05-0,20	0,12-0,32	0,20-0,43	0,28-0,53	0,38-0,62	0,47-0,72	0,57-0,80	0,68-0,88	0,80-0,95
150	0,03-0,10	0,06-0,16	0,14-0,27	0,23-0,38	0,33-0,48	0,42-0,58	0,52-0,68	0,62-0,77	0,73-0,86	0,84-0,94
	0,02-0,12	0,05-0,18	0,13-0,30	0,21-0,40	0,30-0,51	0,40-0,60	0,49-0,70	0,60-0,79	0,70-0,87	0,82-0,95
200	0,03-0,09	0,07-0,15	0,15-0,26	0,24-0,37	0,33-0,47	0,43-0,57	0,53-0,67	0,63-0,76	0,74-0,85	0,85-0,93
	0,02-0,11	0,06-0,17	0,14-0,28	0,22-0,39	0,31-0,49	0,41-0,59	0,51-0,68	0,61-0,78	0,72-0,86	0,83-0,94
300	0,03-0,08	0,07-0,14	0,16-0,25	0,25-0,35	0,35-0,46	0,44-0,56	0,54-0,65	0,65-0,75	0,75-0,84	0,86-0,93
	0,03-0,09	0,06-0,15	0,15-0,27	0,24-0,37	0,33-0,47	0,43-0,57	0,53-0,67	0,63-0,76	0,73-0,85	0,85-0,94
400	0,03-0,08	0,07-0,13	0,16-0,24	0,26-0,35	0,35-0,45	0,45-0,55	0,55-0,65	0,65-0,74	0,76-0,84	0,87-0,93
	0,03-0,09	0,07-0,15	0,15-0,26	0,24-0,36	0,34-0,46	0,44-0,56	0,54-0,66	0,64-0,76	0,74-0,85	0,85-0,93
500	0,03-0,07	0,08-0,13	0,17-0,24	0,26-0,34	0,36-0,44	0,46-0,54	0,56-0,64	0,66-0,74	0,76-0,83	0,87-0,92
	0,03-0,08	0,07-0,14	0,16-0,25	0,25-0,36	0,35-0,46	0,44-0,56	0,54-0,65	0,64-0,75	0,75-0,84	0,86-0,93
1000	0,04-0,07	0,08-0,12	0,18-0,23	0,27-0,33	0,37-0,43	0,47-0,53	0,57-0,63	0,67-0,73	0,77-0,82	0,88-0,92
	0,03-0,07	0,08-0,13	0,17-0,23	0,26-0,34	0,36-0,44	0,46-0,54	0,56-0,64	0,66-0,74	0,77-0,83	0,88-0,92
2000	0,04-0,06	0,09-0,11	0,18-0,22	0,28-0,32	0,38-0,42	0,48-0,52	0,58-0,62	0,68-0,72	0,78-0,82	0,89-0,91
	0,04-0,06	0,08-0,12	0,18-0,22	0,27-0,33	0,37-0,43	0,47-0,53	0,57-0,63	0,67-0,73	0,78-0,82	0,88-0,92
5000	0,04-0,06	0,09-0,11	0,19-0,21	0,29-0,31	0,39-0,41	0,49-0,51	0,59-0,61	0,69-0,17	0,79-0,81	0,89-0,91
	0,04-0,06	0,09-0,11	0,19-0,22	0,28-0,32	0,38-0,42	0,48-0,52	0,58-0,62	0,68-0,72	0,79-0,81	0,89-0,91

Für die untersuchte Stichprobe lassen sich verschiedene Kennwerte wie Mittelwert oder Prozentanteile berechnen. Bei repräsentativen Stichproben lassen sich diese Ergebnisse mit einer 95-prozentigen oder 99-prozentigen Sicherheit und mit einer gewissen Fehlertoleranz (Konfidenzintervalle) auf die Grundgesamtheit übertragen. Diese Konfidenzintervalle lassen sich anhand der errechneten Prozentanteile und des Stichprobenumfangs aus einer Tabelle ablesen.

2.5 Der Stichprobenumfang

Stichproben-größe

Es gibt keine eindeutigen Regeln, wie groß die optimale Stichprobe sein „muss“. Der Stichprobenumfang ist auch nur bedingt abhängig von der Zahl der Elemente der Grundgesamtheit, d. h. für die Befragung aller Jugendlichen eines Bundeslandes kann eine ähnlich große Stichprobe sinnvoll sein wie für die gleiche Gruppe bezogen auf eine Stadt. Wie groß der Umfang einer Stichprobe wird, hängt natürlich auch von den materiellen und personellen Ressourcen ab, die für die Untersuchung zur Verfügung stehen.

Schätzgenauigkeit und tolerierbarer Fehler

Da die Größe der Stichprobe aber in Zusammenhang mit der Schätzgenauigkeit der Ergebnisse steht (vgl. Kapitel 2.4), kann auch über den noch tolerierbaren Fehler die Stichprobengröße bestimmt werden. Dazu soll noch einmal die bereits oben erläuterte Berechnung herangezogen werden.

- Für einen Stichprobenumfang von n = 400 und p = 0,8 ergab sich ein Konfidenzintervall (95%) von 0,76 bis 0,84.
- Verdoppelt man die Stichprobe auf 800 Personen, so verringert sich die Fehlerspanne. Das Konfidenzintervall wird kleiner: 0,77 bis 0,83.
- Halbiert man die Stichprobe auf 200 Befragte, so vergrößert sich das Konfidenzintervall (95%): 0,74 bis 0,85.

Halbiert man die Stichprobe ein weiteres mal auf 100 Befragte, so vergrößert sich das Konfidenzintervall (95%) auf 0,71 bis 0,87.

Genauigkeit erhöht sich nicht proportional zum Umfang

Das Einsetzen unterschiedlicher Zahlen für die Stichprobengröße, so zeigt sich, dass der Gewinn an Schätzgenauigkeit mit wachsender Stichprobengröße insbesondere bis 1000 Personen groß ist. Allerdings wird dieser Gewinn zunehmend kleiner, er wächst nicht proportional zur Erhöhung des Stichprobenumfangs. Dagegen wachsen Kosten und organisatorischer Aufwand eher entsprechend der zunehmenden Stichprobengröße. Hier gilt es also, einen optimalen Weg zur Stichprobenkonstruktion zu finden.

Stichprobenumfang und Komplexität der Fragestellung

Neben der Überlegung, welcher Schätzfehler noch toleriert werden kann, spielen die Komplexität der Fragestellung sowie die geplante Differenzierung in der Auswertung eine wichtige Rolle. Wenn in der Auswertung nach Alter und Geschlecht unterschieden werden soll, eventuell auch in Kombination beider Merkmale, so wird die Zellenbesetzung innerhalb der berechneten Tabellen immer kleiner. An einem Beispiel verdeutlicht bedeutet dies, dass bei einer Stichprobe von 400 Jugendlichen differenziert nach Geschlecht und 4 Altersgruppen (Kindergarten, Grundschule, Sekundarstufe 1, Sekundartufe 2) nur noch Teilstichproben von 50 Kindern bzw. Jugendlichen bleiben, wie Abbildung 2.8 veranschaulicht.

Abb. 2.8: Reduzierung der Zellenbesetzung durch Differenzierung in Teilstichproben

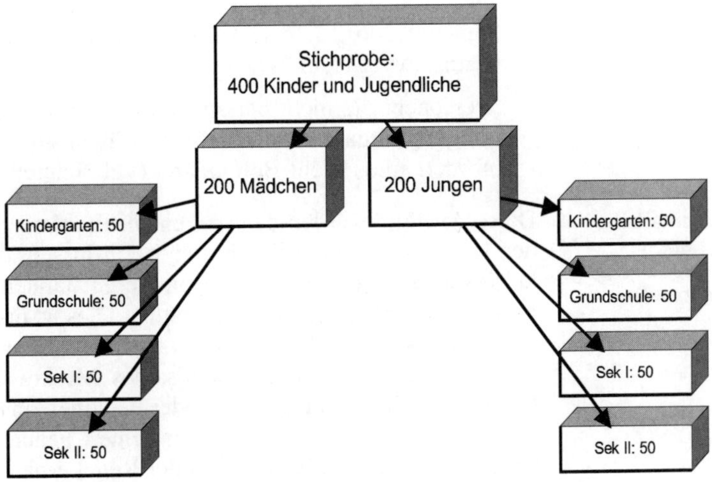

Will man nun weiter differenzieren z. B. nach Computerbesitz – kein Computerbesitz, oder sollen komplexere Fragestellungen mit mehreren Ausprägungen/Antwortmöglichkeiten bearbeitet werden sollen, so kann dies zu einer sehr geringen Zellenbesetzung mit entsprechenden Einschränkungen hinsichtlich der Konfidenzintervalle führen.

Methode und Stichprobenumfang

Auch die Methoden, die in der Untersuchung Verwendung finden sollen, bestimmen den Umfang der Stichprobe mit. Beispiele für den Einfluss der Methode auf die Stichprobengröße: Untersuchungen, die mit Tiefeninterviews arbeiten, werden in der Regel nur mit einer sehr kleinen Gruppe von Befragten durchgeführt, Untersuchungen mit einem standardisierten Fragebogen dagegen nutzen dagegen eher umfangreiche Stichproben (vgl. auch Kapitel 1 und 3).

Ausfälle

Gründe für Ausfälle

Im Zusammenhang mit dem Stichprobenumfang gilt es ebenfalls zu beachten, dass es das Problem der Ausfälle oder Non-Response-Problem gibt. Dies bedeutet, dass es in den seltensten Fällen gelingen wird, von allen in die Stichprobe einbezogenen Personen auch die gewünschten Auskünfte zu erhalten. Personen, von denen keine Auskünfte zu erhalten sind, lassen sich unterscheiden und in drei Kategorien einteilen:

- Personen, die keine Auskunft geben möchten, z. B. weil sie dies ablehnen (Verweigerer, Refusals),
- Personen, die nur schwer erreichbar sind, weil sie beispielsweise nur selten zuhause sind und ihr Arbeitsplatz variiert (Schwer-Erreichbare, Non-at-Homes) und
- Personen, die nicht befragt werden können, weil sie mit der Befragungssituation oder dem Ausfüllen eines Fragebogens überfordert sind (Nicht-Befragbare) (vgl. Schnell et al., 1988).

Systematische Ausfälle beeinflussen die Ergebnisse

Diese Ausfälle werden dann zu einem Problem, wenn vermutet werden kann, dass sie die Ergebnisse beeinflussen, d. h. wenn es plausibel erscheint, dass andere Ergebnisse entstanden wären, wenn diese Personen ebenfalls geantwortet hätten. Dies ist dann der Fall, wenn es sich um systematische Ausfälle handelt, z. B. um eine Gruppe von Personen, die durch ein gemeinsames Merkmal beschreibbar sind. Beispiel hierfür sind Haushalte oder Personen ohne Telefonanschluss, die bei telefonischen Befragungen keine Chance haben, in die Stichprobe einbezogen zu werden. In der Regel erhält der Untersuchungsleiter aber nur wenig oder gar keine Informationen darüber, welche Personen nicht geantwortet haben, so dass solche Effekte nur schwer einschätzbar sind.

Im Bericht über die Untersuchung sind daher Angaben über den angestrebten und den tatsächlich realisierten Stichprobenumfang unerlässlich, damit der Leser die Ergebnisse entsprechend einordnen kann. Soweit bekannt sind auch die Gründe für Ausfälle anzugeben.

Je nach Methode der Untersuchung muss mit unterschiedlich hohen Ausfallquoten gerechnet werden. Bei postalischen Fragebogenerhebungen kann man davon ausgehen, dass etwa 30% der angeschriebenen Personen den Bogen beantworten und zurücksenden. Beim persönlichen Interview liegt der Anteil wesentlich höher (vgl. Kapitel 3).

Bei der Festlegung des Stichprobenumfangs ist zu berücksichtigen,

- *wie genau die Ergebnisse sein müssen,*
- *wie komplex die Fragestellung ist und wie differenziert man auswerten möchte und*
- *in welchem Umfang Ausfälle zu erwarten sind.*

2.6 Zusammenfassung

Zum Abschluss dieses Kapitels zum Thema „Stichprobe“ bietet die folgende Checkliste einen Überblick, welche Punkte unbedingt zu beachten sind, und welche Punkte im Bericht über die Untersuchung über die Stichprobenkonstruktion und Stichprobenumfang zu dokumentieren sind.

Checkliste für die Stichprobenkonstruktion

1) Definition der Grundgesamtheit
   - Über welche Zielgruppen sollen Informationen gesammelt, Aussagen getroffen werden?
   - Welche Kriterien kann man verwenden, um die Elemente oder Personen, die zur Grundgesamtheit gehören zu beschreiben?
2) Definition von Erhebungs- und Untersuchungseinheit
   - Was ist die Untersuchungseinheit?
   - Was ist die Erhebungseinheit?
   - Welche Möglichkeiten bestehen, um die Untersuchungseinheit zu erreichen?
3) Bestimmung des Auswahlverfahrens
   - Soll die Stichprobe repräsentativ sein, oder soll eine bewusste Auswahl getroffen werden?
   - Soll eine einstufige oder mehrstufige Auswahl getroffen werden?
   - Welche Auswahl erfüllt die Erfordernisse am besten und passt zu den Gegebenheiten bezüglich der Grundgesamtheit?
4) Festlegung des Auswahlumfanges
   - Welche materiellen und personellen Ressourcen stehen zur Verfügung?
   - Welche Fehlerspanne kann toleriert werden?
   - Wie komplex ist die Fragestellung?
   - Wie differenziert soll die Auswertung durchgeführt werden?
   - Mit welchen Ausfällen muss man rechnen?
5) Dokumentation der Vorgehensweise im Abschlussbericht der Untersuchung
   - Für welche Grundgesamtheit gelten die Ergebnisse?
   - Welche Erhebungs- und welche Untersuchungseinheit wurde definiert?
   - Nach welchem Verfahren wurde die Stichprobe gezogen?
   - Welcher Auswahlumfang wurde angestrebt, und welcher Auswahlumfang wurde realisiert?
   - Welche Gründe für Ausfälle sind bekannt?

3 DIE BEFRAGUNG

Klaus Konrad

3.1 Alltag und Wissenschaft

Befragung als Kommunikation

Im Kern bedeutet Befragung nichts anderes als Kommunikation zwischen zwei oder mehreren Personen. Eine Person fragt etwas, sie gibt einen verbalen Impuls, die andere reagiert darauf, sie antwortet. Nichts *erscheint* einfacher, als Informationen durch Fragen zu sammeln. Vielfältige Anwendungsmöglichkeiten unterstreichen die große praktische Bedeutung der Befragung:

- *ein Fußballclub möchte wissen, warum immer weniger Jugendliche dem Verein beitreten*
- *eine Partei möchte wissen, mit wie vielen Stimmen sie bei der nächsten Wahl rechnen kann*
- *ein Unternehmer möchte wissen, wie seine Produkte bei den Kunden ankommen*
- *ein Jugendamt möchte die Frequentierung eines Jugendhauses und/oder die Freizeitinteressen der Jugendlichen in Erfahrung bringen*

3.1.1 Fragen: Eine alltägliche Angelegenheit

Alltagsbefragung

Es gibt kaum Gespräche im Alltag, die nicht in irgendeiner Weise durch Fragen, Antworten und Gegenfragen geprägt sind. Fragen gehören ganz selbstverständlich zum zwischenmenschlichen Austausch. Bei der Befragung handelt es sich insofern um einen Sonderfall alltäglicher Kommunikation als die Initiative bei einem der Gesprächspartner liegt: Eine Person beschafft sich die benötigten Informationen bei einer anderen. Das mag der Nachbar sein, der Kaufmann oder ein Beamter. Letztlich geht es bei den unterschiedlichen Formen der Befragung bewusst oder unbewusst um individuelle Problemlösung. Informationen werden erfragt, um Ungereimtheiten oder Wissenslücken zu beseitigen. Man kann also festhalten (vgl. Atteslander, 1993):

- Alltägliche Befragung ist ein sozialer Vorgang, d. h. zwei oder mehr Personen stehen miteinander in Beziehung.
- In jeder Befragung manifestiert sich ein Interesse. Alle Befragungen sind zielgerichtet. Der aktiv Fragenstellende wünscht Informationen.

- Zur Situation Befragung zählen die verwendeten Mittel und die unmittelbare Umwelt. Das Mittel der Befragung ist die Sprache. Sie verweist auf einen ganz speziellen kulturellen Hintergrund.

3.1.2 Wissenschaftliche Fragen

Alltagsfragen vs wissenschaftliche Fragen

Worin unterscheiden sich alltägliche und wissenschaftliche Fragen? Wichtige Kennzeichen der wissenschaftlichen Befragung sind ihre Systematik und Zielgerichtetheit. Doch kann damit der Anspruch der Wissenschaftlichkeit noch nicht hinreichend eingelöst werden. Die Erfahrung, zeigt, dass auch alltägliche Befragungen bisweilen systematisch und zielgerichtet verlaufen. Man denke nur an die Fragen, die der Arzt seinen Patienten oder die der Richter einem Angeklagten stellt. Weder Systematik noch Zielgerichtetheit reichen also aus, um die alltägliche oder professionelle von der sozialwissenschaftlichen Befragung abzugrenzen. Ein dritter Punkt muss hinzukommen: die theoriegeleitete Kontrolle der gesamten Befragung.

Aufgabe des Forschers

Indem er den Fortgang der Befragung kontrolliert, erfüllt der Forscher zwei Aufgaben: Er stellt erstens sicher, dass die Befragung dem Anspruch einer wissenschaftlichen Methode genügt; zweitens gibt allein die Kontrolle der einzelnen Untersuchungsschritte Auskunft darüber, inwieweit die erhobenen Daten von den Bedingungen, unter denen die Befragung stattgefunden hat, beeinflusst worden sind. Es versteht sich von selbst, dass eine totale Kontrolle sozialer Situationen nicht möglich ist. Dies gilt auch für die „schriftliche Befragung". Um so wichtiger ist die Frage, was unbedingt so gut wie möglich kontrolliert werden müsste. Wie noch zu zeigen sein wird, sollte man über dieses Problem schon allein deshalb nachdenken, weil Forschungsinstrumente das Antwortverhalten der Befragten in der Regel in erheblichem Maße beeinflussen (vgl. Atteslander, 1993, S. 142).

Wissenschaftliche Befragung

- *ist zielgerichtet*
- *ist systematisch*
- *findet unter kontrollierten Bedingungen statt*

Im Folgenden Kapitel sollen die Besonderheiten der wissenschaftlichen Befragung genauer beleuchtet werden.

3.2 Die Befragung als soziale Situation

Umgebungsbedingungen

Jede Befragung stellt eine soziale Situation dar. Wie in beliebigen anderen Alltagsbegegnungen gehören dazu Menschen die miteinander sprechen und auch eine bestimmte Umgebung. Es mag zunächst überraschen: Aber von sozialer Situation ist selbst dann zu sprechen, wenn jemand für sich alleine auf einen schriftlichen Fragebogen Anwort gibt. Der Kommunikationspartner muss also nicht anwesend sein; seine Interessen, Ziele und Absichten spiegeln sich im Fragebogen wider und beeinflussen die Erwartungen sowie die Antwortbereitschaft des Befragten.

Einflussfaktoren

Aus dem Gesagten geht bereits hervor, dass die Einflüsse auf den Befragten vielfältig sind. Hierbei bleibt die Erhebungssituation die große Unbekannte: Wird der Befragte mit anderen über den Bogen sprechen? Wie war die konkrete Situation beschaffen? In welcher Umgebung, in welcher Atmosphäre wird befragt? Wie verhält sich der Befragte? Welche Gefühle bringt er zum Ausdruck?

Sprache

Entscheidend ist in diesem Zusammenhang nicht zuletzt die Sprache des Fragebogens. Sprache ist nicht nur soziale Realität, sie schafft auch soziale Realität beim Befragten, indem sie sein Verhalten steuert. Wie versteht das Individuum eine Frage? Was wird durch die Frage ausgelöst? Welche persönliche Bedeutung erhält ein bestimmter Begriff? Abbildung 3.1 versucht die Komplexität *dieser* Vorgänge zu verdeutlichen.

Faktoren der Antwortformulierung

Wie aus ihr hervorgeht, hängt die Antwortformulierung von einer Vielzahl von kognitiven und emotional-motivationalen Vorgängen ab, die noch dazu eng miteinander verwoben sind. Vorgänge des Verstehens und Urteilens spielen dabei ebenso eine Rolle wie emotional getönte Bewertungen. Für den Prozess der Befragung resultieren daraus zahlreiche bislang ungelöste Probleme. Nur wenig von dem, was sich im Augenblick der Befragung im Befragten und in der jeweiligen Untersuchungssituation abspielt, ist wirklich im Sinne der wissenschaftlichen Objektivität kontrollierbar. Auch wenn die Befragung in schriftlicher Form durchgeführt wird, stellt sie doch immer eine bestimmte Form von sozialer Interaktion dar. Gleichgültig wie keimfrei diese soziale Situation auch immer gehalten sein mag; sie behält immer ihren spezifisch sozialen Charakter.

Abb. 3.1: Fragen und Antworten als Prozess (modifiziert nach Atteslander, 1993, S. 137)

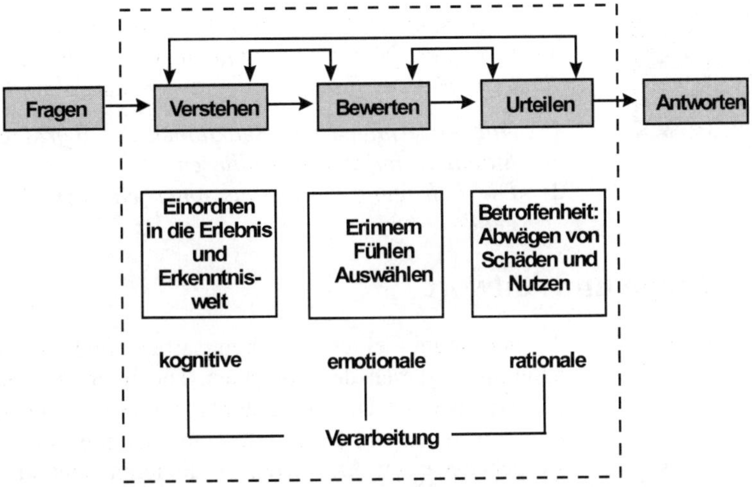

Aus dieser Einsicht ergeben sich zwei Konsequenzen, die für die Ermittlung und Analyse von Befragungsdaten bedeutsam sind.

Wirkung der Umgebungsbedingungen

1) Fragen wirken immer in einer meist komplexen sozialen Umgebung, auf die das Individuum bewusst oder unbewusst als Ganzes reagiert. Empfindungen, Ängste, Erwartungen beziehen sich also beim Befragten nicht nur auf die Befragung selbst, sondern auf die gesamte Befragungssituation. Bei der Analyse und Interpretation der gewonnenen Reaktionen müssen die in der Befragungssituation wirkenden sozialen Faktoren berücksichtigt werden. Reaktionen auf die Umgebung, in der die Befragung stattfindet, spontane Äußerungen, all dies ist für den Forscher von Interesse und sollte protokolliert werden. Ein zweiter Punkt kommt hinzu:

Schaffung gleicher Bedingungen

2) Die Analyse solcher zusätzlich wirksamen Prozesse kann nur gelingen, wenn bekannt ist, welche Situationsfaktoren die Antworten in welcher Richtung beeinflusst haben können. Es reicht nicht, nur die Fragen und deren Abfolge im Fragebogen zu standardisieren. Vielmehr muss auch die Befragung selbst stets – soweit irgend möglich – unter gleichen Bedingungen durchgeführt werden, wenn die Reaktionen überhaupt vergleichbar sein sollen.

Jede Befragung stellt eine soziale Situation dar. Das befragte Individuum reagiert bewusst oder unbewusst auf die gesamte Befragungssituation. Für den Forscher resultieren daraus zwei Konsequenzen:

1) *Alle Äußerungen und Reaktionen des Befragten auf die soziale Situation sind zu protokollieren*
2) *Die Befragung sollte stets unter gleichen Bedingungen durchgeführt werden*

3.3 Frage und Antwort

Erkenntnis-intereresse & Hypothese

Ausgangspunkt einer Forschungsarbeit sind die Anliegen und Erkenntnisinteressen des Forschers. Die Interessen des Forschers sind so etwas wie die Tür zum untersuchten Forschungsfeld. Von der präzisen Formulierung dieser Interessen hängt es ab, ob die empirischen Vorgehensweisen Antworten produzieren oder nicht. Ebenso hängt davon ab, welche Methoden angemessen sind, wer (d. h. welche Personen, Gruppen oder Institutionen) oder was (d. h. welche Prozesse, Handlungsweisen, Lebensstile) etc. in die Untersuchung einbezogen werden *sollte*. In der Regel sind mit vorhandenen Problemstellungen bereits bestimmte Erwartungen oder gar Hypothesen verknüpft, deren Stimmigkeit letztendlich überprüft werden soll. Die Fragen eines Fragebogens sind Ausdruck dieser Forschungsinteressen. Mit ihrer Hilfe will der Forscher jene Informationen einholen, die er zur Bestätigung oder Widerlegung seiner Vermutungen benötigt. Die Frage ist demnach das Bindeglied zwischen den Inhalten bzw. Variablen der Hypothesen und den Antworten (vgl. Abbildung 3.2).

Abb. 3.2: Die Frage als Bindeglied *zwischen Hypothese und Antwort*

Hypothese ⟶ Frage ⟶ Antwort

Fast nie entspricht einer Hypothese nur eine Frage; vielmehr müssen zahlreiche Fragen formuliert werden, um eine Hypothese zu überprüfen. Generell gilt: Je komplexer ein Problem oder eine Hypothese, desto mehr Fragen sind erforderlich. Von daher wird auch klar, warum man Hypothesen nicht direkt als Fragen formulieren sollte.

3.3.1 Fragen

Frageformen

Von den Erkenntnisinteressen des Forschers hängt es auch ab, welche Fragen gestellt werden. Ganz grob lassen sich Fragen danach klassifizieren, ob sie Meinungen oder Verhalten erfassen sollen (Hören Sie Radio – wenn ja, welche Sendung hören Sie am liebsten? Wie haben Sie den Sonntag verbracht?) (vgl. Friedrichs, 1984). Je nach Zielrichtung des Fragebogens können sich die Fragen auch auf Fakten d. h. auf prinzipiell nachprüfbare Ereignisse (Wie heißt die Hauptstadt von ...?), auf demografische Merkmale (z. B. Geschlecht), auf Einschätzungen (Wie sehr sind Sie überzeugt von ...?), auf Bewertungen (Wie wichtig ist Ihnen ...?), auf Einstellungen (Was denken Sie über ...?) sowie auf spezifische Tätigkeiten („Was tun Sie, wenn ...?") beziehen. Zusammenfassend kann man die folgenden Formen von Fragen unterscheiden (vgl. Holm, 1975, S. 32):

- Fragen nach Meinungen
- Fragen nach Verhaltensweisen
- Faktfragen
- demografische Fragen
- Einschätzungsfragen
- Bewertungsfragen
- Einstellungsfragen
- Handlungsfragen

Orientiert sich diese Systematisierung an den Interessen des Forschers, so ist aus der Perspektive des Antwortenden vor allem von Bedeutung, in welcher Weise er auf die Fragen reagieren kann. Diese Unterscheidung bezieht sich darauf, ob eine Frage offen oder geschlossen formuliert ist.

Offene Fragen

Die offene Frage ist eine Frage ohne Antwortvorgabe. Der Befragte muss seine Antwort selbst formulieren („Wie verbringen Sie Ihre Freizeit?"; „Wie denken die meisten ihrer Kollegen über ihren Chef?"). Werden Fakten erfragt (z. B. Wissensfrage) muss sich der Befragte erinnern, bei der Meinungsfrage produziert er etwas (vgl. Mayntz, Holm & Hübner, 1972). Wann ist die Verwendung offener Fragen empfehlenswert? Offene Fragen sind angezeigt, wenn

- die Information über die Einstellung von Personen zu einem gegebenen Problem gering ist,
- der Bezugsrahmen des Befragten ermittelt werden soll,
- differenzierte Einstellungen, z. B. von Extremgruppen erhoben werden sollen.

Geschlossene Fragen

Bei geschlossenen Fragen sind die Antwortmöglichkeiten in die Frage selber eingebaut. (Beispiel: Sind Sie dafür, dass die wöchentliche Arbeitszeit weiter verkürzt wird? ... stark – weniger stark – gar nicht). Handelt es sich um Faktfragen, so verlangt die geschlossene Frage vom Befragten, dass er sich an etwas erinnert, bei Meinungsfragen reproduziert er etwas. Auch bei den geschlossenen Fragen ist eine differenziertere Betrachtung möglich: Drei Typen von geschlossenen Fragen lassen sich unterscheiden (vgl. Atteslander, 1993, S. 176):

- Identifikationstyp: wer, wo, wann, wie viele, welche ...
- Selektionstyp: eine oder mehrere Antwortmöglichkeiten
- Ja-Nein-Typ: mit ja oder nein antworten

In der Praxis enthalten Fragebögen häufig sowohl offene als auch geschlossene Fragen. Offenen Fragen kommt dabei ein doppelter Stellenwert zu: (1) sie ermöglichen ausführlichere Aussagen und (2) die Ermüdung – aufgrund vieler geschlossener Fragen – wird verringert.

3.3.2 Antworten

Antworten als subjektive Positionen

Auf Fragen gibt es Antworten. Antworten spiegeln in erster Linie subjektive Positionen der befragten Person wider. Sie kann sich damit mehr oder weniger den Erkenntnisinteressen des Forschers nähern. Wie das folgende Beispiel zeigt, handelt es sich hier um einen äußerst komplexen Vorgang. Angenommen eine Person wird gefragt: „Wie war Ihre Selbstbeteiligung während dieser Fortbildungsveranstaltung?“ Die befragte Person antwortet, ihre Selbstbeteiligung sei manchmal hoch gewesen. Was können wir aus dieser Antwort schließen? Im Grunde genommen recht wenig, da die Information sehr vielschichtig ist.

Die Antwort

- besagt nichts über die Gründe des Befragten,
- hängt vom Bezugsrahmen des Befragten ab,
- hängt vom Informationsstand des Befragten ab,
- hängt von der Art der Frage ab,
- hängt von der Anordnung der Frage im Fragebogen ab und
- bezieht sich nur auf eine Dimension der Frage.

Maßgeblich für die Wahl des Antwortformats ist der Forschungsgegenstand. Weiß der Forscher noch relativ wenig über den Forschungsgegenstand, so wird er eine offene Frageformulierung wählen, da er nicht alle Antwortmöglichkeiten kennt. Ist der Forscher

dagegen mit dem Problembereich vertraut und geht es um die Überprüfung spezifischer Hypothesen, so wird man auf eine geschlossene Formulierung zurückgreifen. Aus der Perspektive der Fragebogenauswertung ist die geschlossene Frage vorzuziehen. Die Befragungsergebnisse sind eindeutig und vergleichbar.

3.4 Der Fragebogen

Fragebogen-methode

Fragen zählen in empirischen Arbeiten zu den am häufigsten verwendeten Methoden: sei es ausschließlich in den Formen der Befragung oder als Teil anderer Methoden: Soziometrie, Gruppendiskussion, Experiment (vgl. Friedrichs, 1984). Typisch für die Fragebogen-Methode ist, dass allen Befragten eine sprachlich klar strukturierte Vorlage zur Beurteilung vorgegeben wird. Alle Personen beurteilen sich also anhand der gleichen, Verhaltensweisen, Merkmale oder Eigenschaften (vgl. Mummendey, 1987, S. 15). In der Regel geht es um das Ankreuzen festgelegter Antwortmöglichkeiten auf klar vorgegebene Fragen oder Feststellungen. Dabei werden nicht die Antworten auf einzelne Fragen für sich genommen ausgewertet und interpretiert. Ziel der Auswertung ist es vielmehr, die Antworten auf eine größere Zahl von Fragen oder Feststellungen in einem einzelnen Messwert (häufig ein Summenwert) zusammenzufassen. Sollen etwa die Erziehungsmethoden von Eltern untersucht werden, so wird man das Phänomen Erziehung in einzelne Dimensionen zerlegen (autoritäre – demokratische Erziehung, Erziehung zu Anpassung zu Eigeninitiative ... usw.). Auf diesen Dimensionen variieren die Erzieher. Zusammengenommen kann man sich die verschiedenen Dimensionen als ein (mehrdimensionales) Koordinatensystem vorstellen, das insgesamt (formal: im Summenwert) das Phänomen „Erziehung" abbildet. In Abhängigkeit vom Forschungsinteresse können Fragebogen sehr unterschiedlich aufgebaut sein.

3.4.1 Verschiedene Formen von Fragebogen

Klassifikation von Fragebogen

Nicht nur die einzelne Frage, auch der Fragebogen in seiner Gesamtheit lässt sich nach bestimmten Gesichtspunkten klassifizieren (vgl. Tränkle, 1983, S. 222f; Atteslander, 1993, S. 155).

a) Nach dem Grad der *Standardisierung*

- Nicht oder schwach standardisierte Fragebogen: Sie enthalten die Themen der Befragung, aber weder die Fragen noch die Reihenfolge der Fragen, noch die Antwortmöglichkeiten sind festgelegt.
- Teilstandardisierte Fragebogen: Festgelegt sind die genauen Formulierungen und die Reihenfolge der Fragen; die Antwortmöglichkeiten sind dagegen nicht genauer bestimmt.

- Vollstandardisierte Fragebogen: Hier sind die Fragenformulierungen, die Fragenreihenfolgen und die Antwortmöglichkeiten festgelegt.

b) Nach der *Kommunikationsform*
Hier werden meist Fragebogen für schriftliche und solche für mündliche Befragung oder solche für persönliches Interview und schriftliche Befragung unterschieden

- Fragebogen zur Bearbeitung in Anwesenheit eines Interviewers im Einzelversuch: Eine Person wird mündlich befragt, die Antworten werden ebenfalls mündlich mitgeteilt.
- Fragebogen mit schriftlicher Vorgabe der Fragen und schriftlicher Beantwortung: Persönliches schriftliches Interview.
- Befragung in der Gruppe: Mehrere Personen werden gleichzeitig befragt.
- Fragebogen zur Bearbeitung in Abwesenheit eines Interviewers im Einzelversuch: Fragen werden mündlich vorgegeben und mündlich beantwortet (typisches Beispiel: Telefonbefragung).
- Fragebogen zur Bearbeitung in Abwesenheit eines Interviewers in Einzel oder Gruppenversuch: Fragen werden schriftlich vorgelegt und schriftlich beantwortet (typisches Beispiel: postalische Befragung).

c) Nach dem *angestrebten Gültigkeitsbereich* der Aussagen lassen sich unterscheiden

- individual-diagnostische Fragebogen: Ziel ist es, Aussagen über Individuen zu erhalten.
- Fragebogen, die Aussagen über Gruppen anstreben: Die Antworten des einzelnen Individuums interessieren nicht.

d) Nach dem *Inhalt der angestrebten Aussagen* kann man unterscheiden

- Fakten-, wissens- oder kenntnisorientierte Fragebogen: Es sollen Informationen über Individuen oder Gruppen gewonnen werden.
- Meinungs- bzw. einstellungsorientierte Fragebogen: Hier sollen ebenfalls Kenntnisse über einzelne Personen oder Gruppen gewonnen werden. Jedoch werden nicht Kenntnisse, sondern Meinungen erfragt.
- Persönlichkeitsorientierte diagnostische Fragebogen: Ziel dieser Instrumente ist es, etwas über die Person des Befragten zu erfahren, z. B. über seine Vorlieben, Interessen oder über bestimmte Persönlichkeitsmerkmale (etwa Angst).

3.4.2 Vor- und Nachteile der Fragebogenmethode

Forschungsökonomie

Üblicherweise erhalten Individuen in Fragebögen die Gelegenheit, sich in einer standardisierten Untersuchungssituation selbst einzuschätzen und zu bewerten. Verglichen mit qualitativen Einzelfallanalysen (z. B. Tiefeninterview) ist die Methode der schriftlichen Befragung sicherlich grober und allgemeiner – aber sie ist zugleich forschungsökonomischer.

Einsatz in allen Bereichen der Sozialwissenschaften

Fragebogen können grundsätzlich in allen Bereichen der Sozialwissenschaft Anwendung finden. Sie können zur Erfassung bzw. Messung der Ausprägung von Persönlichkeitsmerkmalen einzelner Individuen ebenso verwendet werden wie zur Beschreibung mittlerer Ausprägungen solcher Merkmale bei Gruppen von Personen. Mit der Fragebogenmethode lassen sich Individuen und Gruppen miteinander vergleichen und es können Unterschiede bzw. Veränderungen innerhalb von Personen oder Personengruppen über die Zeit oder über unterschiedliche Situationen hinweg erhoben werden (vgl. Mummendey, 1987).

Einsatz bei subjektiven Einstellungen

Speziell wenn es um subjektive Einstellungen und Merkmale geht, sind Fragebogen seit langem eines der am häufigsten verwendeten Mittel. Als Beispiel sei hier die Erfassung von Selbstkonzepten angeführt. Entsprechende Fragebogen enthalten für gewöhnlich selbstbezogene Aussagen oder Fragen, zu denen die untersuchte Person Stellung nehmen soll (vgl. Mummendey, 1987). Erfragt werden innere Zustände, Erlebnisweisen, Kognitionen, die sich sonst gar nicht von außen beobachten lassen.

Mit schriftlichen Befragungen wird man arbeiten, wenn keine Methode die notwendigen Informationen erbringt, oder wenn Zeit- und Kostengründe ausschlaggebend sind. Um Zeitaufwand und Kosten in Grenzen zu halten, können Fragebogen beispielsweise über den Postweg verteilt werden. Auch eine unmittelbare Betreuung durch einen Interviewer ist nicht unbedingt erforderlich (vgl. die Systematisierung in Abschnitt 4.1). Die genannten Vorzüge der schriftlichen Befragung lassen sich insbesondere dann nutzen, wenn es sich um homogene Gruppen (Eltern, Schüler, Leser einer Zeitschrift) handelt und wenn geringe sprachliche Schwierigkeiten bestehen.

Nachfolgend sollen die Vor- und Nachteile der Fragebogenmethode noch einmal zusammengefasst werden:

Vorteile der Fragebogenmethode

Vorteile

- geringe Kosten
- geringer Zeitaufwand
- geringer Personalaufwand

- Befragung geografisch verstreuter Personen (nur per Post)
- kein Einfluss des Interviewers
- der Befragte hat mehr Zeit zur Beantwortung
- ob durchdachtere und gültigere Antworten als im Interview gegeben werden ist noch umstritten

Trotz der offensichtlichen Nützlichkeit dieser Methode sind auch eine Reihe von Nachteilen festzustellen:

Nachteile der Fragebogenmethode

Nachteile

- bei Postversand oder Wiederholungsmessung: niedrige Rücklaufquote
- Unkontrollierbarkeit der Erhebungssituation. Es können andere Personen die Antworten des Befragten beeinflussen
- Unkenntnis der Art der Ausfälle (kein Nachfragen möglich)
- einzelne Fragen können unsorgfältig und unvollständig oder überhaupt nicht ausgefüllt werden; dadurch wird die Repräsentativität der Befragung in Frage gestellt
- keine Erläuterung der Fragen oder nondirektives Nachfragen durch den Interviewer
- eignet sich nur für schreib- und denkgewandte Personen
- als subjektive Messverfahren sind sie abhängig von subjektiven Strategien, Taktiken oder unbeabsichtigten Antwortstrategien

3.4.3 Wie werden Fragen sinnvoll formuliert?

Sorgfältigkeit bei der Formulierung von Fragen

Bei der Formulierung der Fragen ist äußerste Sorgfalt angezeigt. Andernfalls kann es leicht geschehen, dass das Instrument die Äußerung bestimmter Meinungen, Einstellungen und dergleichen einschränkt oder provoziert. Solche künstlichen Meinungsäußerungen werden als „Artefakte“ bezeichnet (vgl. Atteslander, 1993).

Begünstigung und Vermeidung von Artefakten

„Künstliche“ Äußerungen werden begünstigt, wenn

- Begriffe Verwendung finden, die vom Befragten nicht verstanden werden,
- sich der Antwortende bedroht fühlt,
- durch die Frage eine willkürliche Eingrenzung erfolgt,
- hypothetische Sachverhalte erfragt werden.

Mögliche Fehlerquellen

Auch wenn durch das Verfahren bedingte künstliche Aussagen letztlich nicht vollkommen ausgeschlossen werden können, muss es das Ziel einer wissenschaftlichen Vorgehensweise sein, das Ausmaß der Künstlichkeit festzustellen. Zu diesem Zweck ist es hilfreich, einige Fehlerquellen genauer unter die Lupe zu nehmen. Auf vier Aspekte soll hier näher eingegangen werden: Der Informationsstand des Befragten, die Mehrdimensionalität von Fragen, die Anordnung der Fragen und die Verzerrung der Fragen.

a) Informationsstand des Befragten

Gerade im Rahmen schriftlicher Befragungen tritt häufig das Problem auf, dass Fragen beim Befragten zu viel voraussetzen. Dabei kann es sich sowohl um relevante Vorinformationen als auch um ein bestimmtes Sprachverständnis handeln. In beiden Fällen sind die Ergebnisse unbrauchbar. Das Beispiel, „Wie beurteilen Sie das Verhalten Ihrer Kollegen?“, soll das Gemeinte verdeutlichen. Hier wird vorausgesetzt, dass der Befragte weiß, welches Verhalten der Kollegen gefragt ist.

Was die Sprache anbelangt, so muss zunächst geklärt werden, welcher Sprachgebrauch bei den Befragten vorherrscht. Für ein- und denselben objektiven Befund ergeben sich unterschiedliche Worte und Beschreibungen. Sie sind durch Herkunft, soziale Lage, Erfahrung und Bildungsstand geprägt. Daraus lässt sich als Forderung ableiten: Die Fragen müssen dem Befragten verständlich sein. Die Formulierungen sollten kurz und einfach sein damit der Befragte sie beim ersten Lesen auffassen und sich während des Nachdenkens über seine Antwort an sie erinnern kann (vgl. Mayntz, Holm & Hübner,1972, S. 107).

b) Mehrdimensionalität

Fragen und Antwortvorgaben enthalten oft mehrere Dimensionen; infolgedessen steht es dem Befragten frei, zu wählen, welche Dimension er beantwortet. Es liegt auf der Hand, dass damit die Vergleichbarkeit der Antworten beträchtlich erschwert wird. So umfasst die Frage „Was haben Sie für Nachbarn?“ mehrere Dimensionen, die nicht klar unterschieden werden: Dimension Schicht, Dimension Religion, Dimension Sympathie (vgl. Friedrichs, 1984, S. 196).

Die Mehrdimensionalität oder Mehrdeutigkeit ist nicht nur ein Problem der Fragestellung; sie kann sich ebenso auf die Antwortvorgaben beziehen: Beispiel: „Glauben Sie, dass sich durch das Einnehmen von Rauschmitteln Ihre Schulleistungen verschlechtert haben?“

Vorgaben

- ☐ Ich habe noch nie Drogen genommen
- ☐ Nein
- ☐ Sie haben sich verbessert
- ☐ Sie haben sich verschlechtert
- ☐ Meine Schulleistungen interessieren mich nicht

Wie unschwer zu erkennen ist, fällt die letzte Alternative aus der Logik des Vorgehens. Sie kann von jedem, der eine vorangegangene angekreuzt hat, zusätzlich angekreuzt werden. Solche Fehler lassen sich vermeiden, indem man vor der Befragung ausreichend detaillierte Informationen einholt.

c) Fragen-Anordnung

Fragen sind nicht isoliert zu betrachten, sondern in ihrer Abfolge. Man wird bei einem Thema zumeist vom Allgemeinen zum Besonderen vorgehen. Die Rede ist vom Trichter-Prinzip. Bei der Anordnung der Fragen kann leicht der Fehler auftreten, dass eine Frage auf die folgende(n) ausstrahlt. Man spricht dann vom sogenannten „Halo-Effekt". Oftmals handelt es sich hierbei um eine vorbewusste Assoziation des Befragten.

d) Verzerrte Fragen

Gemeint sind Fragen, die allein durch ihre Formulierung die Verteilung der Antworten in einer bestimmten Form beeinflussen. Es kommt zu „schiefen" Verteilungen. Sie können Unterstellungen, unvollständige Vorgaben, „belastete" Wörter enthalten oder suggestiv sein. Beispiel: „Sind sie auch der Ansicht, dass wir zu viele Obdachlose in der BRD haben?"

Weitere Fehlerquellen bei einer Befragung

Weitere Fehlerquellen sind der folgenden Liste zu entnehmen:

- Je weiter ein Ereignis zurückliegt, desto ungenauer werden die Angaben.
- Je mehr sich eine Person für das Thema interessiert, desto gültiger sind die Angaben.
- Je wichtiger ein Ereignis für eine Person ist, desto genauer werden die Angaben.
- Je bedrohlicher ein Ereignis für eine Person war (z. B. Verkehrsunfall), desto eher wird sie es vergessen.
- Je sozial missbilligter etwas ist (z. B. Geisteskrankheiten), desto seltener wird darüber berichtet.

- je sozial höher etwas bewertet ist (Arbeitsplatz, Einkommen, Spenden), desto eher sind die Angaben zu hoch.

In diesem Zusammenhang ist der Hinweis von Bedeutung, dass offene und geschlossene Fragen jeweils mit spezifischen Problemen behaftet sein können:

Spezifische Probleme bei offenen Fragen

Ist die Frage offen gestellt, so gilt:

- Die Reihenfolge der Nennungen des Befragten gibt nicht immer ihre Wichtigkeit wieder; der Antwortende kann sogar das Wichtigste nicht genannt haben, weil es ihm selbstverständlich erscheint.
- Die Zahl der Nennungen steigt, je länger man den Befragten Zeit zum nachdenken gibt, oder sie durch Ermutigungen auffordert.

Spezifische Probleme bei geschlossenen Fragen

Ist die Frage geschlossen gestellt, so gilt:

- Je eingehender jemand seine Gründe durchdacht hat, desto weniger wird ihm die vorgegebene Liste ausreichen.
- Je weniger jemand seine Gründe durchdacht hat, desto eher wird die Liste als Erleichterung empfunden.
- Unangenehme oder sozial missbilligte Antworten, die bei einer offenen Frage nicht genannt würden, können unter den vorgegebenen Alternativen untergebracht werden.

Richtlinien für die Formulierung von Fragen

Die folgende Liste fasst die wichtigsten Regeln zusammen, die bei der Formulierung von Fragen oder Feststellungen zu beachten sind (vgl. Atteslander, 1993, S. 188; Mummendey, 1987, S. 63):

- Fragen/Feststellungen sollen einfache Worte enthalten; keine Verwendung von komplizierten Fachausdrücken.
- Fragen/Feststellungen sollten kurz formuliert sein und nicht mehr als 20 Wörter enthalten.
- Fragen/Feststellungen sollten konkret sein; abstrakte Begriffe sollten in konkrete übergeführt werden.
- Fragen/Feststellungen sollten keine bestimmte Beantwortung provozieren; Vermeidung von Suggestivfragen.
- Fragen/Feststellungen sollten neutral formuliert sein, keine „belasteten“ Worte (Kommunist, Boss, Leistungswille usw.).
- Fragen/Feststellungen sollten nicht hypothetisch formuliert sein (Angenommen, Sie würden im Lotto gewinnen ...).
- Fragen/Feststellungen sollten sich auf einen Sachverhalt beziehen (Vermeidung von Mehrdimensionalität, besser mehrere Fragen/Feststellungen).

- Fragen/Feststellungen sollten keine doppelten Negationen enthalten.
- Fragen/Feststellungen sollten sich nicht auf die Vergangenheit, sondern auf die Gegenwart beziehen.
- Fragen/Feststellung sollten nur einen einzigen vollständigen Gedanken enthalten.
- Fragen/Feststellungen, die Allerweltsausdrücke wie alle, immer, keine, niemals, fast, kaum etc. enthalten, sollten vermieden werden.
- Fragen/Feststellungen sollten den Befragten nicht überfordern Wie viel Prozent ihres monatlichen Einkommens geben Sie für Miete aus ...).

Bei einer schriftlichen Befragung wird eine Gruppe von Personen mit einem Fragebogen konfrontiert. Dieser enthält Fragen oder Feststellungen, die von den Probanden in einer zumeist standardisierten Weise zu beantworten sind.

Der Fragebogen muss klar, kurz und aus sich heraus verständlich und übersichtlich sein.

Die Bereitschaft zur Beantwortung der Fragen hängt allein vom Appell an den Befragten und vom Thema ab; kein Interviewer kann die Motivation erhöhen.

Die Fähigkeit, den Fragebogen auszufüllen, hängt ab von der Verständlichkeit des Fragebogens, der sprachlichen Leistungsfähigkeit sowie der Geübtheit der Probanden.

3.5 Durchführung einer schriftlichen Befragung

Fragebogen-konstruktion

Der Fragebogen einer schriftlichen Befragung erfordert einen hohen Grad an Präzision. Das Instrument muss gut durchdacht sein.

Im Folgenden wird eine grundlegende und bewährte Art und Weise der Fragebogenentwicklung dargestellt. Es handelt sich nicht um die einzig mögliche Weise der Fragebogenkonstruktion, doch hat sich die Einhaltung der nachfolgend beschriebenen Schritte in der Praxis bewährt.

3.5.1 Bestimmung der Form des Fragebogens

Form und Thema des Fragebogens

Bevor mit der Sammlung der einzelnen Elemente begonnen wird, muss man sich Gedanken machen über die Form des Fragebogens. Wie sollte ein Fragebogen aufgebaut sein? Generell sollte der Fragebogen thematisch gegliedert und eng auf das Gesamtthema der Studie bezogen sein. Im Fragebogen sind außerdem folgende Punkte zu berücksichtigen:

Thema der Befragung

- Zusammenhang von Thema, Verwertungsziel und Interessen des Befragten
- Zusicherung der Anonymität
- Anreize für die korrekte Beantwortung

Darbietung der „Fragen“

Wie soll das sprachliche Material zur Beantwortung dargeboten werden? Welche verbalen Reaktionen sind von Interesse? Es können Fragen gestellt werden, wie z. B.

„Halten Sie sich für einen zuverlässigen Menschen?“

oder es können Feststellungen (Statements) dargeboten werden, wie z. B.

„Ich halte mich für einen zuverlässigen Menschen“

Um überflüssige sprachliche Bedeutungen zu vermeiden, ist es zudem denkbar das Beurteilungsobjekt mit einem einzigen Substantiv oder Adjektiv zu benennen oder beurteilen zu lassen:

zuverlässig

oder in einem Profil:

zuverlässig |————————| unzuverlässig

Antworttypen

Der Antworttypus kann sehr unterschiedlich sein. In der einfachsten Form wird auf eine Frage oder Feststellung lediglich ein zweistufiges Urteil verlangt:

ja oder *nein*

stimmt oder *stimmt nicht*

Die Zahl der Antwortkategorien kann erweitert werden:

ja --- neutral --- nein

☺ --- 😐 --- ☹

Ferner sind diverse Arten von Mehrfachantworten denkbar. Die Beantwortung erfolgt dann in Form eines Rating, also auf einer Schätzskala. Es kann sich um eine rein numerische Rating-Skala, eine grafische Rating-Skala, eine verbal verankerte oder um eine nicht verankerte Skala handeln:

stimmt 3 2 1 0 1 2 3 *stimmt nicht*

ja 1 2 3 4 5 6 7 *nein*

stimmt vollständig	*stimmt eher*	*stimmt eher nicht*	*stimmt überhaupt nicht*
❑	❑	❑	❑

Wie differenziert soll die Antwortskala gestaltet werden? Als Regel gilt: Die Feinheit, mit der wir messen wollen, muss mit dem Differenzierungsvermögen des Befragten in Einklang stehen. Bei Einstellungsfragen muss sie mit der Ausgeprägtheit, mit der der Befragte diese Einstellung inne hält, korrespondieren. Im Allgemeinen scheinen Sieben-Punkte-Skalen bezüglich der Messzuverlässigkeit, der Anzahl unentschiedener Befragter und der Diskrimination der einzelnen Skalenwerte optimal zu sein. Die Empfehlung lautet daher: „Sieben Skalenpunkte plus oder minus zwei" (vgl. Hippler, Schwarz, Noelle-Neumann, Knäuper & Clark, 1991).

Ebenfalls zu bedenken ist, ob eine mittlere Antwortkategorie (z. B. die Antwortkategorie 0) eingeführt werden soll. Die folgende Darstellung zeigt ein Item zur Reflexion der eigenen Konfliktfähigkeit, das eine mittlere Antwortalternative beinhaltet (vgl. Gäde & Listing, 1993).

Ich scheue persönliche Veränderungen	3-2-1-0-1-2-3	*Ich will mich immer wieder verändern, weiterentwickeln*

Die Mehrzahl der Autoren (vgl. z. B. Mummendey, 1987) plädiert dafür, auf eine mittlere Kategorie zu verzichten, da diese lediglich eine Ausweichmöglichkeit darstellt und für verschiedene Leute sehr verschiedenes bedeuten kann. Deshalb wird sie auch bei Mehrfachwahl-Antworten bewusst weggelassen, z. B.

sehr selten	-3	-2	-1	+1	+2	+3	*sehr oft*

3.5.2 Skalenniveau der Frage

Messniveau

Die Frage ist das Instrument, mit dem wir messen wollen. Dabei können wir mit diesem Instrument auf verschiedenem Messniveau messen. Vom Messniveau hängt es entscheidend ab, welche Methode der Auswertung angewandt werden darf. Die Körpergröße eines Menschen wird sehr leicht in Zahlen auszudrücken sein, seine Intelligenz oder sein Gesundheitszustand dagegen sehr schwierig. Wovon hängt es ab, wie gut man die Ausprägungen einer Eigenschaft messen kann, also wie gut man sie in Zahlen ausdrücken kann?

Die „Messlatte“, auf der die Ausprägungen einer Eigenschaft abgetragen werden, heißt Skala. Je nachdem, in welcher Art und Weise eine Eigenschaft eines Objekts in Zahlen ausgedrückt (gemessen) werden kann, unterscheidet man Skalen unterschiedlichen Messniveaus:

- Nominalskala
- Ordinalskala
- Intervallskala
- Ratio- bzw. Verhältnisskala

Die Eigenschaften dieser Skalen sollen anhand von Beispielen kurz umrissen werden (vgl. Schuchard-Fischer, Humme, Lohrberg, Plinke & Schreiner, 1980).

Nominalskala

1) Die Nominalskala stellt die primitivste Grundlage des Messens dar. Beispiele für Nominalskalen sind:

- Geschlecht (männlich – weiblich)
- Religion (katholisch – evangelisch – andere)
- Werbestrategie (Fernsehwerbung – Anzeigenwerbung – Plakatwerbung)

Nominalskalen stellen also einfache Klassifizierungen dar. Werden die Ausprägungen der Eigenschaft in Zahlen ausgedrückt, z. B. männlich = 1, weiblich = 2, dann dienen diese Zahlen allein der leichteren Handhabung. Solche Zahlen erlauben keinerlei rechnerische Operationen. Man kann allenfalls ihre Häufigkeiten auszählen.

Ordinalskala

2) Eine Ordinalskala stellt das nächst höhere Messniveau dar. Die Ordinalskala erlaubt die Aufstellung einer Rangordnung mit Hilfe von Rangwerten. Beispiele: Sportart A wird Sportart B vorgezogen, Schüler M ist tüchtiger als Schüler N. Die Rangwerte 1., 2., 3., usw. sagen nichts über die Abstände zwischen den Objekten aus. Aus der Ordinalskala kann also nicht abgelesen werden, um wie viel die Sportart A besser eingeschätzt wird als Sportart B. Daher können ordinale Skalen auch nicht rechnerischen Transformationen wie Addition, Subtraktion, Multiplikation oder Division unterzogen werden. Als Mittelwert wird der Median herangezogen, also derjenige Wert, der von der Hälfte der Angaben übertroffen wird.

Intervallskala

3) Das nächst höhere Messniveau stellt die Intervallskala dar. Diese weist gleichgroße Skalenabschnitte auf. Ein typisches Beispiel ist das Thermometer, das den Abstand zwischen Gefrierpunkt und Siedepunkt des Wassers in hundert gleichgroße Abschnitte einteilt. Häufig wird in erfahrungswissenschaftlichen Untersuchun-

gen eine Intervallskala unterstellt, obwohl die Annahme gleicher Skalenabstände ungeprüft ist. Dies ist z. B. der Fall bei Ratingskalen: Eine Auskunftsperson ordnet einer Eigenschaft eines Objektes einen Zahlenwert auf einer Skala von 1 bis 5 zu. Intervallskalen erlauben die rechnerischen Operationen der Addition und Subtraktion.

Ratio- oder Verhältnisskala

4) Die Ratio- oder Verhältnisskala stellt das höchste Messniveau dar. Sie unterscheidet sich von der Intervallskala dadurch, dass zusätzlich ein natürlicher Nullpunkt existiert. Beispiele sind Körpergröße, Einkommen und Zeitdauer. Ratioskalen erlauben alle mathematischen Transformationen.

Tabelle 3.1 stellt noch einmal die vier Skalen mit ihren Merkmalen zusammen:

Tab. 3.1: Skalen und ihre Messniveaus

Skala	**Merkmale**	**Erlaubte Rechenoperationen**
Nominalskala	Klassifizierung qualitativer Eigenschaftsausprägungen	Bildung von Häufigkeiten
Ordinalskala	Rangwert mit Ermittlung des Median	Ordinalzahlen
Intervallskala	Skala mit gleich großen Abschnitten ohne natürlichen Nullpunkt	Addition, Subtraktion
Ratioskala	Skala mit gleich großen Abschnitten und natürlichem Nullpunkt	Addition, Subtraktion, Division, Multiplikation

Messniveau und Skalenniveau

Eigenschaften, Merkmale, Verhaltensweisen werden auf einem bestimmten Messniveau gemessen. In Abhängigkeit vom Skalenniveau sind unterschiedliche mathematische Operationen und Auswertungstechniken zulässig. Bei Ratio-Skalen sind Auswertungstechniken zulässig, die das Maximum an Information bringen.

3.5.3 Itemsammlung – Wie gelangt man zu Fragen?

Grundlagen der Fragenkonstruktion

Die Entscheidung darüber, welche Fragen oder Feststellungen in den Fragebogen aufgenommen werden sollen, ist eng mit den Zielen der Untersuchung verknüpft. Was soll eigentlich gemessen werden? Geht es um persönliche Gewohnheiten, Einstellungen, Selbstkonzepte oder Eigenschaften?

Der Forscher kann bei der Zusammenstellung der Elemente des Fragebogens wahlweise oder kombiniert auf unterschiedliche Quellen zurückgreifen:

- aus Theorien ableiten
- vorhandene Fragebogen sichten
- eigene Erfahrungen
- Alltagsbeobachtungen durchführen
- Voruntersuchungen durchführen
- Experten befragen
- Literaturstudium (Lehrbücher, Fachzeitschriften usw.)

Itemzahlen

Die Anzahl der zu sammelnden Items hängt von der im endgültigen Fragebogen vorgesehenen Item-Zahl ab. Je unsicherer und unklarer der zu messende Gegenstandsbereich ist, desto problematischer dürfte es sein, die Fragebogenkonstruktion mit nur wenigen Items (Fragen, Feststellungen) zu beginnen. Faustregeln für die Anzahl der aufzunehmenden Items sind schwer zu erstellen.

Der folgende Fragebogen soll die bis hierhin dargestellten Zusammenhänge noch einmal beispielhaft veranschaulichen. Ziel ist die Erfassung der Freizeitinteressen von Jugendlichen. In Klammer ist jeweils das Skalenniveau vermerkt.

Musterfragebogen

1) In welche Klasse gehst du? *(nominal)*

5. Klasse ☐ 6. Klasse ☐ 7. Klasse ☐

8. Klasse ☐ 9. Klasse ☐ 10. Klasse ☐

2) Welche Schule besuchst du? *(nominal)*

Hauptschule ☐ Gymnasium ☐

Realschule ☐ Gesamtschule ☐

3) Geschlecht *(nominal)*

männlich ☐ weiblich ☐

4) Was war deine letzte Zeugnisnote in *(ordinal)*

Deutsch __ Englisch __

Mathematik __ Religion/Ethik __

5) Wie gern übst du die folgenden Tätigkeiten in deiner Freizeit aus? *(Für die folgenden Skalen wird Intervallniveau unterstellt)*

Interessengebiet	sehr gern sehr ungern
Jugendzeitschriften lesen	1—2—3—4—5
Kinofilme ansehen	1—2—3—4—5
Musik hören	1—2—3—4—5
Fernsehen	1—2—3—4—5
Rumhängen	1—2—3—4—5
Ein Jugendhaus besuchen	1—2—3—4—5
In die Disko gehen	1—2—3—4—5
Sport treiben	1—2—3—4—5
Computerspiele spielen	1—2—3—4—5

6) Wie viel Taschengeld bekommst du in der Woche? *(Ratioskala)*

____________________ €/Woche

3.5.4 Revision der Items bzw. Fragen

Fragebogen-vorform

Vor der endgültigen Entscheidung für bestimmte Fragen, empfiehlt es sich, die Fragen einer Gruppe von Test-Personen vorzulegen. Zweck der Vorgabe einer Fragebogenvorform ist es, jene Items herauszufinden, die für die mit dem Fragebogen verfolgten Zwecke am besten geeignet sind.

Revision

Die daraus resultierende Revsion der Items richtet sich zunächst auf die sprachliche Formulierung. Ziel ist eine gute Verständlichkeit, keine geschachtelten Sätze usw. Immer ist die Zielpopulation im Auge zu behalten. Bei der Revision der Item-Liste ist ebenfalls auf die Art der Fragen bzw. die Formulierung von Aussagen zu achten. Es kann gute Gründe geben, sämtliche Fragen oder Statements in der gleichen Richtung zu formulieren (vgl. Mummendey, 1987, S. 65). Bei der Revision der Item-Liste sollte auch die Reihenfolge der Darbietung der Items festgelegt werden.

Der in Abbildung 3.3 dargestellte Auszug aus einem Fragebogen soll dies verdeutlichen.

Die Darstellung umfasst 6 Aussagen, die sich auf zwei Dimensionen des Lernens beziehen: Zum einen Planung und zweitens Konzentration. Wie ersichtlich werden beide Dimensionen abwechselnd in Form von Feststellungen angeboten.

Bei der Revision der Item-Liste kann auch die Frage der angemessenen Antwortform noch einmal aufgenommen werden. Man sieht z. B. ob man eine mittlere Kategorie weglassen kann. In unserem Beispiel (siehe Abbildung 3.3) besteht das Antwortschema aus einer fünffach abgestuften Skala. Ein Nullpunkt ist nicht vorgesehen.

Abb. 3.3: Fragebogen zum Lernen in Schule und Ausbildung

Treffen die folgenden Aussagen zu?	**sehr selten** — **sehr häufig**
Beim Lernen merke ich, dass meine Gedanken abschweifen	1—2—3—4—5
Vor der Bearbeitung eines Textes formuliere ich einige Fragen, um mir eine Zielrichtung vorzugeben	1—2—3—4—5
Ich ertappe mich dabei, dass ich mit meinen Gedanken ganz woanders bin	1—2—3—4—5
Ich lege im Vorhinein fest, wie weit ich mit der Durcharbeitung eines Stoffs kommen möchte	1—2—3—4—5
Beim Lernen bin ich unkonzentriert	1—2—3—4—5
Bevor ich neues Lernmaterial gründlich studiere, überfliege ich es oft erstmal, um einen Eindruck von dessen Inhalt zu gewinnen	1—2—3—4—5

3.5.5 Gütekriterien

Überprüfung der Validität und Reliabilität

Ist die Aufgabenanalyse abgeschlossen, muss festgestellt werden, ob der Fragebogen das anvisierte Merkmal wirklich misst (Gültigkeit oder Validität) und ob er es exakt misst (Zuverlässigkeit oder Reliabilität). Solche Fragen müssen vor allem da gestellt werden, wo eine Befragung nicht mehrmals durchgeführt werden kann und wo die Resultate als Indikatoren für bestimmte Eigenschaften der untersuchten Person aufgefasst werden (vgl. Traxel, 1974).

3.5.5.1 Validität

Gültigkeit

Befragungsergebnisse sind – insbesondere wenn es um die Erfassung persönlicher Merkmale geht – lediglich Indikatoren für das Vorliegen der eigentlich interessierenden objektiven Tatbestände (vgl. Mayntz, Holm & Hübner, 1972). Wann misst das Erhebungsinstrument das, was man feststellen möchte und festzustellen glaubt (z. B. ein psychisches Merkmal)? Sehr einfach: Ein Fragebogen zur Merkfähigkeit muss auch tatsächlich Merkfähigkeit messen, und ein Fragebogen, von dem sein Autor behauptet, er messe „soziale Einstellungen“, muss auch tatsächlich diese und nicht etwa „Intelligenz“ erfassen.

Der Begriff Validität ist ein Oberbegriff für eine Reihe verschiedener spezifischer Gültigkeitsformen. Sie unterscheiden sich lediglich in der methodischen Vorgehensweise, die zur Bestimmung der Gültigkeit gewählt wird. Eine besonders oft benutzte Validierungsmethode zeichnet sich dadurch aus, dass die erhobenen Resultate einer Stichprobe mit außerhalb des Instruments liegenden Vergleichsdaten (Außenkriterium), hinsichtlich des gleichen psychischen oder sozialen Merkmals verglichen werden. Soll etwa die Gültigkeit eines Fragebogens zur „sozialen Einstellung“ überprüft werden, so könnte man als Kriterium das Urteil von Lehrern oder Sozialpädagogen heranziehen, wobei diese natürlich die Fragebogenergebnisse nicht kennen dürfen. Im günstigsten Fall müssten beide Messwertreihen in der Weise übereinstimmen, dass die Individuen, die auf den Fragebogenskalen die höchsten/niedrigsten Werte angegeben haben, auch in bezug auf das Außenkriterium (hier: Urteile durch Fachleute) die höchsten/niedrigsten Messwerte einnehmen. Das Maß der Übereinstimmung wird mit Hilfe der Korrelationsrechnung bestimmt.

		Nach Fragebogen	
		sozial	**unsozial**
Nach Kriterium	**sozial**	54	23
	unsozial	51	25

Es zeigt sich: Für das Attribut sozial ergibt sich in 54 Fällen eine Übereinstimmung zwischen Fragebogen und Lehrerurteil. Bei der

„unsozial"-Einschätzung stimmen Fragebogen und Kriterium 25 mal überein. Allerdings bestehen auch beträchtliche Diskrepanzen, so dass insgesamt von einer schwachen Übereinstimmung ausgegangen werden muss (Phi = 0,033).

3.5.5.2 Reliabilität

Zuverlässigkeit

Von einem Fragebogen zu wissen, was er misst, reicht nicht. Er muss das anvisierte Merkmal genau messen. Wie genau das Instrument beispielsweise soziale Einstellung oder Lernstrategien erfasst, ist dem Kriterium der Zuverlässigkeit (Reliabilität) zu entnehmen. Von der Reliabilität hängt es ab, ob eine Wiederholung des Messvorganges stets die gleichen Resultate erbringt. Wie bei der Gültigkeit werden auch bei der Zuverlässigkeit verschiedene Formen unterschieden. Die einfachste Möglichkeit, eine wiederholte Messung des gleichen Sachverhalts vorzunehmen, ist die erneute Vorgabe des gleichen Fragebogens an die gleiche Personengruppe zu einem späteren Zeitpunkt. Im Idealfall resultieren aus der Wiederholungsmessung zwei identische Messwerteinheiten. Ihr statistisch berechneter Zusammenhang (Korrelationsanalyse) ergibt den Retest-Reliabilitätskoeffizienten. Da jegliche Form der Messung, also auch die Befragung, immer mehr oder weniger mit Fehlern behaftet ist, die die Genauigkeit der Aussage vermindern, wird man praktisch nie einen maximalen Zusammenhang (ausgedrückt im Wert 1) feststellen. Von hoher Zuverlässigkeit kann man daher bereits sprechen, wenn der Koeffizient etwa 0,8 oder 0,9 beträgt. Für Fragebögen wird ein Wert von 0,7 oftmals als Minimalforderung genannt. Ebenfalls häufig realisiert wird die Analyse der inneren Konsistenz (Stimmigkeit). Der Konsistenzkoeffizient (= Cronbachs Alpha) ermöglicht ein Urteil darüber wie homogen die Items sind.

3.5.6 Fragebogen-Instruktion

Bestandteile der Instruktion des Fragebogens

Von großer Wichtigkeit für den Erfolg der Befragung ist die Instruktion. Üblicherweise enthält sie die folgenden Punkte:

- Alle Sätze durchlesen und mit „Stimmt/Stimmt nicht" beantworten bzw. eine Ziffer ankreuzen.
- Die Sätze nacheinander bearbeiten und keinen auslassen.
- So aufrichtig wie möglich antworten.
- Anonymität wird garantiert.
- Bei dichotomer Antwortform auch dann eine Entscheidung treffen, wenn dies schwer fallen sollte.
- Möglichst zügig antworten.

- Von Fall zu Fall kann man darauf hinweisen, dass es keine richtigen oder falschen Antworten gibt,
- es nicht um die Messung der Intelligenz, Fähigkeit oder Begabung geht,
- die Untersuchung lediglich Forschungszwecken dient und
- ausreichender Datenschutz gewährleistet ist.

Es bleibt festzuhalten: Die Einführung in einen Fragebogen sollte sorgfältig bis ins Detail formuliert werden. Dabei ist jedoch auch zu bedenken, dass ein zu langer Instruktionstext eher verwirrend wirkt und daher unwirksam bleibt, weil nicht alle Instruktionsbestandteile beachtet oder behalten werden.

Eine Fragenbogen-Instruktion könnte folgendermaßen aussehen (vgl. Mummendey, 1987, S. 68f):

„Im Folgenden finden Sie eine Reihe von Feststellungen. Bitte kreuzen Sie diejenige Ziffer an, die für Sie persönlich am ehesten zutrifft. Antworten Sie bitte aufrichtig und ohne lange zu überlegen; lassen Sie bitte keine Antwort aus. Die Untersuchung dient ausschließlich Forschungszwecken. Datenschutz ist gewährleistet."

3.6 Zusammenfassung

Ziel der Ausführungen in diesem Kapitel war es, einen Überblick zu Prinzipien, Aufbau und Konstruktion eines Fragebogens zu vermitteln. Die wichtigsten Punkte sollen abschließend noch einmal zusammengefasst werden.

1) Die schriftliche Befragung ist die wohl am häufigsten angewandte sozialwissenschaftliche Forschungsmethode. Zur Ermittlung verbalisierter subjektiver Tatbestände ist sie auch das angemessene Verfahren. Oft kommt sie auch als Ersatz für zeitraubendere oder kostspieligere Verfahren der direkten Datenerhebung zur Anwendung.

2) Jede Befragung stellt eine soziale Situation dar. Dazu gehören sowohl die Menschen, die miteinander sprechen oder einen Fragebogen ausfüllen als auch die jeweilige Umgebung. Der Forscher muss die Einflüsse, die von dieser sozialen Situation ausgehen, registrieren und bei Auswertung und Interpretation in Rechnung stellen.

3) Die Konstruktion eines Fragebogens ist eingebettet in einen Prozess der Planung, Vorbereitung, Durchführung und Auswertung einer Untersuchung. Im engeren Sinne umfasst die Fragebogen-

konstruktion Entwurf, Erprobung und Revision eines Fragebogens.

4) Die einzelnen Fragen können sich auf mehrere Inhaltsbereiche beziehen. In Betracht kommen vor allem Fragen bzw. Aussagen zu Fakten, Wissen, Beurteilungen (Bewertungen, Meinungen) und Verhaltensweisen. Für alle Fragen gilt die Grundforderung nach Eindeutigkeit. Daraus ergibt sich, dass sich eine Frage stets nur auf einen bestimmten Inhalt beziehen darf.

5) Die im Fragebogen verwendeten Fragen müssen nicht in wissenschaftlich-abstraktem Deutsch formuliert sein. Die sprachliche Formulierung sollte sich an der Umgangssprache der befragten Personen orientieren. Schachtelsätze sind ebenso zu vermeiden wie suggestive und stereotype Formulierungen.

6) Unter formalen Gesichtspunkten kann ein Fragebogenitem als Aussage (Statement) mit Aufforderung zur Stellungnahme oder als Frage formuliert sein. Bezüglich der Antwortmöglichkeiten unterscheidet man offene und geschlossene Fragen. Für welche Form man sich entscheidet, hängt letztlich immer vom Forschungsziel ab. Ist das Vorwissen des Forschers über den Gegenstandsbereich gering, wird er eher zu offenen Fragen greifen.

7) Typisch für geschlossene Fragen ist, dass bestimmte Antwortkategorien vorgegeben werden. Bei der Wahl der Vorgaben ist auf drei Aspekte besonders zu achten: (α) auf die Ausgewogenheit (sie müssen gleichermaßen positive und negative Äußerungen gestatten), (β) auf eine vergleichbare soziale Wünschbarkeit der angebotenen Alternativen und (χ) schließlich darauf, dass die Anzahl der Antwortmöglichkeiten für den Befragten noch durchschaubar ist.

8) Neben der inhaltlichen Charakterisierung der Fragen bzw. Feststellungen sind wichtige formale Unterscheidungen hervorzuheben. Entsprechend der Art der diesen Feststellungen zugrunde liegenden Maßstäbe kann man unterscheiden zwischen Nominal-, Ordinal-, Intervall- und Ratio- bzw. Verhältnisskalen. Ein Merkmal wird auf einer Nominal-Skala gemessen, wenn es in zwei oder mehr qualitativ verschiedene Kategorien unterteilt ist. Eine Ordinalskala liegt vor, wenn für eine Reihe von Beobachtungen bzw. Feststellungen eine Rangordnung hergestellt wird und damit Angaben über ein Mehr oder Weniger gemacht werden. Die Intervallskala ist dadurch charakterisiert, dass gleichen Differenzen von Zahlen auch gleich große Unterschiede in dem dadurch ausgedrückten Merkmal entsprechen. Die Verhältnisskala (Ratio-

skala) besitzt darüber hinaus einen echten Nullpunkt, das heißt bei dem Messwert Null ist auch das gemessene Merkmal Null.

9) Für die Beurteilung der Datengewinnung sind die Gesichtspunkte der Zuverlässigkeit und der Gültigkeit von Bedeutung. Unter dem Grad der Zuverlässigkeit (Reliabilität) verstehen wir den Grad der Genauigkeit von Beobachtungen, ausgedrückt durch den Grad der Übereinstimmung zwischen wiederholten Feststellungen desselben Sachverhalts. Die Zuverlässigkeit einer Feststellung gestattet noch keine Aussage darüber, was diese Feststellung bedeutet, d. h. ob und wieweit sie gültig ist für das, was man feststellen wünscht. Zur Überprüfung der Gültigkeit wird der Zusammenhang (die Korrelation) der gewonnen Daten mit einem Kriterium errechnet.

4 DESKRIPTIVE STATISTIK UND STATISTISCHE AUSWERTUNG

Reinhold S. Jäger

Unsere Welt ist an Zahlen und Bewertungen orientiert. Diese Tatsache ist nicht nur an eher sarkastischen Bemerkungen über die Olympischen Spiele auszumachen (schneller, höher, weiter), sondern auch an der Tatsache, dass in vielen Bereichen des Alltags sowohl *Bestandsaufnahmen* durchgeführt als auch *Prognosen* abgegeben werden. Beispiele hierfür sind:

- die Ausstattung einer Stadt mit Kindertagesstätten, Räumen und Spielmaterialien,
- die Verkehrszählungen an bestimmten Stellen,
- Bevölkerungszählungen und Bevölkerungsprognosen etc.

Die jeweils gewonnenen Daten werden anschließend weiter verarbeitet. Diese Verarbeitung erfolgt in aller Regel unter Zuhilfenahme der *Statistik* sowie *grafischer Darstellungen*, die ihrerseits der Illustration dienen.

Die Statistik leistet dabei zwei Beiträge:

Deskriptive Statistik

- Es werden Daten mit Hilfe von (statistischen) Kennwerten beschrieben; man spricht hierbei von der *deskriptiven* oder *beschreibenden Statistik*;

Schlussfolgernde Statistik

- es werden Daten darauf hin beurteilt, ob sie bestimmten Erwartungen oder Hypothesen entsprechen; hierbei spricht man von der *schlussfolgernden Statistik.*

Nachfolgend wird lediglich auf die deskriptive Statistik abgehoben. Sie wird in ihren gebräuchlichsten grafischen Darstellungen und Kennziffern erläutert. Im einzelnen wird auf die folgenden Sachverhalte näher eingegangen:

- *Maße zur Charakterisierung von Verteilungsformen*: Daten darüber, welche Form eine Verteilung hat.
- *Maße der zentralen Tendenz*: Hierzu gehören Informationen über solche Messwerte, die eine Tendenz auf der Basis aller Personen berücksichtigen und eine gewissermaßen durchschnittliche Angabe erlauben.
- *Maße der Variabilität*: Informationen darüber, wie die Daten um einen zentralen Wert streuen.

- *Maße zur Beschreibung von Zusammenhängen*: Informationen über den Zusammenhang zwischen zwei Merkmalen. Man spricht hier auch von *Korrelationen*.

4.1 Zwei einführende Beispiele

Beispiel 1: Sie interessiert, welche Jugendlichen eine Freizeiteinrichtung Ihrer Stadt aufsuchen. Hierzu haben sie einen Kurzfragebogen entwickelt, den jeder Jugendliche nur einmal bei einem Besuch der Freizeiteinrichtung ausfüllen soll. Im Bogen werden unter anderem folgende Fragen gestellt (s. u.):

> Besucher der Freizeiteinrichtung A der Stadt X
>
> Wie alt sind Sie?
>
> _____ Jahre
>
> Ihr Geschlecht: □ männlich □ weiblich

Diese Daten werden von Ihnen anschließend ausgewertet. Eine einfache Auswertung erfolgt bereits dadurch, dass eine Strichliste hergestellt wird. In diesem Falle wird für jedes Alter eine Zählliste angefertigt (s. Tab. 4.1):

Tab. 4.1: Einfache Zählliste: Verteilung der Besucher der Freizeiteinrichtung A nach Alter

Alter	Anzahl	Zahl
12	𝍸	5
13	𝍷𝍷𝍷	3
14	𝍷𝍷𝍷	3
15	𝍸𝍷	6
16	𝍷𝍷𝍷	3
17	𝍸𝍷𝍷𝍷	8
18	𝍸	5
19	𝍷	1
20	𝍷𝍷	2

Diese Zählliste hat bereits einen gewissen Informationswert. So kann beispielsweise aus Tabelle 4.1 erschlossen werden, dass die am häufigsten vertretene Gruppe die der 17-jährigen ist. Entsprechend könnte man verfahren, um zugleich auch das Geschlecht zu erfassen. Aus der Kombination von Alter und Geschlecht entsteht dann folgende Tabelle 4.2.

Es ist leicht nachvollziehbar, dass Tabelle 4.2 einen höheren Informationswert besitzt als Tabelle 4.1. Aber es fällt zunächst schwer, eine *zusammenfassende Aussage* über die beiden Variablen Alter und Geschlecht zu machen. Diese Aussage kann mit Hilfe bestimmter *grafischer Darstellungsformen* und *statistischer Kennziffern* getroffen werden, die in den Kapiteln 4.2ff dargestellt werden.

Tab. 4.2: Verteilung der Befragten nach Alter und Gechlecht

Alter	männlich	weiblich	Gesamt
12	3	2	5
13	3	0	3
14	2	1	3
15	3	3	6
16	3	0	3
17	4	4	8
18	2	3	5
19	1	0	1
20	0	2	2

Beispiel 2: Sie interessieren sich für das Freizeitverhalten von Jugendlichen und führen hierzu eine Befragung durch. Die Befragung wird anhand des in Kapitel 3 entwickelten Fragebogens realisiert. Die Angaben von 16 Jugendlichen sind diesem Buch als farbige Beilage beigefügt.

Dieses Beispiel 2 wird nachfolgend immer wieder aufgegriffen werden, um an ihm zu demonstrieren, wie man vorgehen kann, um eine sachgerechte Auswertung von vorliegenden Daten durchzuführen. Die Originaldaten sind in Tabelle 4.3 dargestellt.

Hierbei werden im Einzelnen erfasst:

- Klassenstufe
- Schultyp
- Geschlecht
- Zeugnisnoten in vier Fächern (vier Fächer)
- Beliebtheit von vorgegebenen Freizeittätigkeiten (neun Bereiche)
- Taschengeld pro Woche

Die angegebenen Bereiche werden im Fragebogen durch ein Kreuz beantwortet bzw. es wird eine Zahl angegeben. Die Zahl drückt aus, welche Note in einem Fach erreicht wurde bzw. wie groß die Summe an Taschengeld ist, die pro Woche zur Verfügung steht. Sofern durch ein Kreuz angegeben wird, welcher Sachverhalt zutrifft, kann die betreffende Information entsprechend in eine Zahl umgesetzt werden.

Die resultierenden Zahlen haben aber jeweils einen unterschiedlichen Informationswert. So sei beispielhaft auf Folgendes hingewiesen:

Informationswert von Zahlen

- Der Bereich Schulart (abgekürzt als Schule in Tabelle 4.3) wird in der Tabelle 4.3 wie folgt in Zahlen ausgedrückt: Hauptschule = 1, Realschule = 2, Gymnasium = 3, Gesamtschule = 4. Diese Zahlen deuten lediglich darauf hin, dass die einzelnen Schulen zu unterscheiden sind, nicht aber, dass auf der Grundlage der jeweiligen Zahl auf eine Wertigkeit der Schule geschlossen werden kann. Es ist demnach auch nicht vorstellbar, dass zwischen den Zahlen Übergänge bestehen. Sie sind also als nicht-kontinuierlich verteilte (= diskrete) Werte anzusehen. Gleiches trifft auch auf das Geschlecht zu (abgekürzt in Tabelle 4.3 durch *Gesch*).

Diskrete Werte

Stetige Werte

- Bei den Zeugnisnoten ist dieser Sachverhalt schon anders zu bewerten: Die angegebenen Zahlen sind jeweils auf- oder abgerundet. Denn die Praxis in der Schule ist durchaus die, dass Zwischenwerte vergeben werden. Die Noten gelten daher als annähernd kontinuierlich verteilt, auch wenn die Angaben in Zahlen erfolgen, die ihrerseits *diskret* angegeben sind. Gleiches trifft auch auf die Angaben über die Freizeittätigkeiten zu, durch die Jugendlichen angegeben haben, wie gerne sie die jeweilige Tätigkeit ausüben. Wären die Werte kontinuierlich verteilt, so spräche man auch von stetigen Variablen.

Fehlende Werte

Alle erhobenen Daten zu den genannten Bereichen sind in Tabelle 4.3 wiedergegeben. Für den Fall, dass ein Jugendlicher eine Angabe nicht gemacht hat, ist dies ersichtlich. So hat der Jugendliche mit der Nr. 4 keine Mathematiknote angegeben. Folglich findet sich in Tabelle 4.3 auch keine Eintragung. Weil dieser Wert fehlt, spricht man auch von *missing datum*. Ein fehlender Wert muss bei der Bestimmung von statistischen Kennwerten in besonderer Weise berücksichtigt werden.

Variable

Alle Werte in Tabelle 4.3 entsprechen demnach den Angaben der Jugendlichen aus der Befragung. Diese Tabelle ist dabei so aufgebaut, dass in den Spalten die Informationen über die Bereiche wiedergegeben sind, man spricht auch hier von *Variablen*. Diese Variablen werden durch Kürzel gekennzeichnet. In jeder Zeile der Tabelle 4.3 findet sich der vollständige Satz von Variablen mit den Angaben aus dem Fragebogen jeweils eines Jugendlichen. Um die Jugendlichen voneinander zu unterscheiden, wurden laufende Nummern vergeben. Sie sind in Tabelle 4.3 durch das Kürzel *NR* und eine fortlaufende Zahl zu unterscheiden und aus dem beigelegten Blatt zu entnehmen.

Was lässt sich auf der Basis des Beispiels 2 und mit Blick auf die unterschiedlichen Variablen nun statistisch aussagen und wie können verschiedene Angaben grafisch veranschaulicht werden? Diesen beiden Fragen wird anschließend nachgegangen.

Statistik wird dafür verwendet, gewonnene Daten zu beschreiben. Man spricht deshalb auch von der deskriptiven Statistik. Ausgangspunkt von Statistik sind quantitative Daten. Sie beschreiben einzelne Personen in bestimmten Charakteristika. Diese Charakteristika werden als Variablen bezeichnet.

Ausgangspunkt der Bestimmung von statistischen Kennwerten ist eine Tabelle, in der die erhobenen Variablen mit ihren quantitativen Ausprägungen für alle Personen angeführt werden. Eine solche Tabelle wird auch als Matrix bezeichnet.

Tab. 4.3: Daten, die Beispiel 2 zugrunde liegen

Nr	Klasse	Schule	Gesch	Note_Dt	Note_Ma	Note_En	Note_Re	Int_Jug	Int_Kino	Int_Musi	Int_Fern	Int_Rum	Int_Jh	Int_Disk	Int_Spor	Int_Comp	Geld
1	9	3	1	2	3	2	1	3	1	1	2	4	2	4	2	1	20,00
2	8	2	1	3	3	2	2	2	2	2	3	3	4	3	3	5	15,00
3	8	3	2	1	1	2	1	4	3	1	4	5	2	5	4	4	16,00
4	9	1	1	4	4	3	4	2	2	2	2	3	3	4	1	16,00	
5	7	3	2	1	3	1	2	3	2	2	4	4	2	2	1	4	12,00
6	8	3	1	3	1	3	2	3	2	1	3	3	2	3	1	2	17,00
7	8	1	1	4	3	5	4	4	1	1	2	2	2	3	5	4	12,50
8	8	4	2	2	4	2	1	2	4	2	3	4	3	1	2	5	15,00
9	8	3	2	2	4	2	2	3	3	2	3	4	5	1	2	5	18,00
10	5	2	1	3	2	3	4	3	4	3	1	1	4	5	4	1	10,00
11	8	2	2	1	2	1	1	1	3	1	4	4	5	4	4	4	15,00
12	10	2	2	3	1	2	1	3	2	1	4	4	4	2	4	5	50,00
13	7	3	2	2	2	2	3	2	2	3	2	3	4	2	2	3	12,00
14	9	2	2	1	5	3	1	2	2	2	4	3	3	5	5	5	17,00
15	9	1	2	4	3	5	3	5	4	5	5	5	2	2	2	3	0,00
16	8	3	2	1	2	1	1	2	1	2	1	4	2	2	5	2	35,00

4.2 Darstellung von Daten

4.2.1 Tabellarische Darstellung von Daten

Gehen wir von einem Beispiel aus: Wir gehen der Frage nach, welche Mathematiknote wie viele Jugendliche erreicht haben. Es resultiert hieraus die folgende Tabelle 4.4.

Tab. 4.4: Verteilung der Mathematiknote (Note_Ma) bei den 16 Beispiel-Jugendlichen

Note	Häufigkeit	kum. Häuf.	% der validen Angaben	kum. % der valid. Angaben	% aller Fälle	kum. % aller Fälle
1	3	3	20,00	20,00	18,75	18,75
2	4	7	26,66	46,66	25,00	43,75
3	5	12	33,33	80,00	31,25	75,00
4	2	14	13,33	93,33	12,50	87,50
5	1	15	6,66	100,00	6,25	93,75
missing	1	16			6,25	100,00

Aus ihr ist zu ersehen, dass es einen Jugendlichen gibt, der keine Angabe gemacht hat. Bei der Überprüfung der Tabelle 4.3 ist zu entnehmen, dass es sich dabei um die Person mit der Nr. 4 handelt. Dieser Sachverhalt ist in der Zeile *„missing"* mitgeteilt.

Die Verteilung der Noten aller 16 Jugendlichen ist aus der Spalte *Häufigkeit* zu entnehmen.

Kumulation

Die Überprüfung in Tabelle 4.4. ergibt, dass alle 16 Jugendlichen der Befragung berücksichtigt wurden, denn in der Spalte mit der Bezeichnung *kum.* (= kumuliert, d. h. hier werden alle Werte über die Zeilen hinweg summiert) ergibt sich als Prüfwert 16. Das entspricht der Anzahl aller Befragten.

Der Begriff Kumulation besagt, dass die Werte über die verschiedenen Stufen addiert, also summiert werden. Zur Veranschaulichung gehen wir nochmals in Tabelle 4.4 zurück.

Hieraus ist Folgendes zu ersehen:

In der Spalte *Häufigkeit* ist die jeweilige Anzahl von Personen zu entnehmen, die eine bestimmte Note in Mathematik erreicht haben. Die Note 1 wurde von 3 Personen angegeben, die Note 2 von 4 Personen usw. Wird nunmehr kumuliert, so wird die Anzahl jeweils addiert. Das Beispiel aus Tabelle 4.4 erläutert den Zusammenhang:

Tab. 4.5: Berechnung von kumulierten Häufigkeiten

Note	Häufigkeit	kum. Häufigkeit
1	3	3
2	4	3 + 4 = 7
3	5	3 + 4 + 5 = 12
4	2	3 + 4 + 5 + 2 = 14
5	1	3 + 4 + 5 + 2 + 1 = 15
missing	1	3 + 4 + 5 + 2 + 1 + 1 = 16

Worin liegt nun der Vorteil von kumulierten Werten? Mit den kumulierenden Werten lässt sich darstellen, wie viele Personen bei einer gegebenen Anzahl N bis zu einem bestimmten Wert „angesiedelt" sind. So kann man aus dem vorangegangenen Beispiel erkennen, dass 14 von insgesamt 15 die Note 4 und besser im Fach Mathematik erreicht haben.

Eine ähnliche Interpretation der Daten ist in anderen Spalten der Tabelle 4.4 gegeben: Die Spalte mit der Bezeichnung *kum. % aller Fälle* zeigt dann an, dass die Noten 1 bis 3 von 75% aller Personen erreicht wurden, die befragt worden sind. Es werden demnach in dieser Spalte *kumulierte* Häufigkeiten angegeben.

Fehlende Messwerte

Nunmehr muss man bei der weiteren Auswertung berücksichtigen, dass eine Angabe fehlt. Berechnet man daher den Prozentanteil derjenigen Personen, die eine bestimmte Mathematiknote erreicht haben, so ist jetzt nur noch die Anzahl N = 15 Personen zu berücksichtigen. N = 15 Personen entspricht den validen Angaben. In der Spalte *% der valid. Angaben* ist daher berücksichtigt, wie viel Prozent der Personen bei der jeweiligen Note überhaupt eine Angabe gemacht haben. Bei der Note 4 entspricht dies einem Prozentanteil von 13,33%. Keine Angabe (= missing) entspricht einem Prozentanteil von 6,66% aller Personen.

Kumuliert man aber nunmehr über alle Noten, so muss der Jugendliche Nr. 4 unberücksichtigt bleiben, die Spalte *kum. % der valid. Angaben* endet daher mit 100% bei der Note 5. Analog wird in den anderen Spalten verfahren.

Übung 4.1

Stellen Sie Verteilungstabellen für die folgenden Variablen zusammen:

a) Schule (Schule)

b) Note in Religion (Not_Re)

c) Klassenstufe (Klasse)

Die Lösungen finden Sie im Anhang.

4.2.2 Grafische Darstellung von Daten

Die grafische Darstellung von Daten wird gewählt, um bestimmte Sachverhalte zu illustrieren. Es versteht sich von selbst, dass eine solche Darstellung auf das Datenniveau (vgl. Kapitel 3) Rücksicht nehmen muss. Wir werden daher in den nachfolgenden Ausführungen diesen Sachverhalt mit in Betracht ziehen.
Die beiden obigen Beispiele lassen erkennen, dass jede Darstellung in Tabellenform auch als *Grafik* präsentiert werden kann. Nachfolgend werden einige dieser Darstellungsformen beschrieben.

4.2.2.1 Säulendiagramm

Säulendiagramm

Geht man wiederum vom obigen Beispiel 2 aus, so kann man der Frage nachgehen, wie viele der Befragten männlichen und wie viele weiblichen Geschlechts sind. Es liegt zunächst nahe, die jeweilige Anzahl zu bestimmen und die Häufigkeit abzubilden. Hierzu bedient man sich eines *Säulendiagramms*.

Bei dieser Art der Darstellung wird folgendermaßen vorgegangen:

- Die Anzahl der männlichen Personen und die der weiblichen wird bestimmt.
- Es wird eine Position auf einer X-Achse bestimmt, auf der Säulen etabliert werden. Deren Höhe ist mit der jeweiligen Anzahl von Personen identisch. Die Höhe der Säule wird auf der Y-Achse abgebildet.

Die nachfolgende Abbildung 4.1 stellt ein Resultat der vorherigen Beschreibung dar. Es ist dabei aus der X-Achse (= *Geschlecht*) die Anordnung der Geschlechter zu entnehmen und aus der Y-Achse (= *Anzahl der Personen*) die entsprechende Anzahl von Jugendlichen des jeweiligen Geschlechts.

Abb. 4.1: Verteilung der Probanden nach Geschlechtszugehörigkeit

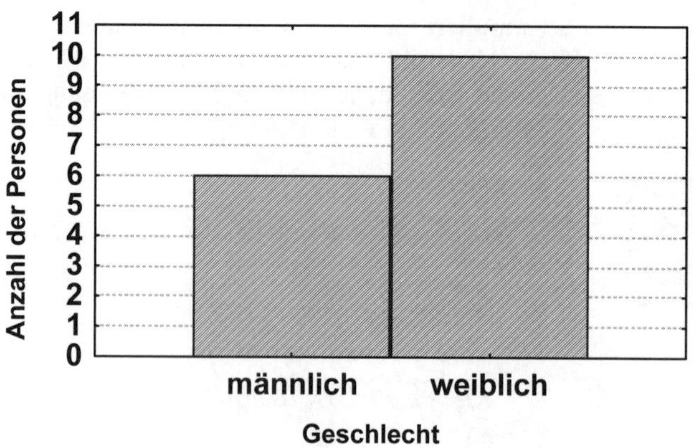

Die Tatsache, dass beide Klassen der Geschlechter nicht getrennt nebeneinander abgebildet sind, hat keine besondere Bedeutung. Es ist auch aus der Abbildung 4.1 nicht zu entnehmen, dass ein kontinuierlicher Übergang zwischen den Geschlechtern besteht (s. Abschnitt 4.1). Zwar hätte dieser Sachverhalt auch durch eine Art der Abbildung wie die nachfolgende (Abbildung 4.2) dargestellt werden können, doch ändert sich nichts am eigentlichen Wert der Information.

Abb. 4.2: Verteilung der Probanden nach Geschlechtszugehörigkeit

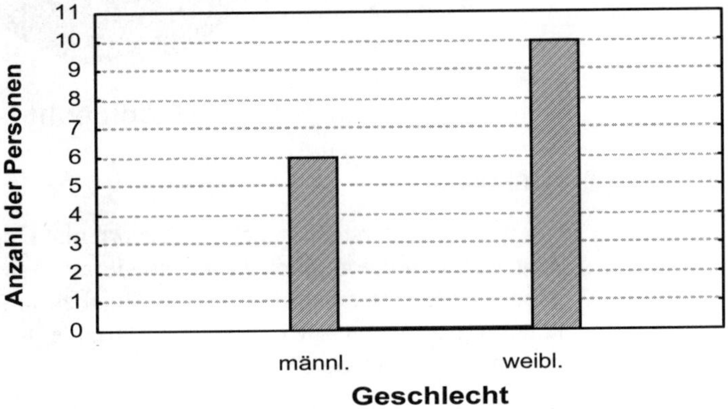

4.2.2.2 Kreisdiagramm

Kreisdiagramm

Die Ausgangsdaten aus Tabelle 4.3 können auch für eine andere Darstellungsform verwendet werden. Eine solche Darstellungsform ist in Abbildung 4.3 gewählt. Hierbei wird die Anzahl der Personen, die eine Angabe über ihr Geschlecht gemacht haben, in Form von *Kreissektoren* dargestellt. Die Größe des jeweiligen Kreissektors ermöglicht eine Aussage über den *relativen Anteil an der Gesamtanzahl von Personen*, die zur Verfügung stehen.

Abb. 4.3: Verteilung der Personen nach Geschlecht

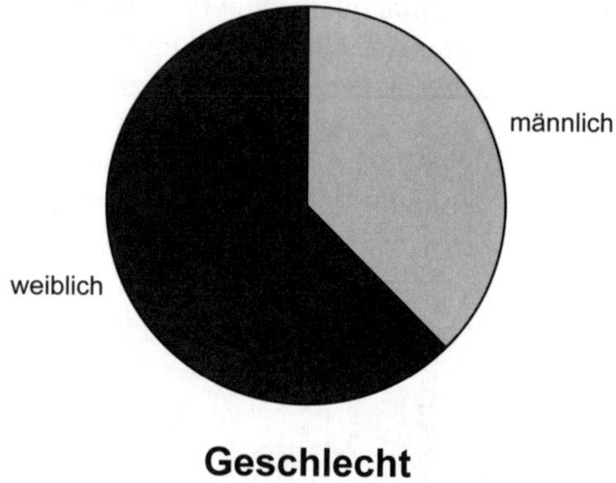

4.2.2.3 Verteilungskurve

Bei vielen Untersuchungen interessiert nicht nur, welche konkrete Angabe eine Person gemacht hat, sondern wo sie bezüglich ihrer Angabe im Gesamt der quantitativen Angaben angesiedelt ist. Zur Erläuterung beziehen wir uns auf die Variable Taschengeld (abgekürzt in Tabelle 4.3 mit *Geld*).

In Abbildung 4.4 wird auf zwei Sachverhalte hingewiesen:

- Es ist wiederum ein Säulendiagramm wiedergegeben. Dabei sind, der Einfachheit halber, bestimmte Größenordnungen des Taschengelds zusammengefasst: Es wurde in Fünferschritten vorgegangen. Alle Jugendlichen im gleichen (Taschengeld-) Intervall – wie in Abbildung 4.4 angegeben – werden als gleich gezählt. Es entsteht dann eine Säulendiagramm der angegebenen Art.
- In das Säulendiagramm ist eine stetige Verteilung eingezeichnet. Diese Verteilungskurve entsteht aus der Überlegung, welche Verteilung zu erwarten wäre, wenn die Anzahl der Jugendlichen zugrunde gelegt und die angegebene Taschengeldhöhe berücksichtigt werden. Diese stetige Verteilung ist eine so genannte *Verteilungskurve*.

Auf der Basis dieser Verteilungskurve lässt sich dann nachfragen, ob der Erwartung nach die Anzahl der Jugendlichen mit einem Taschengeld von € 10-15 eher zu häufig vorkommt. Dies ist der Fall. Zugleich lässt sich auch lokalisieren, an welcher Stelle jeder Jugendliche mit seinem Taschengeld einzuordnen ist, ob er nämlich – gemessen am Durchschnitt – eher mehr oder weniger als andere Jugendliche erhält.

Abb. 4.4: Verteilungskurve: Variable Taschengeld

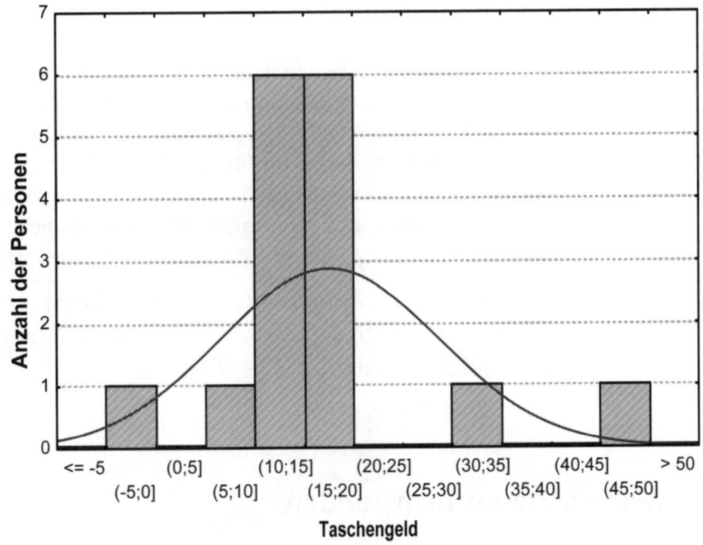

Zur Darstellung von Daten bedient man sich unterschiedlicher Zugangsweisen. Grafische Darstellungen dienen der Visualisierung, tabellarische der mehr quantitativen Repräsentation.

Aus einem Säulendiagramm lassen sich unmittelbar die Werte ablesen, so dass man weiß, wie viele Personen mit welcher Ausprägung Angaben gemacht haben. Ein Kreisdiagramm gibt in den meisten Fällen die Informationen in relativen Anteilen von Teilflächen an einer Gesamtfläche wieder.

Während das Säulendiagramm und das Kreisdiagramm auf der Basis von nichtkontinuierlichen Daten zustande kommen, werden bei der Verteilungskurve kontinuierliche Werte vorausgesetzt.

Übung 4.2

a) Zeichnen Sie ein Säulendiagramm, das die Verteilung der Jugendlichen über die Schulformen darstellt.

b) Zeichnen Sie ein Kreisdiagramm aus dem man den Anteil der Jugendlichen in Bezug zu ihren Englischnoten ablesen kann.

Die Lösungen finden Sie im Anhang.

4.3 Statistische Kennwerte

Mit den beschriebenen tabellarischen oder grafischen Darstellungsformen erhält man einen ersten Einblick in die mit Hilfe der verwendeten Erhebungsmethoden gewonnenen Daten. Darüber hinaus ist es insbesondere bei sehr umfangreichem Datenmaterial notwendig, gewissermaßen verdichtete Aussagen über einzelne Variablen und somit Antworten auf bestimmte Fragestellungen zu erhalten. Solche Antworten lassen sich mit statistischen Kennwerten finden.

Die statistischen Kennwerte werden – soweit es sich um solche handelt, die lediglich auf eine einzige Variable Bezug nehmen – als

a) Maße der zentralen Tendenz und

b) Variablitätsmaße

bezeichnet.

4.3.1 Maße der zentralen Tendenz

Maße der zentralen Tendenz

Sehr oft möchte man mit einem einzigen Wert eine Gruppe kennzeichnen. Beispiele für eine solche Vorgehensweise finden sich im Alltag sehr oft:

- Im Durchschnitt betrachtet entspricht der Intelligenzquotient der Bevölkerung der Bundesrepublik Deutschland einem Wert von 100.
- Das Durchschnittsalter der Kumpel im Ruhrgebiet betrug im Jahre 1997 38 Jahre.
- Jeder Arbeitsplatz bei der Kohleförderung in der BRD wurde früher mit durchschnittlich DM 130 000 pro Jahr subventioniert.

Was steckt hinter solchen Aussagen, wie werden diese statistisch gewonnen? Welche statistischen Kennziffern kommen in Frage, um entsprechende Aussagen zu treffen?

Nachfolgend werden einige wesentliche statistische Kennwerte der *zentralen Tendenz* dargestellt.

4.3.1.1 Der Modalwert

Modalwert

Der *Modalwert* (man spricht auch von Modus: $\overline{x}_{Mo}$) ist das am einfachsten zu bestimmende Maß der *zentralen Tendenz*. Es entspricht dem Wert, der am *häufigsten* gewählt wurde. Dieser Wert soll anhand des Beispielfragebogens veranschaulicht werden. Dort wurde (siehe Beilageblatt zu diesem Buch) im Zusammenhang mit dem Freizeitverhalten unter anderem danach gefragt, wie gerne die Jugendlichen *In die Diskothek gehen.*

Die Einschätzungen der Jugendlichen sind wiederum aus Tabelle 4.3 und dem Beilageblatt zu entnehmen. Eine grafische Darstellung dieser Einschätzungen ist aus Abbildung 4.5 zu entnehmen:

Abb. 4.5: Einschätzung des Freizeitverhaltens „in die Disko gehen“

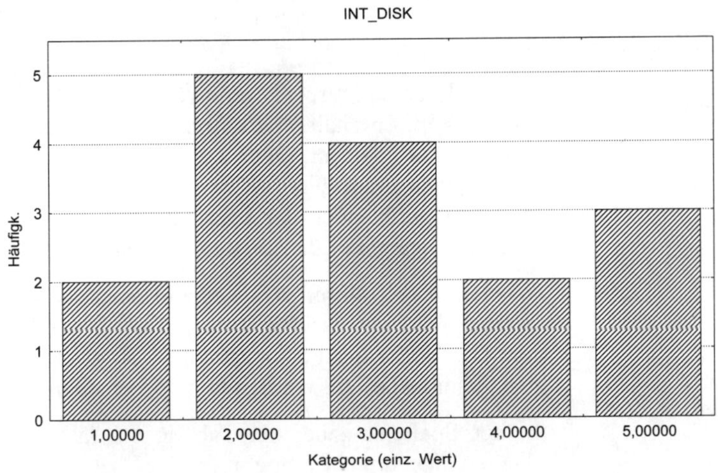

Berechnung des Modalwerts

Aus Abbildung 4.5 ist zu ersehen, dass die Einschätzung 2 am häufigsten angekreuzt wurde. Damit ist 2 der entsprechende Modalwert hinsichtlich der Einschätzung des *Interesses, in der Freizeit Diskotheken zu besuchen.* Der Zahlenwert 2 ist zugleich eine Information über den *Grad des Interesses* an dieser Freizeitbetätigung.

Nicht immer ist die Bestimmung des Modalwertes so einfach wie im genannten Beispiel aus Abbildung 4.5. Hierzu soll ein weiteres Beispiel herangezogen werden.

Modalwert bei mehrgipfligen Verteilungen

Bei der Auswertung der Daten zum Freizeitverhalten *Sport treiben* wird deutlich, dass es zwei Abstufungen bei der Einschätzung gibt, nämlich die 2 und die 4, die aus der Häufigkeitsverteilung herausragen (siehe Abbildung 4.6). Eine solche Verteilung nennt man zweigipflig. Es wird durch dieses Beispiel deutlich, dass durchaus nicht nur ein einziger Modalwert existieren muss.

Abb. 4.6: Einschätzung des Freizeitverhalten „Sport treiben"

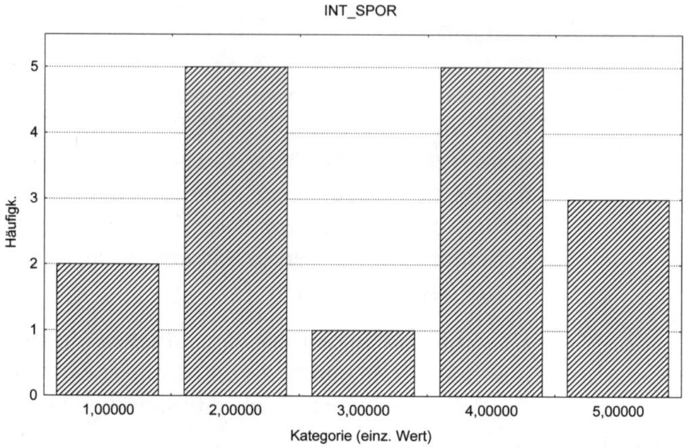

4.3.1.2 Der Median

Median

Ein weiterer statistischer Kennwert ist der Median (= $\bar{x}_{Me}$). Er ist derjenige Wert, oberhalb und unterhalb dessen genau die Hälfte der Personen angesiedelt ist. Oder anders ausgedrückt: 50% aller Personen haben einen niedrigeren Wert und 50% einen höheren Wert. Dieser Wert entspricht auch der kumulativen prozentualen Häufigkeit aller validen Angaben (vgl. Tabelle 4.4: *kum. % der valid. Angaben*).

Wiederum soll dieser Wert anhand eines Beispiels erläutert werden. Hierbei wird auf das *Interesse am Diskothekenbesuch* zurückgegriffen. Die Hälfte der Personenzahl (= 50%) entspräche genau 8 Personen, denn insgesamt wurden N = 16 Personen befragt.

In der Spaltenangabe von Tabelle 4.5 lässt sich nunmehr in zwei Spalten eine Angabe entnehmen:

Berechnung des Medians

- In der Spalte *kum. Häufig.* wird die Anzahl der Personen genannt, die bis zu einer bestimmten Einschätzung aufaddiert wurde. Die Anzahl 8 wird zwar nicht de facto erreicht, wohl aber die Anzahl 11. In diesem Bereich ist auch die 8. Person enthalten. Demnach entspricht die dazugehörige Einschätzung dem Median. Der Median ist deshalb $\bar{x}_{Me} = 3$.
- Ein anderer Zugang findet sich in der Spalte *kum. % aller Fälle.* Hierbei wird nach dem Wert 50% gesucht. Dieser Wert wird nicht erreicht, wohl aber ein Wert 68,75, der 50% einschließt. Bis zu diesem Wert haben demnach 68,75% aller Personen eine Angabe gemacht. Folgerichtig kann aus der gleichen Zeile auch der Median entnommen werden: Der hierzu gehörende Wert der Einschätzung ist wiederum 3. Der Median ist deshalb $\bar{x}_{Me} = 3$.

Tab. 4.6: Einschätzung des Freizeitverhalten „Diskotheken besuchen"

Einschätzung	Häufigkeiten	kum. Häufig.	% der validen Angaben	kum. % aller Fälle
1	2	2	12,50	12,5
2	5	7	31,25	43,75
3	4	11	25,00	68,75
4	2	13	12,50	81,25
5	3	16	18,75	100,00
missing	0		0,00	

Halten wir fest: Der $\bar{x}_{Me}$ ist dann mit dem Wert 3 identisch, denn er vereinigt den Wert, unterhalb bzw. oberhalb dessen genau 50% der Personen mit ihren Einschätzungen angesiedelt sind.

Median und Extremwerte

Interessant ist auch, dass der $\bar{x}_{Me}$ gegenüber Extremwerten nicht anfällig ist. Ein solcher Extremwert läge vor, wenn eine ungewöhnliche Angabe gemacht würde. Ein Beispiel hierfür wäre beispielsweise ein Jugendlicher, der pro Monat 1 000€ zur Verfügung hätte, während alle anderen Angaben sich in einem Bereich bewegen würden, wie dies den Angaben in Tabelle 4.3 entspricht. Dies ist anders beim nächsten Maß der zentralen Tendenz, dem arithmetischen Mittel.

4.3.1.3 Arithmetisches Mittel

Arithmetisches Mittel

Die beiden bereits beschriebenen Werte zur Bestimmung der zentralen Tendenz deuten an, dass mit ihnen keine erschöpfende Charakterisierung einer Verteilung erzielt werden kann.

Das *arithmetische Mittel* ist das wohl bekannteste Maß der zentralen Tendenz. Es handelt sich dabei um den im Volksmund als *Durchschnitt* bezeichneten Kennwert. Das arithmetische Mittel wird abgekürzt durch $\bar{x}$ (gelesen als x-quer) gekennzeichnet.

Die Berechnung des arithmetischen Mittels soll wiederum am Beispiel des Diskothekenbesuchs erläutert werden.

Für jeden Jugendlichen aus der Befragung liegen Angaben zum Freizeitinteresse *am Diskothekenbesuch* vor. Die Berechnung ist denkbar einfach. Bei der Berechnung von $\bar{x}$ werden alle einzelnen Messwerte addiert und dann durch die Anzahl der validen Fälle geteilt. Konkret läßt sich dieser Sachverhalt an unserem Beispiel wie folgt nach vollziehen (vgl. Musterfragebogen und Tabelle 4.3):

Berechnung des arithmetischen Mittels

$$\bar{x} = \frac{4+3+5+3+2+3+3+1+1+5+4+2+2+5+2+2}{16} = 2{,}9$$

Es ergibt sich ein Durchschnittsinteresse am Diskothekenbesuch von 2,9.

Zusammenfassend lässt sich die Berechnung von $\bar{x}$ durch folgende Formel bestimmen:

Formel 1 $$\bar{x} = \frac{\sum_{i}^{n} x_i}{n} \quad \text{oder} \quad \bar{x} = \frac{1}{n}\sum_{i}^{n} x_i$$

(wobei gilt: n = die Anzahl der validen Fälle, x_i = die einzelne Einschätzung des Jugendlichen i)

Berechnung des arithmetischen Mittels aus Häufigkeitstabellen

Das *arithmetische Mittel* lässt sich aber auch auf der Grundlage einer Häufigkeitstabelle berechnen. Für unser Beispiel müsste man dann Tabelle 4.6 zugrunde legen. In diesem Fall wäre ein anderer Berechnungsmodus notwendig, der in Formel 2 beschrieben ist. f_i entspricht dabei der Häufigkeit, mit der eine bestimmte Einschätzung genannt wurde.

Formel 2 $$\bar{x} = \frac{\sum_{i}^{n} f_i x_i}{n} \quad \text{oder} \quad \bar{x} = \frac{1}{n}\sum_{i}^{n} f_i x_i$$

Die entsprechenden Angaben lassen sich aus Tabelle 4.5 entnehmen. Konkret bedeutet dies für das Beispiel:

$$\bar{x} = \frac{(2\times 1)+(5\times 2)+(4\times 3)+(2\times 4)+(3\times 5)}{16} = 2{,}9$$

Übung 4.3

Berechnen Sie Median, Modalwert und arithmetisches Mittel für die folgenden Variablen:

a) Interesse an Computern

b) Mathematiknote

Die Lösungen finden Sie im Anhang.

4.3.2 Maße der Variabilität

Auf der Basis der obigen Berechnungen und Darstellungen verschiedener Maße der zentralen Tendenz lässt sich für die Einschätzungen des Freizeitinteresses *Diskothekenbesuch* zunächst folgendes festhalten (siehe Tab. 4.6):

Tab. 4.7:
Gegenüberstellung von Maßen der zentralen Tendenz bei der Einschätzung des Freizeitinteresses „Diskobesuch“

Maße der zentralen Tendenz	Wert
$\bar{x}_{Mo}$	2
$\bar{x}_{Me}$	3
$\bar{x}$	2,9

Unsymmetrische Verteilung

Diese Gegenüberstellung macht an dieser Stelle nicht nur deutlich, dass die einzelnen Maße jeweils eine eigene Bedeutung haben, sondern auch dass sie darüber hinaus geeignet sind, zur Charakterisierung von Verteilungen (vgl. Abbildung 4.6) herangezogen zu werden. Je weiter diese einzelnen Maße nämlich voneinander abweichen, desto unsymmetrischer ist die Verteilung. Der Begriff unsymmetrisch entspricht dabei einer Verteilung, bei der die hohen und niedrigen Werte nicht gleich häufig auftreten.

Variabilität

Da die Angaben aus Tabelle 4.7 nicht nur etwas über eine Nicht-Symmetrie der Verteilung aussagen, sondern auch darüber, dass offensichtlich die einzelnen Einschätzungen der Jugendlichen untereinander abweichen, ist es daher auch wichtig, etwas über die Variabilität der Einschätzungen der Werte zu erfahren und entsprechende Kennwerte zu bestimmen.

Für eine hinreichende Charakterisierung einer Messwerteverteilung reicht es demnach nicht aus, die oben dargestellten Maße der zentralen Tendenz zu beschreiben. Diese „repräsentieren“ zwar die gesamten Messwerte der Gruppe, d. h. sie stehen stellvertretend für diese. Sie erlauben jedoch keinen Rückschluss auf die Verteilung der Messwerte in der Gesamtstichprobe und lassen somit Unterschiede außer ausser Acht, die zwischen den Werten der Personen der Gruppe bestehen. Variabilitätsmaße, wie die Spannweite, die Standardabweichung oder die Varianz, ermöglichen hingegen einen Rückschluss auf die Streuung oder Variabiltität der Werte der Stichprobe.

4.3.2.1 Die Spannweite

Spannweite

Die *Spannweite* (SP) ist ein Variabilitätsmaß, das direkt aus den Messwerten bestimmt werden kann. Es ist definiert als die Differenz zwischen dem Maximal- und dem Minimalwert und bildet somit ein sehr grobes Maß, da sie nur sehr wenig über die Variationsverhältnisse innerhalb der Verteilung aussagt.

Berechnung der Spannweite

Für die Berechnung der Spannweite gilt die folgende Formel:

Formel 3 $SP = x_{max} - x_{min}$

Aus dem Beispiel „Interesse an Diskothekenbesuchen" (Tab. 4.6) resultiert demnach eine Spannweite von 4, die wie folgt berechnet wird:

Minimalwert = 1 Maximalwert = 5

$$SP = 5 - 1 = 4$$

4.3.2.2 Standardabweichung und Varianz

Die *Varianz* und die *Standardabweichung* beschreiben die mittlere Abweichung aller Messwerte vom Mittelwert der Stichprobe, allerdings in je unterschiedlicher Art und Weise.

Zur Berechnung der Standardabweichung und der Varianz wird wie folgt vorgegangen:

Bildet man die Differenz

Formel 4 $\sum \left[x_i - \bar{x} \right]$

über alle einzelnen Werte, so lässt sich zeigen, dass die Summe der Abweichungen Null wird. Dieses Maß ist demnach nicht geeignet, um die Variabilität der Werte abzubilden. Dies gelingt dann, wenn man wie folgt vorgeht:

Formel 5 $$s^2 = \frac{\sum (x_i - \bar{x})^2}{n}$$

Varianz

s^2 wird auch als *Varianz* beschrieben. Sie ist – und das geht aus Formel 5 hervor – ein Maß, das als quadrierte mittlere Abweichung zu bezeichnen ist. Der Begriff quadrierte mittlere Abweichung besagt dabei, dass ein Vergleich mit einem Bezugswert hergestellt wird. Dieser Bezugswert ist das arithmetische Mittel $\bar{x}$. Jeder einzelne Wert einer Person i wird dabei in Relation zu $\bar{x}$ gesetzt.

Für s gilt dabei:

Formel 6 $$s = \sqrt{s^2}$$

Standardabweichung

s wird auch als *Standardabweichung* bezeichnet.

Berechnet man s für die Variable „Taschengeld pro Woche“ (in Tabelle 4.3 = GELD), heißt das konkret:

$\bar{x} = 17{,}53$

$s^2 = 1/16 \text{ x } ((20\text{-}17{,}53)^2+(15\text{-}17{,}53)^2+(16\text{-}17{,}53)^2+$

$(16\text{-}17{,}53)^2+(12\text{-}17{,}53)^2+(17\text{-}17{,}53)^2+(12{,}50\text{-}17{,}53)^2+$

$(15\text{-}17{,}53)^2+(18\text{-}17{,}53)^2+(10\text{-}17{,}53)^2+(15\text{-}17{,}53)^2+$

$(50\text{-}17{,}53)^2+(12\text{-}17{,}53)^2+(17\text{-}17{,}53)^2+(0\text{-}17{,}53)^2+$

$(35\text{-}17{,}53)^2) = 116{,}99$

Die Varianz beträgt demnach $s^2 = 116{,}99$.

Die aus der Varianz 116,99 resultierende Standardabweichung (s) entspricht demnach

$s = \sqrt{116{,}99} = 10{,}82$

bei einem $\bar{x} = 17{,}53$.

Was sagt ein solcher Wert aus?

Die Antwort ist: Die mittlere Abweichung (= s) vom arithmetischen Mittel (= $\bar{x}$) beträgt € 10,82. Und durchschnittlich erhalten die befragten Jugendlichen € 17,53 an Taschengeld pro Woche. Gemessen am arithmetischen Mittel, weichen die Angaben der Jugendlichen um 10,82 Einheiten ab. Die Einheiten sind in diesem Fall EURO-Beträge. Demnach besagt dieses Ergebnis: Bei den Befragten variieren die Taschengeldangaben um das arithmetische Mittel im Durchschnitt um € 10,82.

Aus der Zusammenfassung lässt sich erkennen, dass eine einfache Beschreibung von Daten mit Hilfe der Maße der zentralen Tendenz nicht ausreicht, weil eher zu erwarten ist, dass diese Maße untereinander variieren.

Als Maße der Variabilität wurden dargestellt: die Spannweite, die Varianz und die Standardabweichung. Standardabweichung und Varianz sind direkt aufeinander bezogen. Die Quadratwurzel aus der Varianz ist mit der Standardabweichung identisch.

Übung 4.4

Berechnen Sie Spannweite, Varianz und Standardabweichung für die folgenden Variablen:

a) Interesse an Computern

b) Mathematiknote

c) Interesse am Kinobesuch

Die Lösungen finden Sie im Anhang.

4.4 Maße zur Bestimmung des Zusammenhangs

Manchmal ist es notwendig, mehrere Daten gleichzeitig zu betrachten, um Zusammenhänge abzuleiten, aber auch um Prognosen zu machen. In beiden Fällen müssen die Daten parallel betrachtet werden.

Aus der Menge der Daten sollen zwei Variablen näher analysiert werden, um an ihnen ein Zusammenhangsmaß darzustellen. Wir greifen hierzu die Variablen *Taschengeld pro Woche* (= GELD) und *Interesse an der Freizeittätigkeit, Kinofilme ansehen* heraus. Aus der Tabelle 4.3 und dem Beilageblatt ist ersichtlich, dass von allen befragten Jugendlichen Messwertpaare vorliegen, d. h. jeder Jugendliche hat jeweils eine Angabe über sein Interesse gemacht, ins Kino zu gehen, und es liegt gleichzeitig eine Angabe darüber vor, wie hoch das wöchentliche Taschengeld ist.

Aus diesen Angaben lässt sich nachfolgende Grafik bestimmen (siehe Abbildung 4.7):

Abb. 4.7: Darstellung des Zusammenhangs zwischen Taschengeld und Kinobesuch

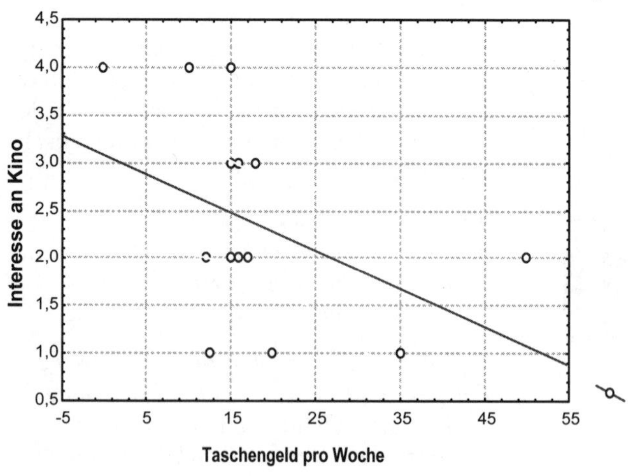

Wenn man einzelne Personen herausgreift, so fällt auf, dass der Jugendliche, der angibt, über kein Taschengeld zu verfügen, sein Kinointeresse mit 4 markiert hat, wogegen der Jugendliche mit einem Taschengeld von € 50 sein Interesse durch eine 2 quantifiziert hat. Entsprechend lassen sich alle anderen Jugendlichen in der zweidimensionalen Darstellung von Abbildung 4.7 identifizieren. Wichtig ist dabei die Feststellung, dass jeder Jugendliche mit zwei quantitativen Werten in der zweidimensionalen Abbildung vertreten ist. Der Schnittpunkt dieser zwei Werte – bedingt durch die Senkrechten auf den beiden Achsen – ist identisch mit dem kleinen Kreis in der Abbildung 4.7. Die kleinen Kreise entsprechen auch Punkten, deshalb spricht man folgerichtig auch von einem Punkteschwarm, wenn alle Punkte im Diagramm berücksichtigt werden.

Punkteschwarm

Aus Abbildung 4.7 ist nun zu ersehen, dass eine Gerade eingezeichnet ist. Diese Gerade zeigt den Verlauf des Punkteschwarms an. Sie zeigt von oben links nach unten rechts. Was bedeutet dieser Verlauf?

Erst eine Inspektion der Fragebögen lässt zu, dass dieser Sachverhalt richtig interpretiert werden kann: Kleine Werte bei der Einschätzung des Freizeitverhaltens zeigen an, dass das *Interesse an Kinobesuchen* groß ist. Höhere Werte beim Taschengeld deuten an, dass die Jugendlichen auch über eine größere Geldmenge verfügen. Demnach deutet die Gerade an, dass Jugendliche mit mehr Taschengeld auch ein größeres Interesse an Kinobesuchen haben. Der angedeutete statistische Zusammenhang ist also demnach sinnvoll interpretierbar. Dieser Zusammenhang kann bei Werten, die stetig verteilt sind, über eine so genannte Produkt-Moment-Korrelation (r_{xy}) bestimmt werden.

Korrelationskoeffizient: Interpretation

Dieser Korrelationskoeffizient ist ein so genanntes normiertes Maß. Der Begriff *Normierung* sagt dabei folgendes aus.

- Resultiert ein $r_{xy} = 0$, so liegt kein Zusammenhang vor;
- Ist $r_{xy} = +1$, so ist ein perfekter Zusammenhang gegeben; der Verlauf der Geraden im Punkteschwarm ist derart, dass hohe Werte bei der einen Variablen mit hohen Werten bei der anderen Variablen einhergehen bzw. niedrige Werte bei der einen Variablen mit niedrigen Werten bei der anderen Variablen.
- Ist $r_{xy} = -1$, so ist zwar auch ein perfekter Zusammenhang gegeben, doch ist der Verlauf der Geraden im Punkteschwarm derart, dass hohe Werte bei der einen Variablen mit niedrigen Werten bei der anderen Variablen bzw. niedrige Werte bei der einen Variablen mit hohen Werten bei der anderen Variablen einhergehen.

Im Regelfall wird kein perfekter Zusammenhang gefunden.

Berechnung des Korrelationskoeffizienten

Der Zusammenhang zwischen den Variablen bestimmt sich bei der Produkt-Moment-Korrelation wie folgt:

Formel 7
$$r_{xy} = \frac{\left[s_x \cdot s_y\right]}{s_{xy}}$$

Kovarianz

Aus der Formel 7 wird deutlich, dass Standardabweichungen von zwei Variablen parallel betrachtet werden; eine neue Größe ist dagegen s_{xy}. Sie ist die sogenannte Kovarianz und wird wie folgt bestimmt:

Formel 8
$$s_{xy} = \frac{\sum\left[\left(x_i - \bar{x}\right) \cdot \left(y_i - \bar{y}\right)\right]}{n}$$

Formel 8 zeigt dabei an, dass eine Differenz zwischen dem arithmetischen Mittel einerseits und dem individuellen Wert andererseits bestimmt wird, nur jetzt mit dem Unterschied, dass die Differenzen für zwei Werte gleichzeitig berechnet werden.

Signifikanz

Im obigen Beispiel (siehe Abbildung 4.7) resultiert dabei ein Korrelationskoeffzient von r_{xy} = -.43. Das bedeutet zwar, dass dieser Wert sehr weit von der Maximalgrenze entfernt ist, doch ist der Zusammenhang als moderat zu bezeichnen. Mit Hilfe von sogenannten Signifikanztests lässt sich bestimmen, ob ein gegebener Korrelationskoeffizient bedeutsam von einer Korrelation r_{xy} = .00 abweicht. Wird ein solches Ergebnis bestätigt, so spricht man auch von einem signifikanten Wert.

Wie lassen sich die dargestellten Sachverhalte weiter erläutern? Offensichtlich handelt es sich bei der Bestimmung einer Korrelation inhaltlich um die quantitative Bestimmung eines Zusammenhangs, statistisch besehen aber – so Formel 7 – um das Verhältnis von Kovarianz (s. o.) und dem Produkt aus den Standardabweichungen der beiden Variablen x und y. Dieses Verhältnis kann in einer Abbildung veranschaulicht werden: In Tabelle 4.3 sind die Einschätzungen der beiden Freizeittätigkeiten *„Rumhängen"* (INT_RUM) und *„Kinofilme ansehen"* (INT_KINO) wiedergegeben. Die Verteilung der beiden Variablen ist in Abbildung 4.8 jeweils getrennt voneinander in den beiden Häufigkeitsverteilungen oben rechts (INT_KINO) und unten links (INT_RUM) abgebildet. Die gemeinsame Verteilung der beiden Variablen ist unten rechts in einem Diagramm dargestellt. Hier spricht man auch von einer bivariaten Verteilung.

Die Korrelation muss, folgt man der Geraden, die im Diagramm eingezeichnet ist, eher klein sein. Sie verläuft flach und leicht ansteigend von unten links nach oben rechts. Dieser Sachverhalt bedeutet, dass die Korrelation auf keinen Fall maximal sein kann. Denn maximal wäre nach der obigen Definition ein Zusammenhang von r_{xy} = +1 oder -1. Der rechnerische Zusammenhang ist in diesem Fall r_{xy} = +.14.

Wann aber wäre ein Zusammenhang maximal? Ein solcher Fall ist in Abbildung 4.9 angegeben. Dort verläuft eine Gerade als Winkelhalbierende im Diagramm vom Nullpunkt des Achsensystems ausgehend von unten links noch oben rechts. Zugleich sind im gleichen Diagramm, jeweils von der x- und y-Achse ausgehend, zwei Senkrechte eingezeichnet, die andeuten sollen, dass die x- und y-Abstände zur Winkelhalbierenden jeweils gleich groß sind. Damit wird auch deutlich, wie die Konstruktion der Geraden im Punkteschwarm zustande kommt. Die Gerade wird nämlich so gewählt, dass die Summe der quadrierten Abstände (siehe Abbildung 4.9) ein Minimum beträgt. Unter dieser Voraussetzung erfolgt eine Bestimmung der Korrelation r_{xy}.

Ein Korrelationskoeffizient r_{xy} kann im übrigen auch anders interpretiert werden. Berechnet man das Quadrat des Korrelationskoeffizienten, so wird eine Varianz bestimmt:

Formel 9 $$D = (r_{xy})^2$$

Determinations-koeffizient

Wie Formel 9 andeutet, wird dieses Quadrat als D abgekürzt. D steht für Determinationskoeffizient. D drückt aus, wie viel gemeinsame Varianz zwischen den beiden Variablen besteht. Multipliziert man den Ausdruck in Formel 9 mit 100, so resultiert

Formel 10 $$D\% = (r_{xy})^2 \cdot 100$$

Dieser Wert drückt dann aus, wie viel Prozent an gemeinsamer Varianz zwischen beiden Variablen besteht. Bei einer Korrelation von r_{xy} = .40 liegt demnach ein gemeinsamer Varianzanteil von 16% vor; es verbleiben 84% nicht gemeinsame Varianz und somit sind 84% unerklärt.

Abb. 4.8: Darstellung des Zusammenhangs zwischen zwei Variablen

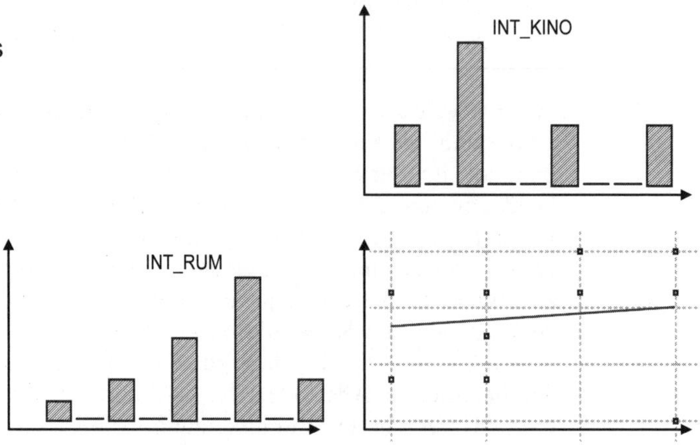

Abb. 4.9: Darstellung eines maximalen Zusammenhangs bei zwei Variablen x und y

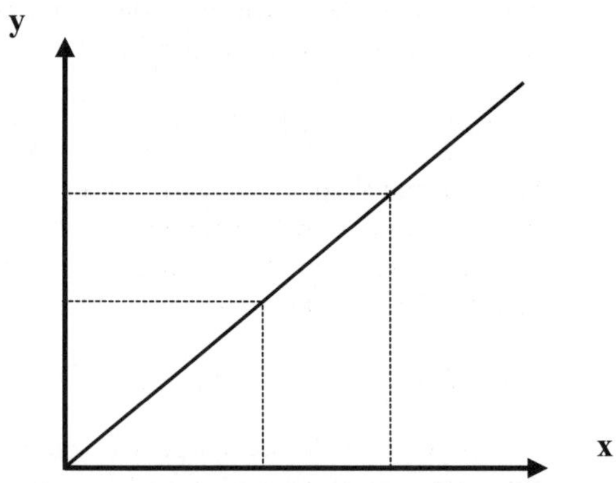

Wie lässt sich nun ein Korrelationskoeffizient interpretieren? Die Interpretionsmöglichkeiten sind zahlreich. Es lassen sich mindestens vier verschiedene Arten der statistischen Abhängigkeit interpretieren:

- Es liegt eine einseitige Steuerung vor: x bewirkt y: x $\Rightarrow$ y.
- Es ist eine gegenseitige Steuerung gegeben: x bewirkt y und y bewirkt x: x $\Leftrightarrow$ y.
- Es liegt eine Beeinflussung durch eine dritte – und möglicherweise unbekannte Größe vor: x und y werden von z bewirkt.
- Es liegt eine komplexe Beeinflussung vor: a + b + c + ... + x bewirken y.

Eine absolut richtige Interpretation kann nur im Zusammenhang mit einer theoretischen Begründung geliefert werden.

Es wurde ein Maß zur Bestimmung des Zusammenhangs dargestellt. Hierbei wurde auf den so genannten Produkt-Moment-Korrelationskoeffizienten zurückgegriffen. Dieser beschreibt den linearen Zusammenhang. Voraussetzung zu seiner Bestimmung ist das Vorliegen kontinuierlich verteilter Messwerte. Ist diese Voraussetzung nicht gegeben, so soll auf andere Maße zur Bestimmung dieses Zusammenhangs zurückgegriffen werden.

Der Korrelationskoeffizient beruht auf einem normierten Maß. Ein perfekter Zusammenhang ist durch den Wert 1 gegeben. Liegt kein Zusammenhang vor, so ist $r_{xy} = 0$.

4.5 Zusammenfassung

In den vorangegangenen Abschnitten wurden verschiedene statistische Maße dargestellt, die eine prinzipielle Eignung dafür haben, bei einer Vielzahl von Fragestellungen zur Anwendung zu kommen. Zur Vereinheitlichung wurde von einem Beispiel ausgegangen, bei dem die Werte für eine größere Gruppe von Personen vorliegen, so dass der Leser in die Lage versetzt wird, die Gedankengänge anhand von Befragungsdaten nachzuvollziehen.

Dabei war es das Ziel, lediglich in einige Grundprinzipien einzuführen, ohne dass weder die notwendigen mathematischen Ableitungen dargelegt, noch dass der Text mit zu vielen Kennwerten überfrachtet wurde.

5 COMPUTERUNTERSTÜTZTE AUSWERTUNG VON DATEN MIT SPSS ODER STATISTICA

Marold Wosnitza, Thomas Jäger & Stephan Kolbe

In dem vorherigen Kapitel „Deskriptive Statistik und statistische Auswertung“ wurden elementare statistische Verfahren zur Auswertung erhobener Daten dargestellt.

Große Datenmengen sind, wie leicht ersichtlich, nur noch computerunterstützt handhabbar. Der Einsatz der EDV ermöglicht hierbei eine deutliche Fehlerminimierung gegenüber einer Auswertung per Hand und eine zudem ökonomischere Vorgehensweise.

In diesem Kapitel wird gezeigt, wie mit Hilfe der Softwarepakete SPSS[1] und STATISTICA[2] auch große Datenmengen erfasst und verarbeitet werden können. Im Abschnitt 5.1 wird die Analyse mit SPSS und in Abschnitt 5.2 die Analyse mit STATISTICA dargestellt. Die Inhalte dieser beiden Abschnitte sind gleich. Sie unterscheiden sich aber im Hinblick auf den Umgang mit der jeweiligen Software. Haben Sie Zugang zu einem dieser Produkte, genügt es demnach, wenn Sie den entsprechenden Abschnitt durcharbeiten. Wenn Sie sich noch nicht für eines der Produkte entschieden haben, kann diese Gegenüberstellung eine Entscheidung für das Eine oder das Andere erleichtern. Dabei wird aus Gründen der Anschaulichkeit und der Kontinuität auch hier auf die 16 Musterfragebogen (siehe Anlage) zurückgegriffen.

5.1 Computerunterstützte Auswertung von Daten mit SPSS

SPSS ist ein Softwarepaket zur Durchführung statistischer Analysen. Da SPSS für die gängigen statistischen Analysen bereits fertige Problemlösungen enthält, die nur noch per Mausklick abgerufen werden müssen, ist es nicht notwendig, eine komplexe Programmiersprache zu erlernen.

[1] SPSS® ist ein Produkt der Firmengruppe SPSS Inc.

[2] STATISTICA® ist ein Produkt der Firmengruppe StatSoft.

SPSS zeichnet sich insbesondere dadurch aus, dass es

- leicht erlernbar ist und
- durch die Maus gesteuerte Menüführung leicht zu handhaben ist.

Im Folgenden wird nur ein kleiner Ausschnitt aus den umfangreichen Möglichkeiten von SPSS dargestellt. Die vorgestellten Analysen beziehen sich auf die in Kapitel 4 erläuterten statistischen Verfahren. SPSS ist ein sehr komplexes Softwarepaket, bei dem Sie über verschiedene Wege zu den gewünschten Analysen gelangen können. In diesem Beitrag wird der Übersichtlichkeit halber immer nur einer dieser Wege dargestellt.

Wir setzen für das Folgende voraus, dass SPSS unter Windows bereits installiert ist und dass Sie grundlegende Kenntnisse im Umgang mit dem PC besitzen.

Wir empfehlen, alle hier durchgeführten Operationen selbst einmal auszuführen.

5.1.1 Datenübertragung

Genauigkeit

Bei der computergestützten Analyse von Daten ist die Übertragung der Antworten von den ausgefüllten Fragebogen in den Computer Grundlage für die weitere Verarbeitung. Hierzu bedarf es einer genauen und überdachten Vorgehensweise, da Ungenauigkeiten bei der Eingabe unweigerlich zu fehlerhaften Ergebnissen führen. In den weiteren Abschnitten wird die grundlegende Vorgehensweise bei der Datenaufbereitung und der Datenübertragung in SPSS dargestellt.

5.1.1.1 Vorbereitung der Datenübertragung

Informations-aufschlüsselung

Vor der Eingabe der Daten ist es zunächst notwendig, die Informationen des Fragebogens explizit aufzuschlüsseln. In einem ersten Schritt werden die einzelnen Fragestellungen mit ihren jeweiligen Antwortoptionen aufgelistet. Hierdurch wird im weiteren Vorgehen eine eindeutige Datenidentifikation gewährleistet. Neben der Datenidentifikation ist es aber auch notwendig, die Identifikation der Fragebogen zu jedem Zeitpunkt der Auswertung zu ermöglichen. Dies wird in der Regel durch eine frei gewählte Codenummer (z. B. laufende Nummer), die auf dem Fragebogen eingetragen wird, gewährleistet. Für die Musterfragebogen ist diese Informationsaufschlüsselung in Tabelle 5.1.1 aufgeführt.

Tab. 5.1.1: Informationsaufschlüsselung

	Fragestellung (Variable)	Antwortoptionen
1	Fragebogenidentifikationsnr.	Codenummer – laufende Nr.
2	Klasse	5., 6., 7., 8., 9., 10. Klasse
3	Schulart	Hauptschule (1), Realschule (2), Gymnasium (3), Gesamtschule (4)
4	Geschlecht	männlich (1), weiblich (2)
5	Zeugnisnote: Deutsch	1, 2, 3, 4, 5, 6
6	Zeugnisnote: Mathematik	1, 2, 3, 4, 5, 6
7	Zeugnisnote: Englisch	1, 2, 3, 4, 5, 6
8	Zeugnisnote: Religion/Ethik	1, 2, 3, 4, 5, 6
9	Interesse Jugendzeitschriften	1, 2, 3, 4, 5
10	Interesse Kinofilm ansehen	1, 2, 3, 4, 5
11	Interesse Musik hören	1, 2, 3, 4, 5
12	Interesse Fernsehen	1, 2, 3, 4, 5
13	Interesse Rumhängen	1, 2, 3, 4, 5
14	Interesse Jugendhaus	1, 2, 3, 4, 5
15	Interesse Disko gehen	1, 2, 3, 4, 5
16	Interesse Sport treiben	1, 2, 3, 4, 5
17	Interesse Computerspiele	1, 2, 3, 4, 5
18	Taschengeld/Woche	0 bis unendlich

Bei dieser Aufschlüsselung wird deutlich, dass der Musterfragebogen aus 18 Informationen (Variablen) besteht. Diese Informationen gilt es nun, in eine Datenmatrix in SPSS zu übertragen.

5.1.1.2 Starten von SPSS, Definition der Variablen und Dateneingabe

Starten Sie SPSS auf Ihrem PC durch Doppelklick auf . Auf Ihrem Bildschirm wird dann das in Abbildung 5.1.1 dargestellte Auswahlmenü erscheinen.

Klicken sie auf „Daten eingeben“ und bestätigen sie ihre Eingabe durch 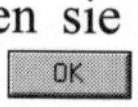.

Abb. 5.1.1:
Auswahlmenü

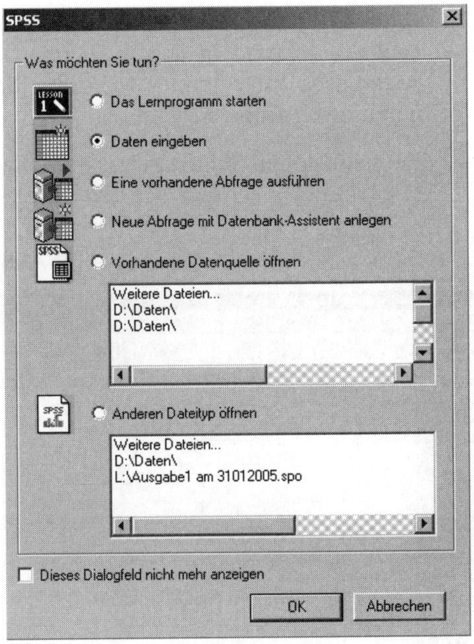

Jetzt erscheint die in Abbildung 5.1.2 dargestellte Datenmatrix.

Abb. 5.1.2: Datenmatrix

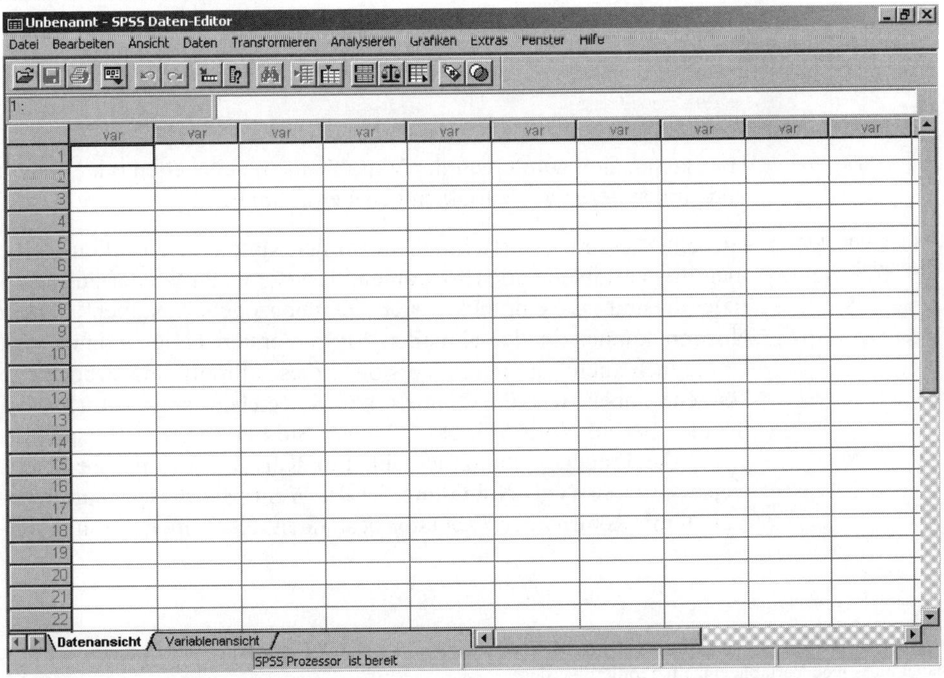

Fälle und Variablen

Jede Zeile der Matrix repräsentiert die Daten *eines* Fragebogens (Fälle), während in den einzelnen Spalten (Variablen) jeweils eine spezifische Information, wie z. B. die Klassenstufe, über alle Personen hinweg aufgelistet ist.

In einem ersten Schritt gilt es nun, die einzelnen Variablen zu definieren. Hierzu wechseln Sie am unteren Rand des Datenblattes durch einfaches Anklicken von Datenansicht zu Variablenansicht[3]. Es erscheint die Variablenansichtsmatrix (vgl. Abbildung 5.1.3).

Abb. 5.1.3: Variablenansicht

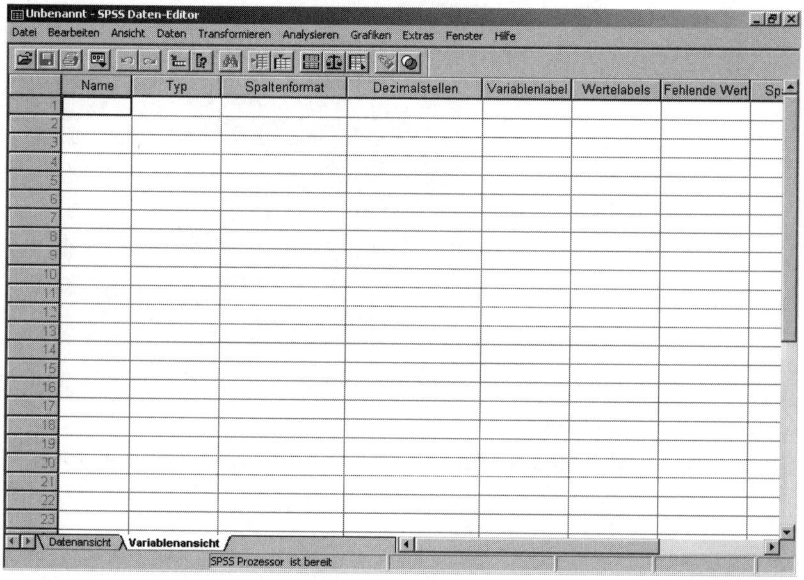

Daten definieren

Hier lassen sich zum einen der Variablenname einstellen oder ändern und zum anderen die Variablen genauer definieren.

Benennung von Variablen

Um eine bessere Übersichtlichkeit in der Matrix herzustellen, sollte man die Variablennamen so wählen, dass sie leicht wieder zu identifizieren sind. Es empfehlen sich fragenbezogene „Namen". Diese **Namen** können in der aktuellen SPSS-Version beliebig lang sein. Um jedoch auch mit älteren Versionen dieses Programms arbeiten zu können, haben wir die Namen auf 8 Zeichen begrenzt (Klasse, Schule, Gesch, Note_Ma, etc.). Tragen Sie bei unserem Beispiel als erstes die Fragebogennummer ein. Ein Kürzel wäre hier beispielsweise fragb_nr (vgl. Abbildung 5.1.4). Wenn Sie diesen Variablennamen mit Return oder Tabulator bestätigen, erscheinen die in Abbil-

---

[3] In den Versionen 9.0 und darunter wird die Variablendefinition durch Doppelklick auf var aktiviert, dabei muss jede Variable einzeln definiert werden.

dung 5.1.4 dargestellten Vordefinitionen. Diese müssen nun für Ihre Variablen angepasst werden.

Abb. 5.1.4: Variablen definieren

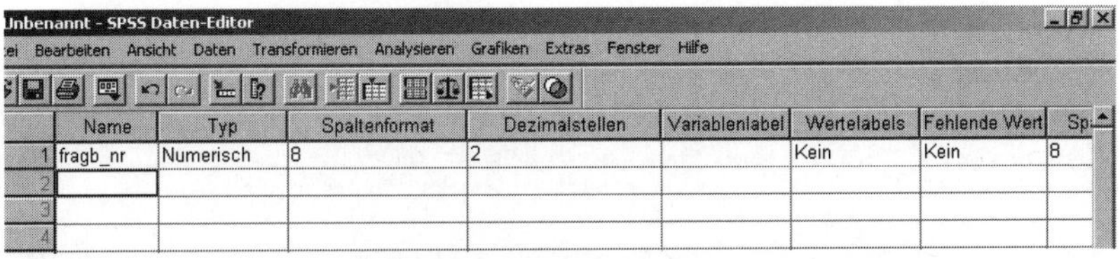

Variablentyp

In der Spalte **Typ** können Sie den Variablentyp definieren. Klicken Sie im entsprechenden Feld auf die drei Punkte 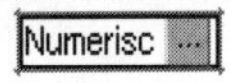

und es erscheint das in Abbildung 5.1.5 dargestellte Feld *Variablentyp definieren.*

Abb. 5.1.5: Variablen definieren

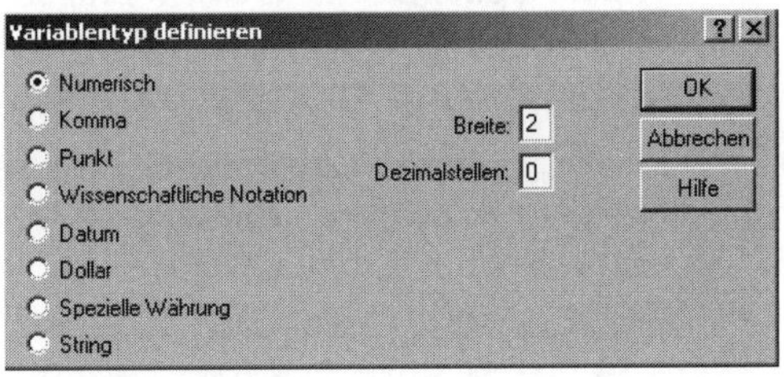

Hier lässt sich zum einen definieren, um welchen Typ von Variablen es sich handelt: Numerisch, Komma, Punkt, Wissenschaftliche Notation, Datum, Dollar, Spezielle Währung und String. In unserem Fall wird die Klassenstufe als ein numerischer Wert eingegeben (vergleiche Tabelle 5.1.1). Zum anderen befindet sich in diesem Fenster eine Möglichkeit, die Variable genauer zu definieren, indem man die Breite des Feldes und die Dezimalstelle angeben kann. Im Fall der Variablen „Klasse" würde man die Breite mit 2 (max. 10. Klasse – entspricht 2 Stellen) und die Dezimalstelle mit 0 (es gibt keine Kommastellen) festlegen. Danach mit 

bestätigen. Die hier eingegebenen Änderungen werden automatisch in die Spalten *Spaltenformat und Dezimalstellen* übertragen (vgl. Abbildung 5.1.4.).

Missing Data

Durch Anklicken der drei Punkte 

in **Fehlende Werte** gelangt man in das Fenster *Fehlende Werte definieren* (vgl. Abbildung 5.1.6).

Fehlende Antworten eines Fragebogens sollten auch in der Datenmatrix als fehlende Antworten behandelt werden. Wenn Sie beispielsweise für einen fehlenden Wert eine 0 eingegeben haben, dann ist es notwendig, dies hier zu definieren 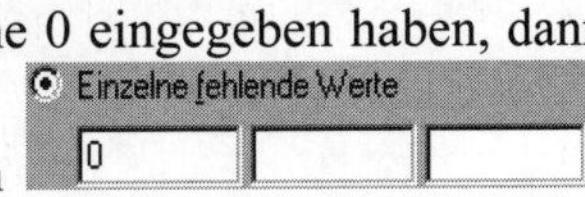

, denn

sonst würde die 0 wie die Ziffer 0 behandelt und somit Berechnungen, wie z. B. die des Mittelwertes, verfälscht.

Abb. 5.1.6: Fehlende Werte definieren

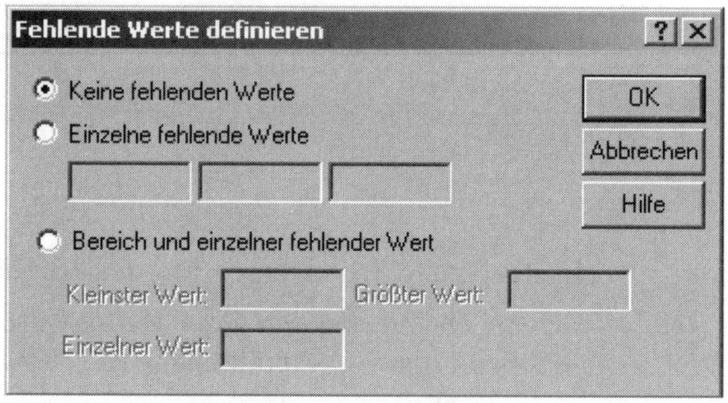

Wenn zu einer Frage in einem Fragebogen keine Antwort vorliegt, ist es in der Regel aber ausreichend, wenn Sie die entsprechende Zelle in der Datenmatrix leer lassen (vgl. Abbildung 5.1.8 Zelle 4/Note_MA).

Variablenlabel

In der Spalte **Variablenlabel** lässt sich den Variablen ein längerer Name (> 8 Zeichen) zuordnen, z. B. „Geschlecht der Versuchsperson", „Note in Religion", etc.

Wertelabel

Bei der Eingabe der Daten empfiehlt es sich, allen Antwortkategorien Zahlen zuzuordnen (vgl. Tab. 5.1.1). Dies ist durch Klicken der drei Punkte [Kein ...] in der Spalte **Wertelabel** möglich. Es erscheint das in Abbildung 5.1.7 dargestellte Fenster *Wertelabels definieren.* Im Fall des Musterfragebogens werden beispielsweise die beiden Variablen „Schulart" und „Geschlecht" auf folgende Art und Weise kodiert:

Hauptschule = 1, Realschule = 2,
Gymnasium = 3, Gesamtschule = 4

männlich = 1, weiblich = 2

Geben Sie hierzu den entsprechenden Wert und das entsprechende Wertelabel ein und bestätigen Sie mit [Hinzufügen].

Abb. 5.1.7: Wertelabels definieren

Spalten

In der Spalte **Spalten** lässt sich die Darstellung innerhalb der Datenmatrix definieren. Hier wird die Breite der Spalte eingegeben. Die gängige Einstellung ist 8 Zeichen.

Ausrichtung

Auch die Spalte **Ausrichtung** bezieht sich auf die Darstellung innerhalb der Datenmatrix. Hier kann ausgewählt werden zwischen linksbündig, rechtsbündig oder zentriert.

Messniveau

In der Spalte **Messniveau** wird angegeben, ob es sich bei der entsprechenden Variablen um Daten auf Ordinalniveau, Nominalniveau oder um metrische Daten handelt.

Wenn alle Variablen entsprechend der oben beschriebenen Vorgehensweise definiert sind, können die Daten der einzelnen Fragebogen in die Matrix übertragen werden. Jede Zeile entspricht dabei, wie oben bereits verdeutlicht, einem Fragebogen.

Die ausgefüllte Datenmatrix ist in Abbildung 5.1.8 dargestellt. Hier sehen Sie in der grau unterlegten Zeile die jeweiligen Variablennamen (fragb_nr, klasse, schule, geschl, note_dt, note_ma, etc.). Jede Zelle dieser Matrix stellt, wie oben dargestellt, eine spezifische Angabe aus einem Fragebogen dar.

Übung 5.1.1:

Übertragen Sie die Daten aus den Musterfragebogen in SPSS.

Abspeichern nicht vergessen!

Abb. 5.1.8: Beispiel Datenmatrix

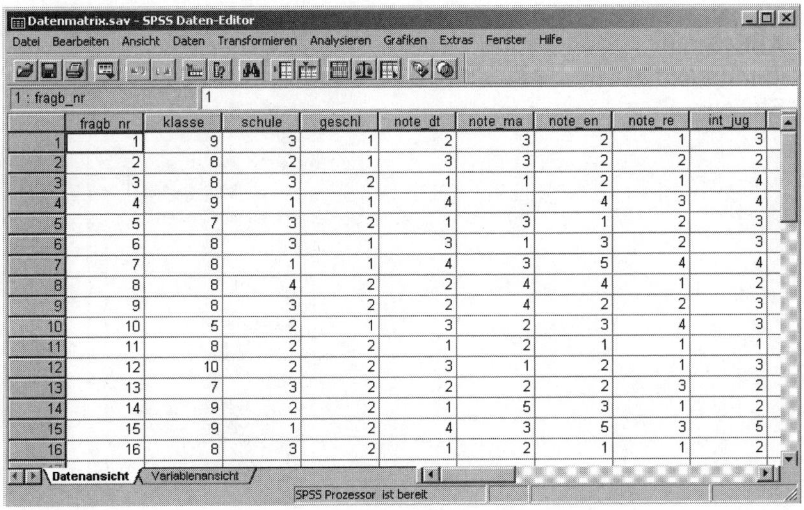

	fragb_nr	klasse	schule	geschl	note_dt	note_ma	note_en	note_re	int_jug
1	1	9	3	1	2	3	2	1	3
2	2	8	2	1	3	3	2	2	2
3	3	8	3	2	1	1	2	1	4
4	4	9	1	1	4	.	4	3	4
5	5	7	3	2	1	3	1	2	3
6	6	8	3	1	3	1	3	2	3
7	7	8	1	1	4	3	5	4	4
8	8	8	4	2	2	4	4	1	2
9	9	8	3	2	2	4	2	2	3
10	10	5	2	1	3	2	3	4	3
11	11	8	2	2	1	2	1	1	1
12	12	10	2	2	3	1	2	1	3
13	13	7	3	2	2	2	2	3	2
14	14	9	2	2	1	5	3	1	2
15	15	9	1	2	4	3	5	3	5
16	16	8	3	2	1	2	1	1	2

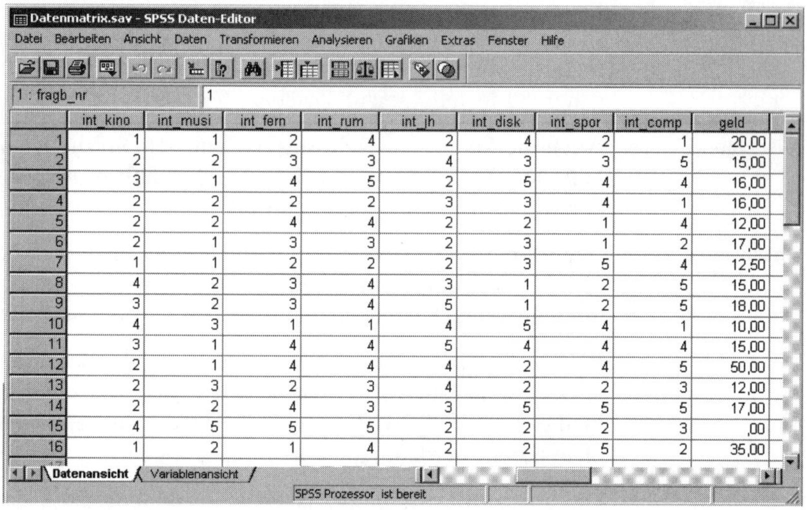

	int_kino	int_musi	int_fern	int_rum	int_jh	int_disk	int_spor	int_comp	geld
1	1	1	2	4	2	4	2	1	20,00
2	2	2	3	3	4	3	3	5	15,00
3	3	1	4	5	2	5	4	4	16,00
4	2	2	2	2	3	3	4	1	16,00
5	2	2	4	4	2	2	1	4	12,00
6	2	1	3	3	2	3	1	2	17,00
7	1	1	2	2	2	3	5	4	12,50
8	4	2	3	4	3	1	2	5	15,00
9	3	2	3	4	5	1	2	5	18,00
10	4	3	1	1	4	5	4	1	10,00
11	3	1	4	4	5	4	4	4	15,00
12	2	1	4	4	4	2	4	5	50,00
13	2	3	2	3	4	2	2	3	12,00
14	2	2	4	3	3	5	5	5	17,00
15	4	5	5	5	2	2	2	3	,00
16	1	2	1	4	2	2	5	2	35,00

Nach Abschluss der Datenübertragung in SPSS kann mit der Auswertung der Daten begonnen werden.

5.1.2 Elementare Statistik und Tabellen

Im Folgenden soll verdeutlicht werden, wie die in Kapitel 4 dargestellten statistischen Auswertungen mit Hilfe von SPSS durchgeführt werden können. Die entsprechenden Analysen befinden sich unter dem Menüpunkt Analysieren. Hier befindet sich die Auswahl der verfügbaren Statistikmodule (vgl. Abbildung 5.1.9).

Abb. 5.1.9: Menüpunkt Statistik

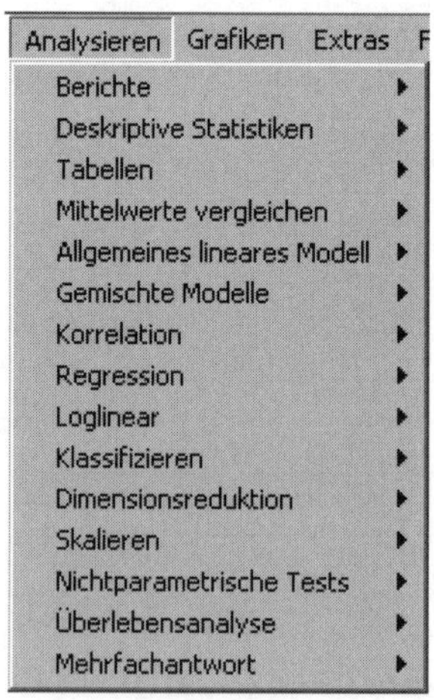

5.1.2.1 Häufigkeitstabellen

Ein erster Schritt bei der Auswertung von Daten bildet in der Regel die Berechnung von Häufigkeiten. Wie man diese Auswertungen mit Hilfe von SPSS durchführen kann, ist Gegenstand des folgenden Abschnitts. Entsprechend Kapitel 4.2.1 sollen die folgenden Fragen für die Variable 'Note in Mathematik' beantwortet werden:

1) Wie oft tritt bei der Stichprobe welche Note auf?

2) Wie sehen die prozentualen Anteile in Bezug auf die Notenverteilung aus? (Prozentanteile und kumulierte Prozentanteile)

3) Liegen Missing Data vor?

Wählen Sie im Menü *Analysieren* das Statistikmodul *Deskriptive Statistiken*. Es ergibt sich ein neues Menü, in dem Sie *Häufigkeiten* auswählen (vgl. Abbildung 5.1.10). Sie gelangen nun in das dargestellte Analysefenster.

Abb. 5.1.10: Häufigkeiten

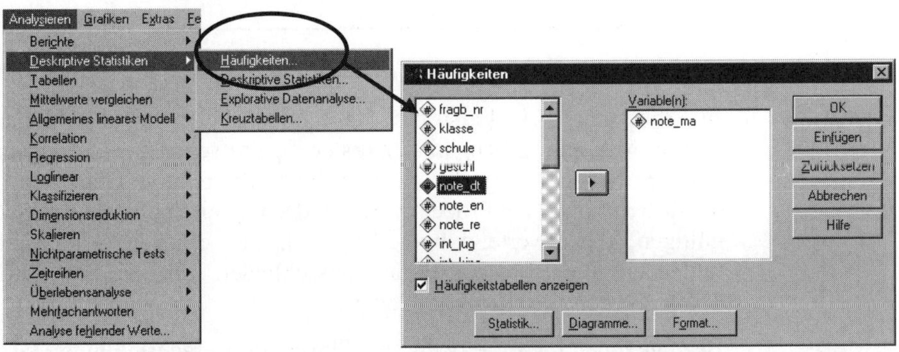

Die Vorgehensweise zur Berechnung von Häufigkeiten soll, wie oben bereits erwähnt, am Beispiel „Note in Mathematik" (vgl. Musterfragebogen) dargestellt werden. Dafür muss zuerst die entsprechende Variable ausgewählt werden. Dies geschieht, indem man in der linken Spalte des Analysefensters die jeweilige Variable, d. h. in diesem Fall NOTE_MA anklickt und mit dem ▸ in das Feld *Variable(n)* transferiert. Achten Sie darauf, wenn Sie Häufigkeitsabellen darstellen möchten, dass im Feld *Häufigkeitstabellen anzeigen* ein Haken ☑ ist. Mit OK bestätigen Sie nun die Ausführung der Analyse.

SPSS-Viewer

Auf dem Monitor erscheint die in Abbildung 5.1.11 dargestellte Ausgabetabelle. Dazu schaltet SPSS in den SPSS-Viewer (in Vers. 7.0

heißt er SPSS-Ausgabe-Navigator). Um wieder zurück zu Ihrer Eingabetabelle zu kommen, gehen Sie auf den Menüpunkt *Fenster* und wählen dort den „SPSS-Daten-Editor“.

Abb. 5.1.11: Ausgabe Häufigkeiten

➔ Häufigkeiten

Statistiken

NOTE_MA

N	Gültig	15
	Fehlend	1

NOTE_MA

		Häufigkeit	Prozent	Gültige Prozente	Kumulierte Prozente
Gültig	1	3	18,8	20,0	20,0
	2	4	25,0	26,7	46,7
	3	5	31,3	33,3	80,0
	4	2	12,5	13,3	93,3
	5	1	6,3	6,7	100,0
	Gesamt	15	93,8	100,0	
Fehlend	System	1	6,3		
Gesamt		16	100,0		

Interpretation der Angaben

In Abbildung 5.1.11 ist die Häufigkeitstabelle für die Variable NOTE_MA angegeben. In der ersten Spalte sehen Sie die entsprechenden Noten 1-6, in der zweiten Spalte die relative Häufigkeit, in der dritten Spalte die Prozentwerte, in der vierten Spalte sehen Sie die gültigen Prozentwerte, d. h. die Werte, die sich ergeben, wenn Sie die fehlenden, die „Missing-Data“, ausschließen, und in der fünften Spalte die kumulierten Prozentwerte.

Bezugnehmend auf die oben angeführten drei Fragestellungen lassen sich aus der Tabelle folgende Informationen ablesen:

1) Drei Personen haben angegeben, in Mathematik die Note 1 zu haben, vier die Note 2, fünf die Note 3, zwei die Note 4 und eine Person die Note 5. Von einer Person liegen keine Angaben vor.

2) Prozentual gesehen heißt das, 18,8% aller befragten Personen haben in Mathematik die Note 1, 25% die Note 2, 31,3% die Note 3, 12,5% die Note 4 und 6,3% die Note 5. 6,3% aller Befragten haben keine Angaben gemacht.

3) Wie oben bereits erwähnt, liegt 1 Missing Datum vor. Dies kann man auch aus der kleinen Tabelle in Abbildung 5.1.11 ablesen (Gültig 15 und Fehlend 1)

Übung 5.1.2

Berechnen Sie Häufigkeiten, Prozentwerte, gültige Prozente und kumulierte Prozente der folgenden Variablen:

a) Deutschnote

b) Taschengeld

c) Schulzugehörigkeit

Die Lösungen finden Sie im Anhang!

5.1.2.2 Grafische Darstellungen

Die Ergebnisse zur Mathematiknote sollen nun im Folgenden grafisch als Balkendiagramm und als Kreisdiagramm dargestellt werden (vgl. hierzu auch Kapitel 4.2.2 und Kapitel 6).

SPSS besitzt ein umfangreiches Modul an Grafikdarstellungen, die Sie unter dem Menüpunkt *Grafiken* aufrufen können (vgl. Abbildung 5.1.12). Zur Verdeutlichung der Grafikfunktion soll hier die Vorgehensweise an einem zweidimensionalen Balkendiagramm und einem zweidimensionalen Kreisdiagramm dargestellt werden.

Abb. 5.1.12: Grafiken

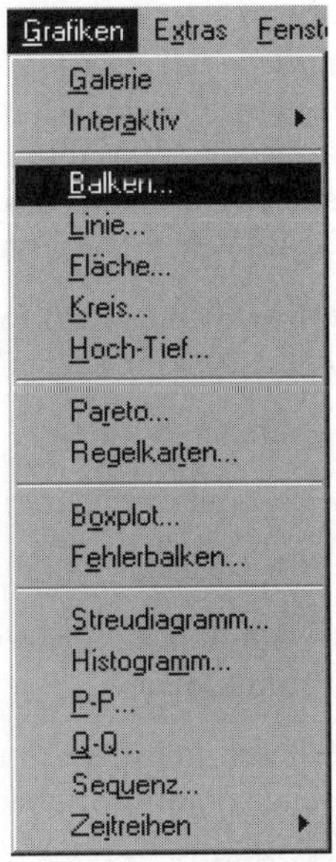

5.1.2.2.1 Balkendiagramm

Balkendiagramm definieren

Wählen Sie unter dem Menüpunkt *Grafiken* das Grafikmodul *Balken.* Es erscheint das in Abbildung 5.1.13 dargestellte Fenster *Balkendiagramme.* Dort können Sie zwischen verschiedenen Balkendiagrammtypen auswählen. Wählen Sie nun *Einfach* und *Auswertung über Kategorien einer Variablen,* da wir nur ein Balkendiagramm über die Mathematiknote bekommen möchten. Danach bestätigen Sie mit 

.

Abb. 5.1.13: Balkendiagramm

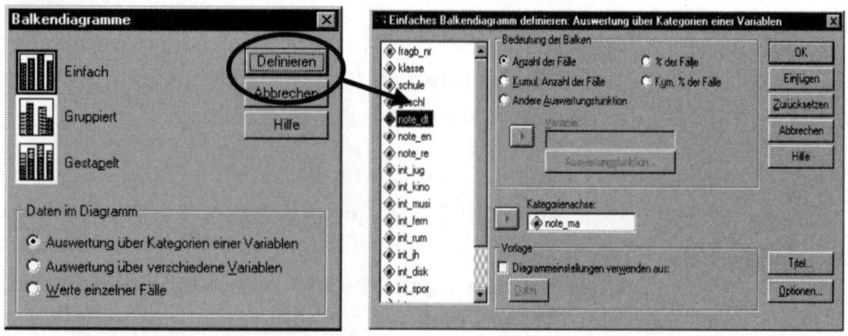

Es erscheint das in Abbildung 5.1.13 dargestellte Fenster *Einfaches Balkendiagramm definieren: Auswertung über Kategorien einer Variablen.* Hier müssen Sie zwei Entscheidungen treffen:

1) Um welche Variable handelt es sich, für die Sie ein Diagramm erstellen möchten? In unserem Fall ist es die Variable NOTE_MA. Markieren Sie diese Variable und transferieren Sie sie mit  ins Feld *Kategorienachse.*
2) Welche Balken wollen Sie haben? Sie können wählen zwischen
   a) Anzahl der Fälle
   b) Kumulierte Anzahl der Fälle
   c) Prozent der Fälle
   d) Kumulierte Prozente der Fälle und andere Auswertungsfunktionen

Des Weiteren können Sie unter *Titel* für die jeweilige Grafik einen spezifischen Titel formulieren. Bestätigen Sie nun Ihre Auswahl mit 

. SPSS schaltet wieder in den SPSS-Viewer, in dem die Auftretenshäufigkeit (in diesem Fall wurde *Anzahl der Fälle* gewählt) der einzelnen Noten in Fach Mathematik als Balkendiagramm dargestellt ist (Abbildung 5.1.14).

Abb. 5.1.14: Ausgabe Balkendiagramm

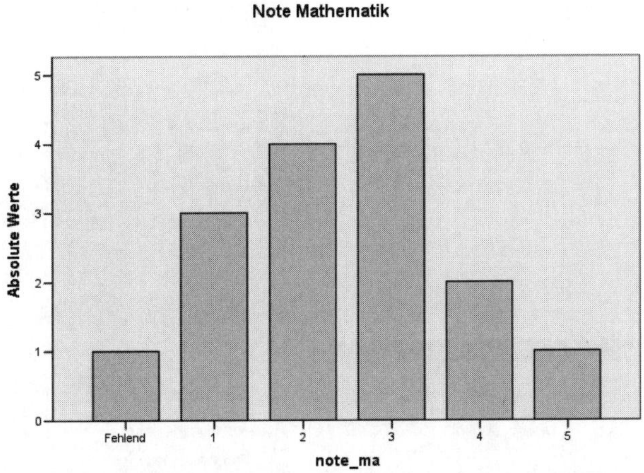

5.1.2.2.2 Kreisdiagramme

Kreisdiagramm definieren

Um Kreisdiagramme zu erzeugen, wählen Sie unter dem Menüpunkt *Grafiken* den Fall *Kreis* ... aus. Es erscheint das in Abbildung 5.1.15 dargestellte Fenster *Kreisdiagramme*. Hier müssen Sie eine Auswahl darüber treffen, wie die Daten im Diagramm dargestellt werden. Handelt es sich dabei um

a) Auswertung über Kategorien einer Variablen,

b) Auswertung über verschiedene Variablen oder

c) Werte einzelner Fälle.

Abb. 5.1.15:
Kreisdiagramm

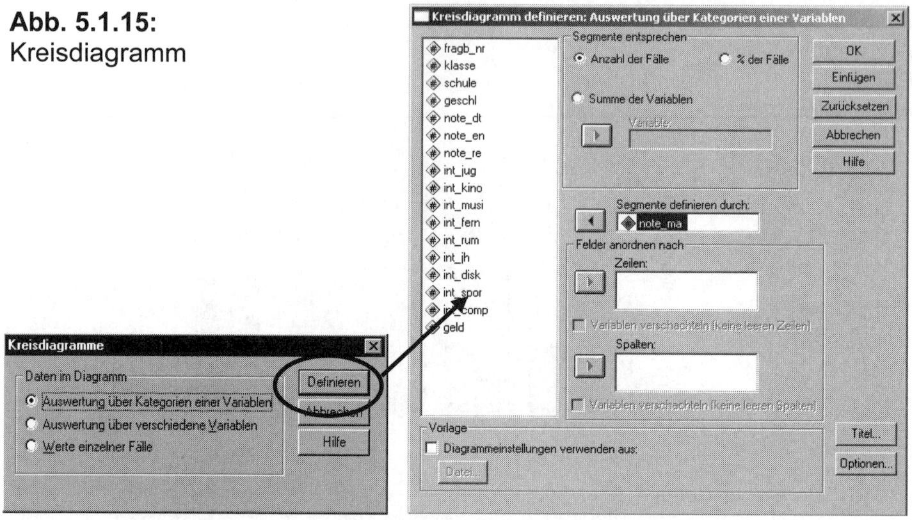

In unserem Fall (NOTE_MA) handelt es sich um die Auswertung über die Kategorien einer Variablen. Bestätigen Sie nun mit Definieren. Es erscheint das Fenster *Kreisdiagramme definieren: Auswertung über Kategorien einer Variablen* (vgl. Abbildung 5.1.15). Entsprechend der Vorgehensweise in 5.1.2.2 wählen Sie nun aus, durch welche Variable die Segmente des Kreisdiagramms definiert werden und welche Bedeutung die jeweiligen Segmente haben. Wenn Sie nun mit OK bestätigen, wechselt SPSS in den SPSS-Viewer und es ergibt sich das in Abbildung 5.1.16 dargestellte Kreisdiagramm zur Note Mathematik.

Abb. 5.1.16:
Ausgabe
Kreisdiagramm

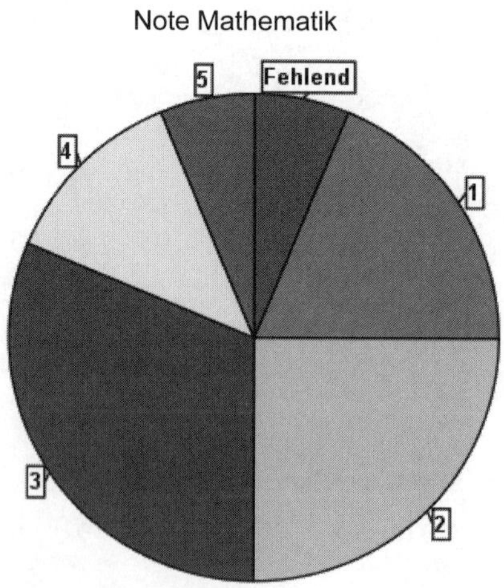

Übung 5.1.3

Erzeugen Sie Balkendiagramme und Kreisdiagramme für die folgenden Variablen:
1) *Deutschnote*
2) *Taschengeld*
3) *Schulzugehörigkeit*

Die Lösung finden Sie im Anhang! Versuchen Sie auch einige andere Grafikformate.

5.1.2.3 Statistische Kennwerte

5.1.2.3.1 Maße der zentralen Tendenz

Wie schon in Kapitel 4.3 ausgeführt, versteht man unter Maßen der zentralen Tendenz statistische Kennwerte, die es erlauben, mit nur einer Zahl etwas über einen ganzen Satz von Messwerten auszusagen.

Im Folgenden wird entsprechend Kapitel 4 die Berechnung der drei grundlegenden Maße der zentralen Tendenz – des Modalwerts, des Medians und des Mittelwertes – mit Hilfe von SPSS beschrieben. Zur Erinnerung:

- Der *Modalwert oder Modus* wird durch den häufigsten Wert der Verteilung gebildet und lässt sich durch die Betrachtung der Häufigkeitsverteilung der Messwerte am einfachsten bestimmen.
- Der *Median* ist der Wert, der die Messwerte in zwei Hälften teilt, so dass die Hälfte der Messwerte größer, die andere Hälfte kleiner als der Median ist.
- Das *arithmetische Mittel* oder der *Mittelwert* kennzeichnet den Wert, der im Alltagsgebrauch als „Durchschnitt" bezeichnet wird. Er wird gebildet, indem die Summe aller Messwerte durch deren Anzahl geteilt wird.

Die Berechnung der drei Maße der zentralen Tendenz finden Sie wiederum unter dem Menüpunkt *Analysieren/Deskriptive Statistiken/ Häufigkeiten* ... vgl. Abbildung 5.1.10). Entsprechend Abschnitt 5.2.2.1 und Abbildung 5.1.10 wählen Sie wiederum die Variablen aus. In diesem Fall wollen wir Maße der zentralen Tendenz für die Freizeitinteressen der Jugendlichen berechnen. Wir wählen demnach die Variablen: INT_JUG, INT_KINO, INT_MUSI, INT_FERN, INT_RUM, INT_JH, INT_DISK, INT_SPOR, INT_COMP. Hinter dem Button [Statistik...] verbirgt sich das Fenster *Häufigkeiten: Statistik* (vgl. Abbildung 5.1.17).

Abb. 5.1.17: Maße der zentralen Tendenz und Variabilitätsmaße

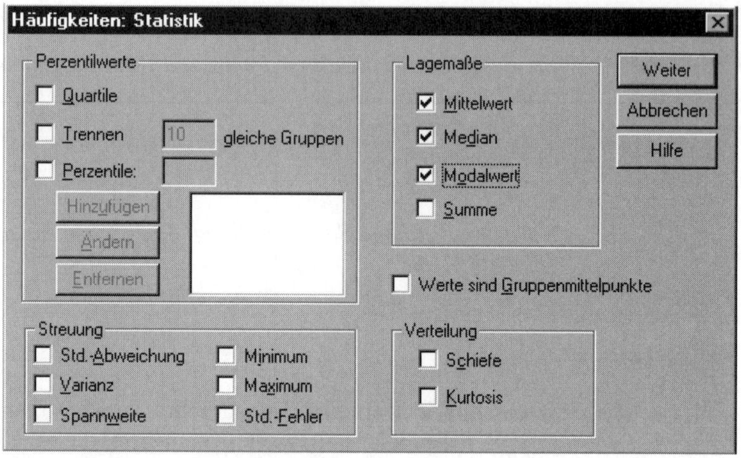

Hier können Sie neben anderen Kennwerten auch unsere drei Maße der zentralen Tendenz, Mittelwert, Median und Modalwert, auswählen, indem Sie die jeweiligen Punkte anklicken. Bestätigen Sie mit 

, womit Sie wieder ins Analysefenster *Häufigkeiten* gelangen. Wenn Sie in diesem Fall auf das Anzeigen der Häufigkeitstabellen verzichten wollen, klicken Sie *Häufigkeitstabellen anzeigen* und das Häkchen vor diesem Punkt verschwindet. Bestätigen Sie nun mit 

. Im SPSS-Viewer wird die in Abbildung 5.1.18 dargestellte Tabelle präsentiert.

Abb. 5.1.18: Ausgabe Maße der Zentralen Tendenz

Statistiken

		int_jug	int_kino	int_musi	int_fern	int_rum	int_jh	int_disk	int_spor	int_comp
N	Gültig	16	16	16	16	16	16	16	16	16
	Fehlend	0	0	0	0	0	0	0	0	0
Mittelwert		2,88	2,38	1,94	2,94	3,44	3,06	2,94	3,13	3,38
Median		3,00	2,00	2,00	3,00	4,00	3,00	3,00	3,50	4,00
Modus		3	2	2	4	4	2	2	2[a]	5

a. Mehrere Modi vorhanden. Der kleinste Wert wird angezeigt.

Interpretation der Ausgabe

In der ersten Zeile finden Sie die entsprechenden Variablennamen. In Zeile 2 und 3 befinden sich Angaben zum Umfang der in diese Rechnung eingeflossenen Stichprobe, in Zeile 4 der jeweilige Mittelwert, in Zeile 5 der Median und in Zeile 6 der entsprechende Modalwert. Bezogen auf unser Beispiel lässt sich feststellen, dass die Variable INT_RUM mit 3,44 den höchsten und Variable INT_MUSI mit 1,94 den niedrigsten Mittelwert hat. Es kann also festgestellt werden, dass „rumhängen" eine Beschäftigung ist, der die Kinder und Jugendlichen der befragten Stichprobe tendenziell eher ungern bzw. am wenigsten gern nachgehen. Dagegen stellt „Musik hören" die beliebteste

Freizeittätigkeit dar (ein niedriger Wert bedeutet in diesem Fall eine hohe Zustimmung).

Der Median teilt die Stichprobe in zwei gleiche Hälften und gibt einen Hinweis auf die Verteilung der Messwerte innerhalb der Stichprobe. Ein Median von 4, wie bei den Variablen „rumhängen" (INT_RUM) und „Computerspiele spielen" (INT_COMP), besagt, dass jeweils die Hälfte der befragten Kinder über bzw. unter diesem Wert liegt.

5.1.2.3.2 Variabilitätsmaße

Im Folgenden soll nun verdeutlicht werden, wie mit Hilfe von SPSS die in Kapitel 4.3.2 dargestellten Variabilitätsmaße Spannweite, Varianz und Standardabweichung berechnet werden können. Auch hier eine kurze Zusammenfassung der wesentlichen Charakteristika und Funktionen dieser Kennwerte:

1) Die *Spannweite* ist ein Variabilitätsmaß, das aus der Differenz zwischen dem größten und dem kleinsten Wert der Gruppe gebildet wird.
2) Die *Varianz* und die *Standardabweichung* beschreiben die mittlere Abweichung aller Messwerte vom Mittelwert der Stichprobe.

Die Arbeitsschritte zur Berechnung der Variabilitätsmaße sind vergleichbar mit denen der Berechnung der Maße der zentralen Tendenz. Wählen Sie im Fenster *Häufigkeiten: Statistik* (vgl. Abb. 5.1.17) diesmal die Funktionen *Standardabweichungen*, *Varianz* und *Spannweite* aus. Abbildung 5.1.19 zeigt die Tabelle, die aus den oben ausgeführten Berechnungsschritten resultiert.

Abb. 5.1.19: Ausgabe der Variabilitätsmaße

Statistiken

		int_jug	int_kino	int_musi	int_fern	int_rum	int_jh	int_disk	int_spor	int_comp
N	Gültig	16	16	16	16	16	16	16	16	16
	Fehlend	0	0	0	0	0	0	0	0	0
Standardabweichung		1,025	1,025	1,063	1,181	1,094	1,124	1,340	1,408	1,544
Varianz		1,050	1,050	1,129	1,396	1,196	1,263	1,796	1,983	2,383
Spannweite		4	3	4	4	4	3	4	4	4

Hierbei wird deutlich, dass die Spannweite ein relativ grobes Maß der Beurteilung der Streuung innerhalb der Messwerteverteilung darstellt. So weisen alle Variablen eine Streuung von 3 bzw. 4 auf, ohne dass Aussagen über die Variabilität innerhalb der jeweiligen Messwertverteilungen gemacht werden können.

In dem gewählten Beispiel lassen sich die für die einzelnen Variablen ermittelten Varianzen miteinander vergleichen und sinnvoll interpretieren, da sie sowohl inhaltlich in die gleiche Richtung zielen (Interessensgebiete von Kindern und Jugendlichen) als auch an der gleichen Stichprobe erhoben wurden. Es kann somit festgestellt werden, dass die Streuung der Messwerte über die Variablen INT_JUG *(Jugendzeitschriften lesen)* mit 1,05 relativ zu den Messwertverteilungen der übrigen Variablen am geringsten ist. Dies kann dahingehend interpretiert werden, dass die einzelnen Antworten der befragten Kinder und Jugendlichen im Vergleich zu den Messwerten der anderen Variablen am wenigsten von dem Mittelwert der Verteilung (= 2,88; vgl. Abbildung 5.1.19) abweichen. Entsprechend lässt sich aus der Varianz von 2,38 für die Variable INT_COMP (*Computerspiele spielen*) ableiten, dass die Streuung der einzelnen Messwerte um den Mittelwert (= 3,38; vgl. Abbildung 5.1.18) verglichen mit der Streuung der übrigen Variablen am größten ist.

Übung 5.1.4:

Berechnen Sie Median, Modalwert, Mittelwert, Spannweite, Standardabweichung und Varianz für die folgenden Variablen:

- *Note in Englisch*
- *Note in Deutsch*
- *Note in Religion*
- *Note im Mathematik*

Die Lösungen finden Sie im Anhang!

5.1.3 Zusammenhangsmaße

Mit Hilfe von Zusammenhangsmaßen kann, wie in Kapitel 4.4 dargestellt, aufgezeigt werden, wie stark der Zusammenhang einer Variablen x und einer zweiten Variablen y ist. Für die praktische Arbeit am bedeutsamsten ist der Korrelationskoeffizient (r_{xy}). Die für die Arbeit mit dem Korrelationskoeffizienten wichtigsten Punkte werden im Folgenden noch einmal kurz zusammengefasst:

1) Ein maximaler Zusammenhang, der in der Realität eigentlich nicht erreicht wird, ist bei $r_{xy} = 1$ gegeben. Dieser Wert besagt, dass hohe Werte der einen Variablen mit hohen Werten der anderen Variablen einhergehen. $r_{xy} = -1$ drückt ebenfalls einen maximalen Zusammenhang aus, hohe Werte der einen Variablen hängen hier jedoch mit niedrigen Werten der anderen Variablen zusammen. Man spricht hierbei von einem *inversen* Zusammenhang. Ein Korrelationskoeffizient von $r_{xy} = 0$ zeigt, dass zwischen den beiden Variablen kein Zusammenhang nachzuweisen ist.
2) Ein Korrelationskoeffizient erlaubt keine Aussage über die Richtung eines Zusammenhanges. So kann z. B. Variable x die Variable y bzw. Variable y die Variable x beeinflussen. Ebenfalls

denkbar ist, dass der Zusammenhang der beiden Variablen durch den Einfluss einer dritten nicht erfassten Variablen oder gar einem komplexen System von Einflussvariablen zustande kommt. Eine sinnvolle Interpretation einer Korrelation ist daher nur mit Hilfe einer Theorie zu leisten.

Zur Berechnung des Korrelationskoeffizienten wählen Sie im Menü zuerst *Analysieren/Korrelation/Bivariat* (vgl. Abbildung 5.1.21).

Abb. 5.1.21:
Korrelation

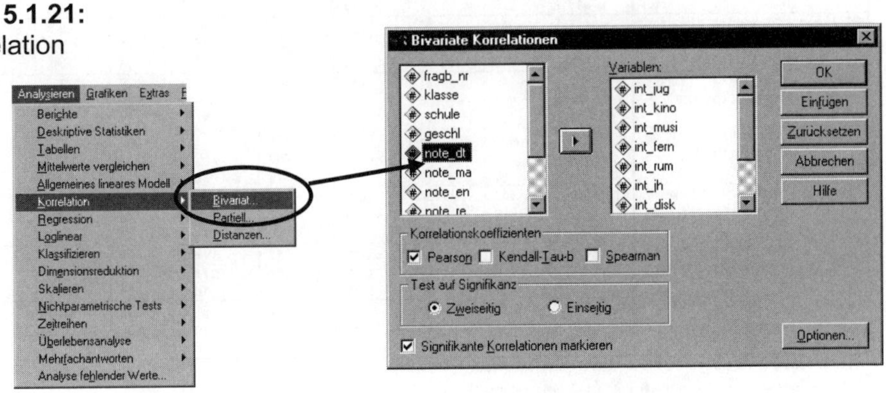

Es erscheint das Fenster *Bivariate Korrelationen.* Hier müssen Sie, wie auch in den vorangegangenen Berechnungen, in einem ersten Schritt die entsprechenden Variablen auswählen, zwischen denen Sie Korrelationskoeffizienten rechnen wollen. Sie müssen hier die Art des Korrelationskoeffizienten bestimmen, in unserem Fall den *Pearson-Produkt-Moment-Korrelationskoeffizienten.*

Möchten Sie für den Beispielfragebogen erfahren, welche Zusammenhänge zwischen den verschiedenen Interessensgebieten bestehen, wählen Sie die entsprechenden Variablen aus und bestätigen Sie mit 

. Für unser Beispiel ist die Korrelationsmatrix in Abbildung 5.1.22 abgebildet.

Abb. 5.1.22: Ausgabe Korrelation

Korrelationen

		int_jug	int_kino	int_musi	int_fern	int_rum	int_jh	int_disk	int_spor	int_comp
int_jug	Korrelation nach Pearson	1	,111	,298	,158	,052	-,514*	-,006	-,081	-,263
	Signifikanz (2-seitig)		,682	,261	,558	,848	,042	,982	,766	,324
	N	16	16	16	16	16	16	16	16	16
int_kino	Korrelation nach Pearson	,111	1	,513*	,351	,141	,326	-,030	-,219	,158
	Signifikanz (2-seitig)	,682		,042	,182	,602	,218	,911	,414	,559
	N	16	16	16	16	16	16	16	16	16
int_musi	Korrelation nach Pearson	,298	,513*	1	,103	,025	,003	-,237	-,217	-,147
	Signifikanz (2-seitig)	,261	,042		,705	,926	,990	,377	,419	,586
	N	16	16	16	16	16	16	16	16	16
int_fern	Korrelation nach Pearson	,158	,351	,103	1	,642**	,003	-,045	-,235	,599*
	Signifikanz (2-seitig)	,558	,182	,705		,007	,991	,869	,380	,014
	N	16	16	16	16	16	16	16	16	16
int_rum	Korrelation nach Pearson	,052	,141	,025	,642**	1	-,187	-,299	-,298	,370
	Signifikanz (2-seitig)	,848	,602	,926	,007		,489	,261	,263	,158
	N	16	16	16	16	16	16	16	16	16
int_jh	Korrelation nach Pearson	-,514*	,326	,003	,003	-,187	1	-,086	,079	,331
	Signifikanz (2-seitig)	,042	,218	,990	,991	,489		,752	,771	,210
	N	16	16	16	16	16	16	16	16	16
int_disk	Korrelation nach Pearson	-,006	-,030	-,237	-,045	-,299	-,086	1	,464	-,278
	Signifikanz (2-seitig)	,982	,911	,377	,869	,261	,752		,070	,297
	N	16	16	16	16	16	16	16	16	16
int_spor	Korrelation nach Pearson	-,081	-,219	-,217	-,235	-,298	,079	,464	1	,038
	Signifikanz (2-seitig)	,766	,414	,419	,380	,263	,771	,070		,888
	N	16	16	16	16	16	16	16	16	16
int_comp	Korrelation nach Pearson	-,263	,158	-,147	,599*	,370	,331	-,278	,038	1
	Signifikanz (2-seitig)	,324	,559	,586	,014	,158	,210	,297	,888	
	N	16	16	16	16	16	16	16	16	16

*. Die Korrelation ist auf dem Niveau von 0,05 (2-seitig) signifikant.

**. Die Korrelation ist auf dem Niveau von 0,01 (2-seitig) signifikant.

Interpretation der Ausgabe

In dieser Matrix lässt sich jetzt beispielsweise ablesen, dass es große Zusammenhänge gibt zwischen „Interesse am Rumhängen“ und „Interesse in der Freizeit fernzusehen“ (r_{xy} = 0,64), dass es demgegenüber aber keinen Zusammenhang gibt zwischen dem „Interesse in der Freizeit fernzusehen“ und „Interesse ein Jugendhaus zu besuchen“ (r_{xy} = 0,158). Die Sterne neben den Korrelationswerten geben an, dass es sich um signifikante Zusammenhänge handelt. Die konkreten p-Werte der Signifikanztestung sind in der Zeile *Signifikanz* den jeweiligen Variablen zugeordnet.

Übung: 5.1.5

a) Berechnen Sie die Zusammenhänge zwischen den Zeugnisnoten

- *Note in Englisch*
- *Note in Deutsch*
- *Note in Religion*
- *Note in Mathematik*

b) Berechnen Sie die Zusammenhänge zwischen dem „Interesse am Rumhängen“ und den Zeugnisnoten

Die Lösungen finden Sie im Anhang!

5.1.4 Gruppierungsvariablen

Bei einigen Fragestellungen kann es für weiterführende Auswertungen oder auch zur Verbesserung der Übersichtlichkeit von Vorteil sein, mehrere Variablen zu einer Kategorie bzw. einer „Gruppierungsvariablen" zusammenzufassen.

So könnte – bezogen auf den beiliegenden Beispielfragebogen – z. B. untersucht werden, ob sich Kinder und Jugendliche, die viel Taschengeld erhalten, in ihrem Freizeitverhalten von Gleichaltrigen unterscheiden, denen nur wenig Taschengeld zur Verfügung steht.

Gruppenbildung

Bei der Bildung von Gruppierungsvariablen wird jeder einzelne Wert der betreffenden Variablen (z. B. Taschengeld) durch einen neuen Wert ersetzt, der ihn einer vorher festgelegten Kategorie zuordnet. Legt man beispielsweise vorher fest, dass ein Betrag von 0 bis 15€ „wenig", von 15,01 bis 30€ „mittel" und von über 30€ „viel" Taschengeld ist, so werden im folgenden Schritt die ursprünglichen Werte durch die neu berechneten Kategoriebezeichnungen bzw. Zahlen ersetzt.

Will man die gebildeten Gruppierungsvariablen als Ausgangspunkt für weitere Analysen (z. B. Häufigkeitsanalysen) verwenden, müssen die neuen Werte in die Datenmatrix übertragen werden. Die umständlichere und zeitaufwendigere Möglichkeit wäre, zunächst für jeden einzelnen Wert die Zugehörigkeit zu den vorgegebenen Kategorien zu bestimmen und die Werte dann „per Hand" in eine neue Spalte einzugeben. Bei größeren Datensätzen stößt diese Vorgehensweise allerdings auf ihre Grenzen.

SPSS bietet hier die Möglichkeit, alle Werte der Variablen „Taschengeld" (GELD) in einem Schritt umzukodieren, d. h. durch einen neuen, vorher definierten Wert zu ersetzen. Dieser Schritt der *Umkodierung* soll im Folgenden veranschaulicht werden.

Umkodieren befindet sich bei SPSS unter dem Menüpunkt *Transformieren* (vgl. Abbildung 5.1.23).

Abb. 5.1.23:
Umkodieren

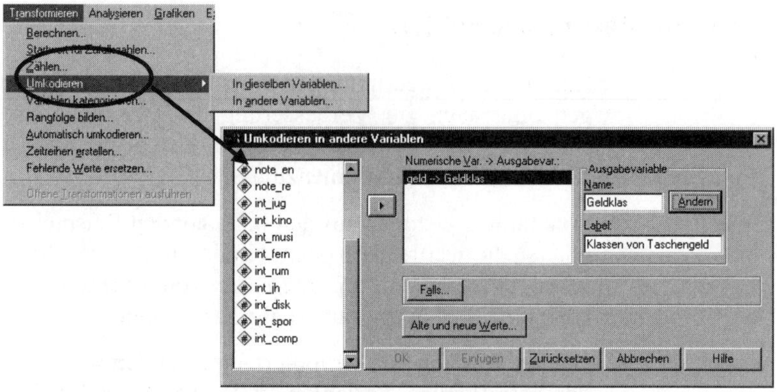

Klickt man hier *Umkodieren* an, so muss man entscheiden, ob die neuen Werte In dieselben Variablen... geschrieben werden sollen, das heißt, dass dann die Originalvariable, in unserem Beispiel GELD, überschrieben wird oder ob sie In andere Variablen... geschrieben wird. Dazu wird eine neue Variable erzeugt und die Werte in der Variablen GELD bleiben erhalten. Für diese Darstellung entscheiden wir uns für ein Umkodieren In andere Variablen... . Es erscheint das Fenster *Umkodieren in andere Variablen* (vgl. Abbildung 5.1.23). Auch hier muss in einem ersten Schritt ausgewählt werden, welche Variable(n) umkodiert werden sollen. Die entsprechende Variable (hier GELD) wird, wie auch in den anderen Analysen bereits beschrieben, mit ▸ ausgewählt. Die Variable erscheint nun im Feld *Numerische Var. -> Ausgabevar*. In einem nächsten Schritt muss die neue Variable mit einem Namen (hier GELDKLASSE) versehen werden. Des Weiteren ist hier auch die Vergabe eines Long Labels möglich. Die Eingaben werden mit Ändern bestätigt.

Umkodieren in andere Variablen

Nach der Definition der Variablen wird nun bestimmt, wie die Variable umzukodieren ist. Hierzu wird Alte und neue Werte... angeklickt. Es erscheint das Fenster *Umkodieren in andere Variable: Alte und neue Werte.* Hier wird die Umkodierung vereinbart.

Definieren der neuen Variablen

Um die Umkodierung festzulegen, muss bei SPSS immer zum einen ein alter Wert oder Wertebereich und zum anderen die entsprechende Umkodierung, der neue Wert, festgelegt werden.

So wäre beim Taschengeldbeispiel

- der alte Wertebereich von 0 bis 15 und der dazugehörige neue Wert 1 (für wenig Taschengeld),
- der alte Werteberich von 15,01 bis 30 und der dazugehörige neue Wert 2 (mittel) und
- der dritte Wertebereich über 30 (viel Taschengeld) und der dazugehörige neue Wert 3 (viel).

Dabei gibt es bei der Eingabe des alten Werts oder des alten Wertebereichs verschiedene Möglichkeiten der Eingabe.

a) Ein einzelner Wert wird über 

definiert,

b) Missing Data können entweder über 

oder 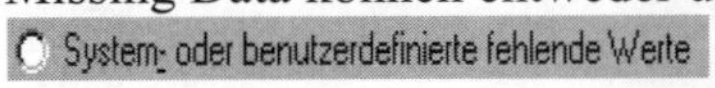

definiert werden,

c) Wertebereiche können über 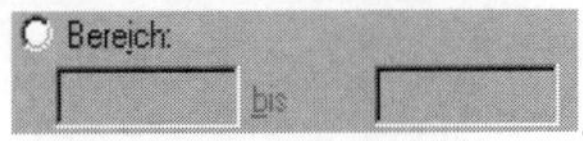

, 

oder 

definiert werden und

d) eine Restkategorie wird über 

definiert.

Der jeweilige neue Wert wird in 

festgelegt. Die Eingaben werden jeweils mit 

bestätigt.

Die Umkodierung für die Variable GELD ist in Abbildung 5.1.24 dargestellt.

Abb. 5.1.24: Umkodieren in andere Variable

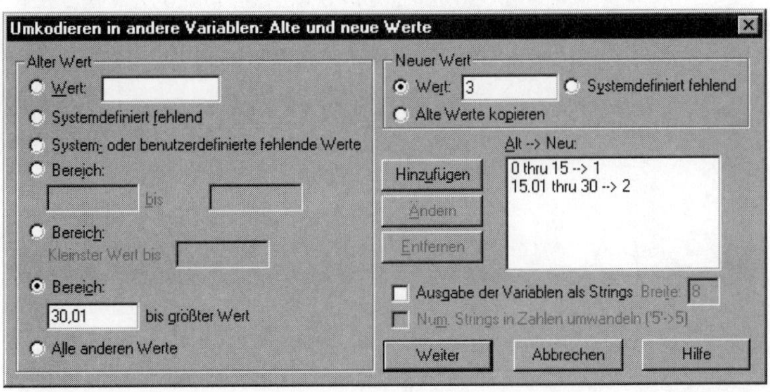

Mit [Weiter] gelangen Sie wieder ins Fenster *Umkodieren in andere Variable.* Dort bestätigen Sie mit [OK]. Damit wird die Umkodierung durchgeführt und am Ende der Datenmatrix eine neue Variable GELDKLAS erzeugt, in die die neuen Werte geschrieben werden (vgl. Abb. 5.1.25). Mit dieser Variablen können nun weitere Analysen durchgeführt werden.

Abb. 5.1.25: Umkodierte Werte

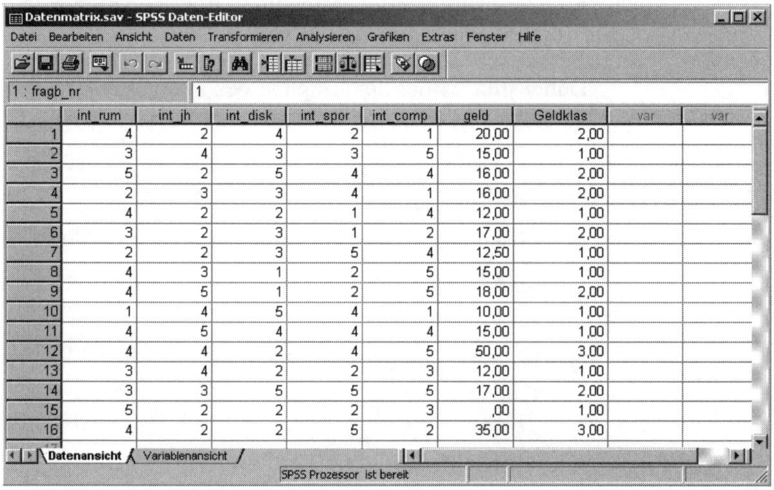

	int_rum	int_jh	int_disk	int_spor	int_comp	geld	Geldklas	var	var
1	4	2	4	2	1	20,00	2,00		
2	3	4	3	3	5	15,00	1,00		
3	5	2	5	4	4	16,00	2,00		
4	2	3	3	4	1	16,00	2,00		
5	4	2	2	1	4	12,00	1,00		
6	3	2	3	1	2	17,00	2,00		
7	2	2	3	5	4	12,50	1,00		
8	4	3	1	2	5	15,00	1,00		
9	4	5	1	2	5	18,00	2,00		
10	1	4	5	4	1	10,00	1,00		
11	4	5	4	4	4	15,00	1,00		
12	4	4	2	4	5	50,00	3,00		
13	3	4	2	2	3	12,00	1,00		
14	3	3	5	5	5	17,00	2,00		
15	5	2	2	2	3	,00	1,00		
16	4	2	2	5	2	35,00	3,00		

Übung 5.1.6

Bilden Sie folgende Gruppierungsvariablen für die Noten im Fach „Englisch“:

- *Die Noten 1 und 2 werden umkodiert in 1 bzw. „gut“,*
- *die Noten 3 und 4 werden umkodiert in 2 bzw. „mittel“, und*
- *die Noten 5 und 6 werden umkodiert in 3 bzw. „schlecht“.*

Die Lösungen finden Sie im Anhang!

5.2 Computerunterstützte Auswertung von Daten mit STATISTICA

STATISTICA ist ein Softwarepaket zur Durchführung statistischer Analysen. Da STATISTICA für die gängigen statistischen Analysen bereits fertige Problemlösungen enthält, die nur noch per Mausklick abgerufen werden müssen, ist es nicht notwendig, eine komplexe Programmiersprache zu erlernen.

STATISTICA zeichnet sich insbesondere dadurch aus, dass es

- leicht erlernbar ist und
- durch die mausgesteuerte Menüführung leicht zu handhaben ist.

Charakteristika von STATISTICA

Im Folgenden wird nur ein kleiner Ausschnitt aus den umfangreichen Möglichkeiten von STATISTICA dargestellt. Die vorgestellten Verfahren beziehen sich auf die in Kapitel 4 erläuterten statistischen Verfahren. STATISTICA ist ein sehr komplexes Softwarepaket, bei dem Sie über verschiedene Wege zu den gewünschten Analysen gelangen können. In diesem Beitrag wird der Übersichtlichkeit halber immer nur einer dieser Wege dargestellt.

Wir setzen für das Folgende voraus, dass STATISTICA 7[4] unter Windows bereits installiert ist und dass Sie grundlegende Kenntnisse im Umgang mit dem PC besitzen.

Wir empfehlen, alle hier durchgeführten Operationen selbst einmal auszuführen.

5.2.1 Datenübertragung

Genauigkeit

Bei der computergestützten Analyse von Daten ist die Übertragung der Antworten von den ausgefüllten Fragebogen in den Computer Grundlage für die weitere Verarbeitung. Hierzu bedarf es einer genauen und überdachten Vorgehensweise, da Ungenauigkeiten bei der Eingabe unweigerlich zu fehlerhaften Ergebnissen führen. In den weiteren Abschnitten wird die grundlegende Vorgehensweise bei der Datenaufbereitung und der Datenübertragung in STATISTICA dargestellt.

[4] Die Beschreibung für STATISTICA vor Version 5 ist online auf den Seiten des VEP zum Download verfügbar (www.vep-landau.de\ForschungStatistikMethoden.htm).

5.2.1.1 Vorbereitung der Datenübertragung

Informationsaufschlüsselung

Vor der Eingabe der Daten ist es zunächst notwendig, die Informationen des Fragebogens explizit aufzuschlüsseln. In einem ersten Schritt werden die einzelnen Fragestellungen mit ihren jeweiligen Antwortoptionen aufgelistet. Hierdurch wird im weiteren Vorgehen eine eindeutige Datenidentifikation gewährleistet. Neben der Datenidentifikation ist es aber auch notwendig, die Identifikation der Fragebogen zu jedem Zeitpunkt der Auswertung zu ermöglichen. Dies wird in der Regel durch eine frei gewählte Codenummer (z. B. laufende Nr.), die auf dem Fragebogen eingetragen wird, gewährleistet. Für die Musterfragebogen ist diese Informationsaufschlüsselung in Tabelle 5.2.1. dargestellt.

Bei dieser Aufschlüsselung wird deutlich, dass der Musterfragebogen aus 18 Informationen (Variablen) besteht. Diese Informationen gilt es nun, in eine Datenmatrix in STATISTICA zu übertragen.

Tab. 5.2.1: Informationsaufschlüsselung

	Fragestellung (Variable)	Antwortoptionen
1	Fragebogenidentifikationsnr.	Codenummer – laufende Nr.
2	Klasse	5., 6., 7., 8., 9., 10. Klasse
3	Schulart	Hauptschule (1), Realschule (2), Gymnasium (3), Gesamtschule (4)
4	Geschlecht	männlich (1), weiblich (2)
5	Zeugnisnote: Deutsch	1, 2, 3, 4, 5, 6
6	Zeugnisnote: Mathematik	1, 2, 3, 4, 5, 6
7	Zeugnisnote: Englisch	1, 2, 3, 4, 5, 6
8	Zeugnisnote: Religion/Ethik	1, 2, 3, 4, 5, 6
9	Interesse Jugendzeitschriften	1, 2, 3, 4, 5
10	Interesse Kinofilm ansehen	1, 2, 3, 4, 5
11	Interesse Musik hören	1, 2, 3, 4, 5
12	Interesse Fernsehen	1, 2, 3, 4, 5
13	Interesse Rumhängen	1, 2, 3, 4, 5
14	Interesse Jugendhaus	1, 2, 3, 4, 5
15	Interesse Disko gehen	1, 2, 3, 4, 5
16	Interesse Sport treiben	1, 2, 3, 4, 5
17	Interesse Computerspiele	1, 2, 3, 4, 5
18	Taschengeld/Woche	0 bis unendlich

5.2.1.2 Starten von STATISTICA

Modulwechsler

Starten Sie STATISTICA auf Ihrem PC durch Doppelklick auf . Auf Ihrem Bildschirm wird dann das in Abbildung 5.2.1 dargestellte Fenster erscheinen.

Abb. 5.2.1: STATISTICA Auswahlmenü

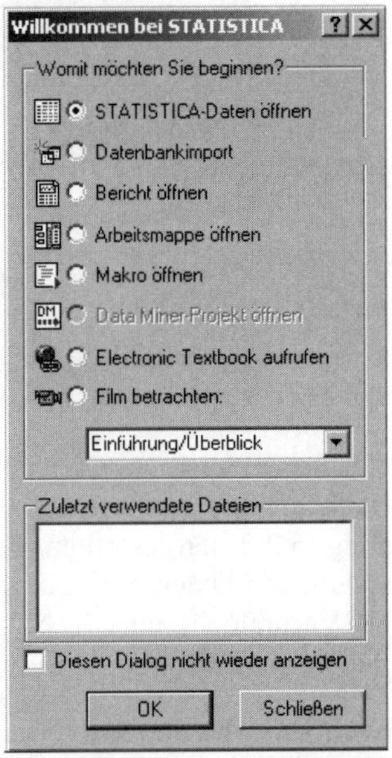

Zum Erstellen einer neuen Datenmatrix schließen Sie dieses Fenster mit dem entsprechenden Button.

Nun klicken Sie auf folgendes Symbol , das sich in der Leiste direkt unter Datei befindet, um eine neue Datenmaske zu erstellen. Daraufhin erscheint folgendes Fenster:

Abb. 5.2.2: STATISTICA Datenmaske erstellen

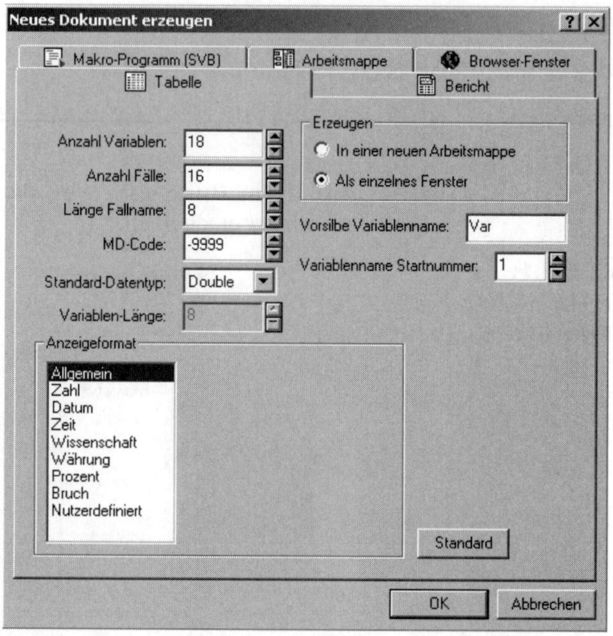

Erstellen einer neuen Datenmatrix

Nachdem Sie *Neu* ausgewählt haben, müssen Sie in dem in Abbildung 5.2.2 dargestellten Fenster die Voreinstellungen für die zu erstellende Datenmatrix eingeben. Der Musterfragebogen besteht aus 18 Variablen (siehe Tab. 5.2.1) und wurde von 16 Jugendlichen (Fälle) ausgefüllt.

Nach Eingabe der Voreinstellungen klicken Sie auf 

und auf dem Bildschirm ist eine leere Datenmatrix mit 18 Variablen und 16 Fällen zu sehen (vgl. Abbildung 5.2.3).

Abb. 5.2.3: Datenmatrix in STATISTICA

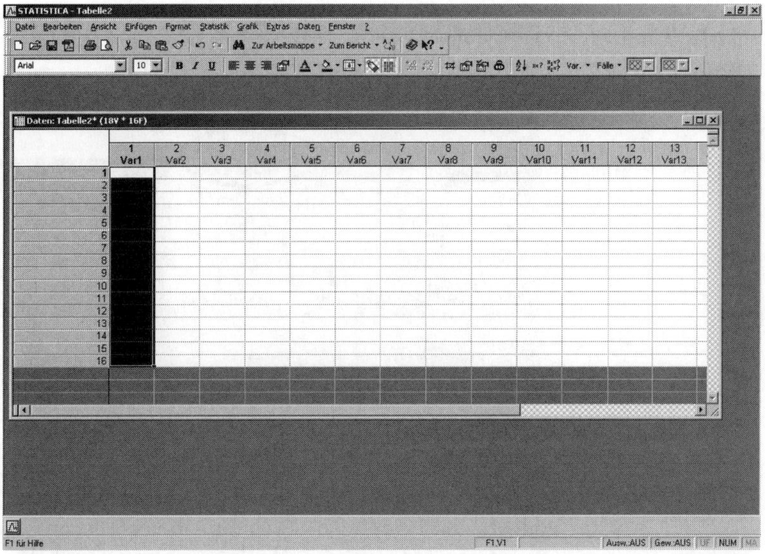

Datendefinition

Jede Zeile der Matrix repräsentiert die Daten *eines* Fragebogens (Fälle), während in den einzelnen Spalten (Variablen) jeweils eine spezifische Information, wie z. B. die Klassenstufe, über alle Personen hinweg aufgelistet ist.

Benennung von Variablon

Um eine bessere Übersichtlichkeit in der Matrix herzustellen, sollte man die voreingestellten Variablennamen VAR1, VAR2, VAR3, etc. in der Kopfzeile durch fragenbezogene „Namen" ändern (vgl. Abbildung 5.2.7). In unserem Beispiel werden die Namen auf acht Zeichen begrenzt. Bei unserem Beispiel würde [2 VAR2], in der die Klassenstufe eingetragen wird, in [2 KLASSE] geändert werden. Dies geschieht am einfachsten über einen Doppelklick auf [2 VAR2].

An dieser Stelle haben Sie zwei Möglichkeiten, die in Abbildung 5.2.4 dargestellt sind.

1) Geben Sie den Name KLASSE ein und bestätigen Sie mit [OK] oder wechseln Sie mit [<<] oder [>>] zur nächsten Variablen.
2) Klicken Sie [Alle Spez...] an und wechseln Sie in den Variablenspezifikations-Editor (Abbildung 5.2.4). Dort können Sie alle Variablennamen direkt verändern. Denken Sie auch an die Formatveränderung bei der Variablen GELD (zwei Stellen hinter dem Komma).

Abb. 5.2.4: Variablen-modifikation

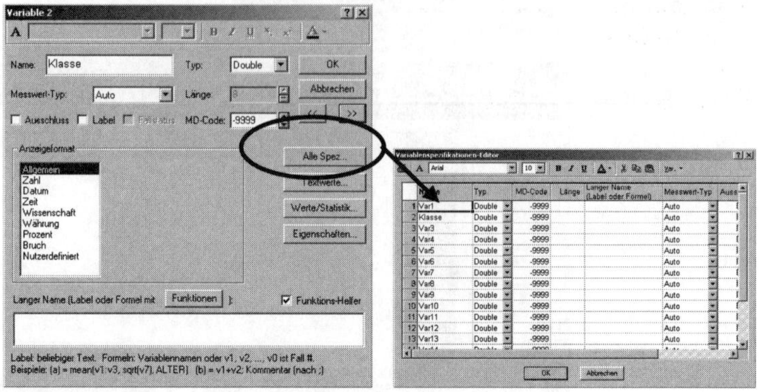

5.2.1.3 Dateneingabe

Textwerte & Zahlenwerte definieren

Bei der Eingabe der Daten wird jede Antwort eines Fragebogens in die entsprechende Zelle der Matrix eingetragen (vgl. Abbildung 5.2.7 und Musterfragebögen). Aus eingabetechnischen Gründen sollte man allen Antwortkategorien Zahlen zuordnen (vgl. Kapitel 4.1). Im Fall des Musterfragebogens werden die beiden Variablen „Schulart“ und „Geschlecht“ der Musterfragebögen auf folgende Art und Weise kodiert:

Hauptschule = 1, Realschule = 2,
Gymnasium = 3, Gesamtschule = 4

männlich = 1, weiblich = 2

Die Kodierung der genannten Variablen erfolgt über den Textwerte-Editor (vgl. Abbildung 5.2.5). In den Textwerte-Editor gelangt man über ein Anklicken von 

innerhalb des in Abbildung 5.2.5 dargestellten Fensters. Hat man den numerischen Werten entsprechende Textwerte zugeordnet, so kann über  in der Menüleiste zwischen der numerischen Form und der Textform umgeschaltet werden.

Abb. 5.2.5: Textwerte-Editor

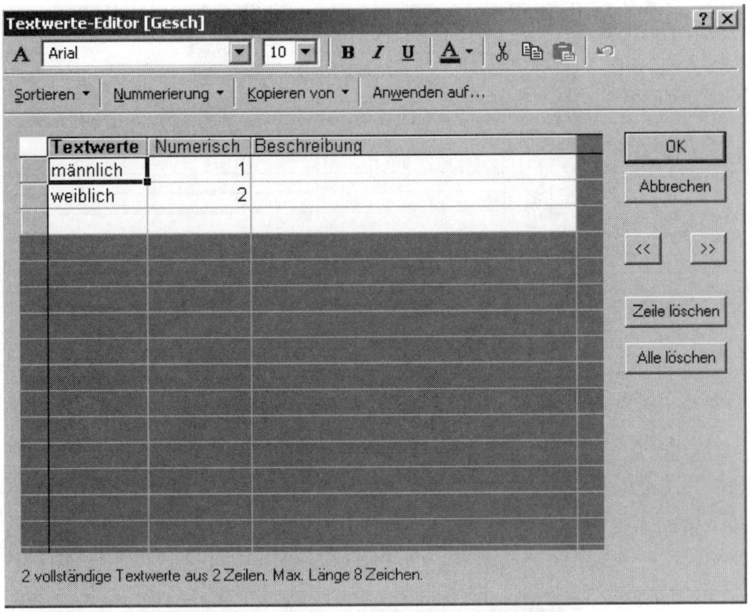

STATISTICA und Missing Data

Fehlende Antworten eines Fragebogens sollten auch in der Datenmatrix als fehlende Antworten behandelt werden. STATISTICA hat als Voreinstellung für solche „Missing Data“ die -9999. Wenn zu einer Frage in einem Fragebogen keine Antwort vorliegt, lassen Sie die entsprechende Zelle in der Datenmatrix leer oder geben Sie -9999 ein (vgl. Abbildung 5.2.6. Zelle 4/NOTE_MA). Verwenden Sie für „Missing Data“ keine 0, da eine 0 wie die Zahl 0 behandelt wird und somit Berechnungen, wie z. B. die des Mittelwertes verfälscht werden.

Abb. 5.2.6: Datenmatrix des Musterfragebogens

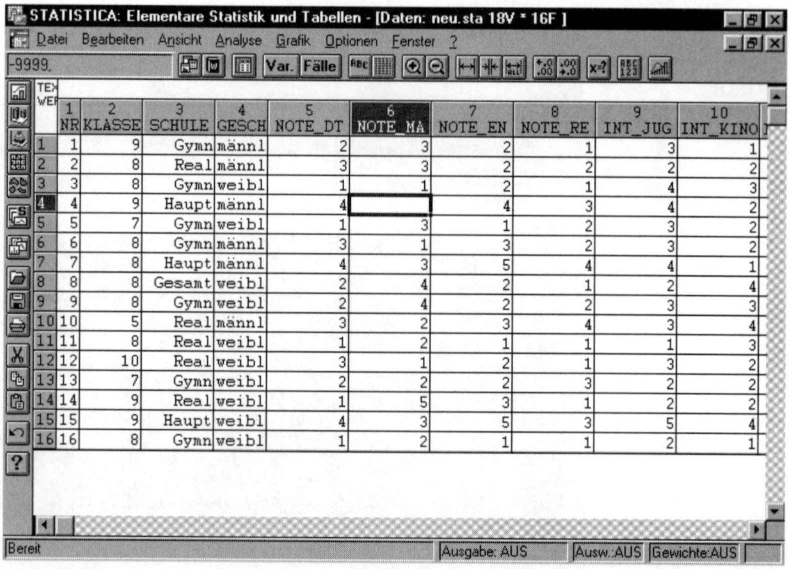

	1 NR	2 KLASSE	3 SCHULE	4 GESCH	5 NOTE_DT	6 NOTE_MA	7 NOTE_EN	8 NOTE_RE	9 INT_JUG	10 INT_KINO
1	1	9	Gymn	männl	2	3	2	1	3	1
2	2	8	Real	männl	3	3	2	2	2	2
3	3	8	Gymn	weibl	1	1	2	1	4	3
4	4	9	Haupt	männl	4		4	3	4	2
5	5	7	Gymn	weibl	1	3	1	2	3	2
6	6	8	Gymn	männl	3	1	3	2	3	2
7	7	8	Haupt	männl	4	3	5	4	4	1
8	8	8	Gesamt	weibl	2	4	2	1	2	4
9	9	8	Gymn	weibl	2	4	2	2	3	3
10	10	5	Real	männl	3	2	3	4	3	4
11	11	8	Real	weibl	1	2	1	1	1	3
12	12	10	Real	weibl	3	1	2	1	3	2
13	13	7	Gymn	weibl	2	2	2	3	2	2
14	14	9	Real	weibl	1	5	3	1	2	2
15	15	9	Haupt	weibl	4	3	5	3	5	4
16	16	8	Gymn	weibl	1	2	1	1	2	1

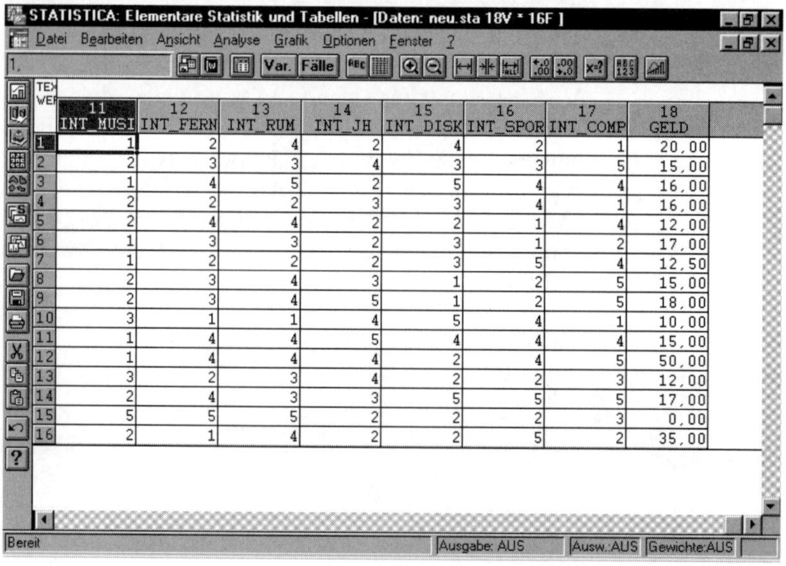

	11 INT_MUSI	12 INT_FERN	13 INT_RUM	14 INT_JH	15 INT_DISK	16 INT_SPOR	17 INT_COMP	18 GELD
1	1	2	4	2	4	2	1	20,00
2	2	3	3	4	3	3	5	15,00
3	1	4	5	2	5	4	4	16,00
4	2	2	2	3	3	4	1	16,00
5	2	4	4	2	2	1	4	12,00
6	1	3	3	2	3	1	2	17,00
7	1	2	2	2	3	5	4	12,50
8	2	3	4	3	1	2	5	15,00
9	2	3	4	5	1	2	5	18,00
10	3	1	1	4	5	4	1	10,00
11	1	4	4	5	4	4	4	15,00
12	1	4	4	4	2	4	5	50,00
13	3	2	3	4	2	2	3	12,00
14	2	4	3	3	5	5	5	17,00
15	5	5	5	2	2	2	3	0,00
16	2	1	4	2	2	5	2	35,00

Nach Abschluss der Datenübertragung in STATISTICA kann mit der Auswertung der Daten begonnen werden.

Übung 5.2.1:

Übertragen Sie die Daten aus den Musterfragebogen in Ihren PC.

Abspeichern nicht vergessen!

5.2.2 Elementare Statistik und Tabellen

Elementare Statistik und Tabellen

Im Folgenden soll verdeutlicht werden, wie die in Kapitel 4 dargestellten statistischen Auswertungen mit Hilfe von STATISTICA durchgeführt werden können. Die entsprechenden Analysen befinden sich im Drop-Down-Menü STATISTIK (s. Abbildung 5.2.7). Hierin den Bereich 

auswählen, daraufhin erscheint folgendes Auswahlfenster (s. Abbildung 5.2.8).

Abb. 5.2.7: Drop-Down-Menü

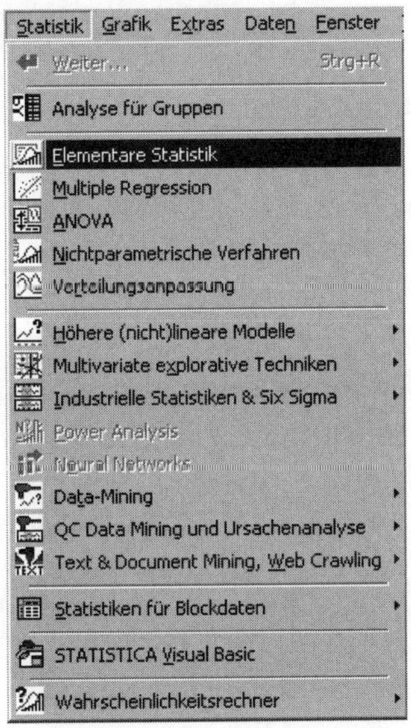

Abb. 5.2.8:
Analyse

5.2.2.1 Häufigkeitstabellen

Häufigkeiten

Ein erster Schritt bei der Auswertung von Daten bildet in der Regel die Berechnung von Häufigkeiten (vgl. Kapitel 4.2.1). Wie man diese Auswertung mit Hilfe von STATISTICA durchführen kann, ist Gegenstand des folgenden Abschnitts.

Wählen Sie zunächst im Fenster *Elementare Statistik und Tabellen* **Häufigkeitstabellen** aus (vgl. Abbildung 5.2.8). Sie gelangen in das in Abbildung 5.2.9 dargestellte Analysefenster.

Abb. 5.2.9: Häufigkeitstabellen

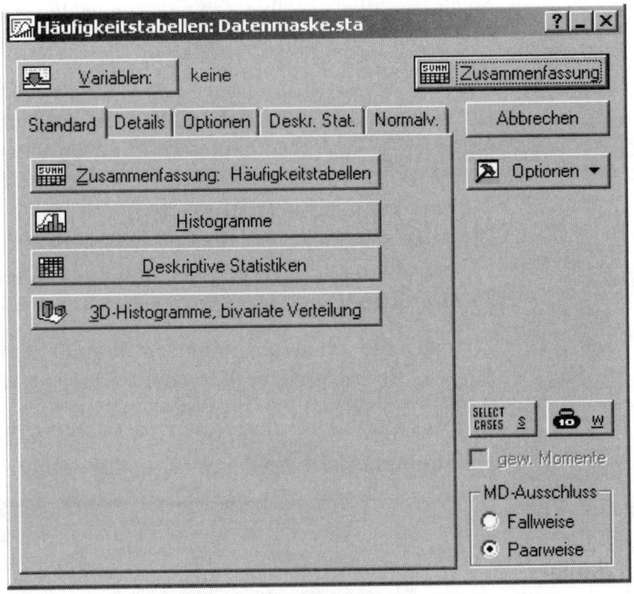

Variablen-auswahl

Die Vorgehensweise zur Berechnung von Häufigkeiten soll nun am Beispiel „Note in Mathematik" (vgl. Musterfragebogen) dargestellt werden. Dafür muss zuerst die entsprechende Variable ausgewählt werden. Dies geschieht, indem man [Variablen:] anklickt und damit ins Auswahlfenster *Auswahl: Variablen für Analyse* gelangt (vgl. Abbildung 5.2.10). Dort wählt man dann die entsprechende Variable aus, die Gegenstand der Analyse sein soll. Im darzustellenden Beispiel ist dies die Variable 6. Man bestätigt mit [OK] und wechselt damit automatisch wieder in das Analysefenster.

Abb. 5.2.10: Auswahl: Variablen für die Analyse

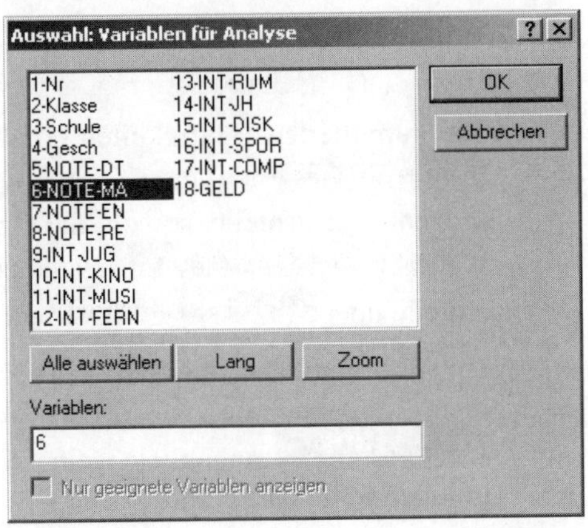

Nachdem die Variable festgelegt wurde, müssen im Analysefenster die Arten von Analysen ausgewählt werden, die benötigt werden, um die gewünschten Informationen zu erhalten.

Entsprechend Kapitel 4.2.1 sollen die folgenden Fragen für die Variable NOTE_MA (Mathematiknote) beantwortet werden:

1) Wie oft tritt bei der Stichprobe welche Note auf? (Häufigkeiten und kumulative Häufigkeiten)
2) Wie sehen die prozentualen Anteile im Bezug auf die Notenverteilung aus? (Prozentanteile und kumulative Prozentanteile)
3) Liegen Missing Data vor?

Um auf die oben aufgeführten Fragen Antworten zu bekommen, müssen die entsprechenden Analysen ausgewählt werden.

Um die Verteilung der Noten zu erhalten, wählen Sie unter *Details* die Funktion ⊙ Alle Werte aus (vgl. Abbildung 5.2.11).

Abb. 5.2.11: Details für Häufigkeitstabellen

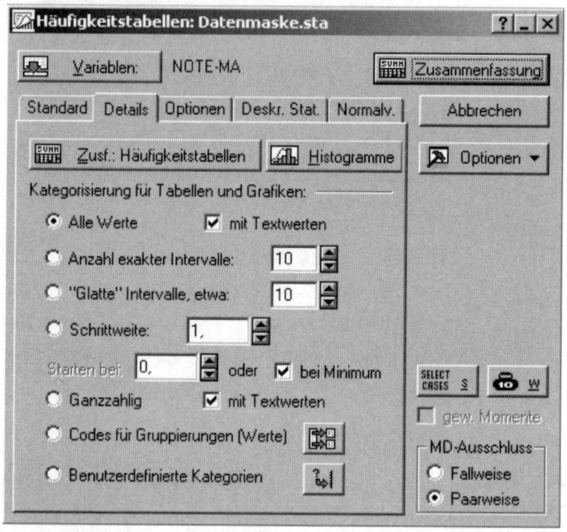

Die kumulierten Häufigkeiten erhalten Sie wenn Sie unter *Optionen* ☑ Summenhäufigkeiten anklicken. Im selben Feld fordern Sie auch die prozentualen Anteile, sowohl die einfachen prozentualen Anteile über ☑ Anteile (relative Häufigkeiten) in % als auch die kumulativen prozentualen Anteile über ☑ Relative Summenhäufigkeiten in %, an.

Um Informationen über das Vorliegen von Missing Data zu bekommen, müssen Sie im Feld *Häufigkeiten für Missing Data* ☑ Missing Data (MD) angeklickt sein. Anderenfalls werden lediglich die gültigen Fälle aufgeführt.

Wenn Sie alle Einstellungen festgelegt haben, bestätigen Sie Ihre Auswahl mit [Zusammenfassung]. STATISTICA berechnet nun die entsprechenden Häufigkeiten und stellt sie im darauf folgenden Fenster dar (vgl. Abbildung 5.2.12).

Abb. 5.2.12: Ausgabefenster Häufigkeitsanalysen

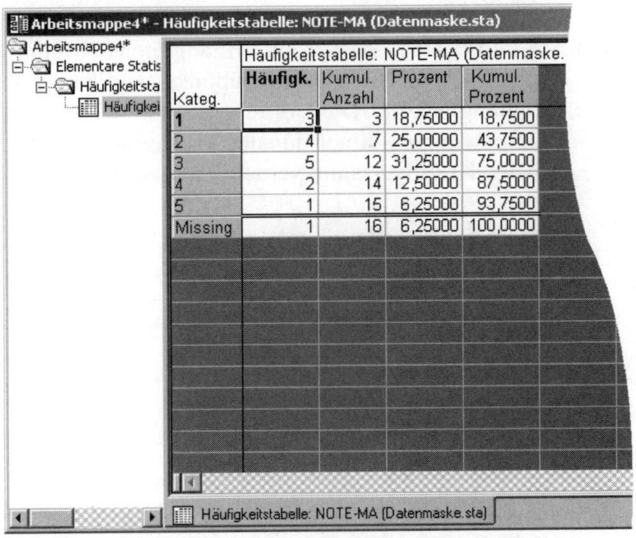

Kateg.	Häufigk.	Kumul. Anzahl	Prozent	Kumul. Prozent
1	3	3	18,75000	18,7500
2	4	7	25,00000	43,7500
3	5	12	31,25000	75,0000
4	2	14	12,50000	87,5000
5	1	15	6,25000	93,7500
Missing	1	16	6,25000	100,0000

Interpretation der Ausgabe

Bezugnehmend auf die oben angeführten drei Fragestellungen, lassen sich aus der Tabelle folgende Informationen ablesen:

1) Drei Personen haben angegeben, in Mathematik die Note 1 zu haben, vier die Note 2, fünf die Note 3, zwei die Note 4 und eine Person die Note 5. Von einer weiteren Person liegen keine Angaben vor.
2) Prozentual gesehen heißt das, 18,75% aller befragten Personen haben in Mathematik die Note 1, 25% die Note 2, 31,25% die Note 3, 12,5% die Note 4 und 6,25% die Note 5. 6,25% aller Befragten haben keine Angaben gemacht.
3) Wie oben bereits erwähnt, liegt 1 Missing Datum vor.

Übung 5.2.2

Berechnen Sie Häufigkeiten, kumulative Häufigkeiten, prozentuale Anteile und kumulative prozentuale Anteile für folgende Variablen:

1) Deutschnote

2) Taschengeld

3) Schulzugehörigkeit

Die Lösungen finden Sie im Anhang!

5.2.2.2 Grafische Darstellungen

Die Ergebnisse zur Mathematiknote sollen nun grafisch als Histogramm und als Kreisdiagramm dargestellt werden (vgl. hierzu auch Kapitel 4.2.2).

Grafikdarstellung

STATISTICA besitzt ein umfangreiches Modul an Grafikdarstellungen, die Sie über den Menüpunkt *Grafik* aufrufen können (vgl. Abbildung 5.2.13). Die Vorgehensweise bei der Grafikfunktion soll hier an einem zweidimensionalen Histogramm und einem zweidimensionalen Kreisdiagramm verdeutlicht werden.

Abb. 5.2.13: Grafiken

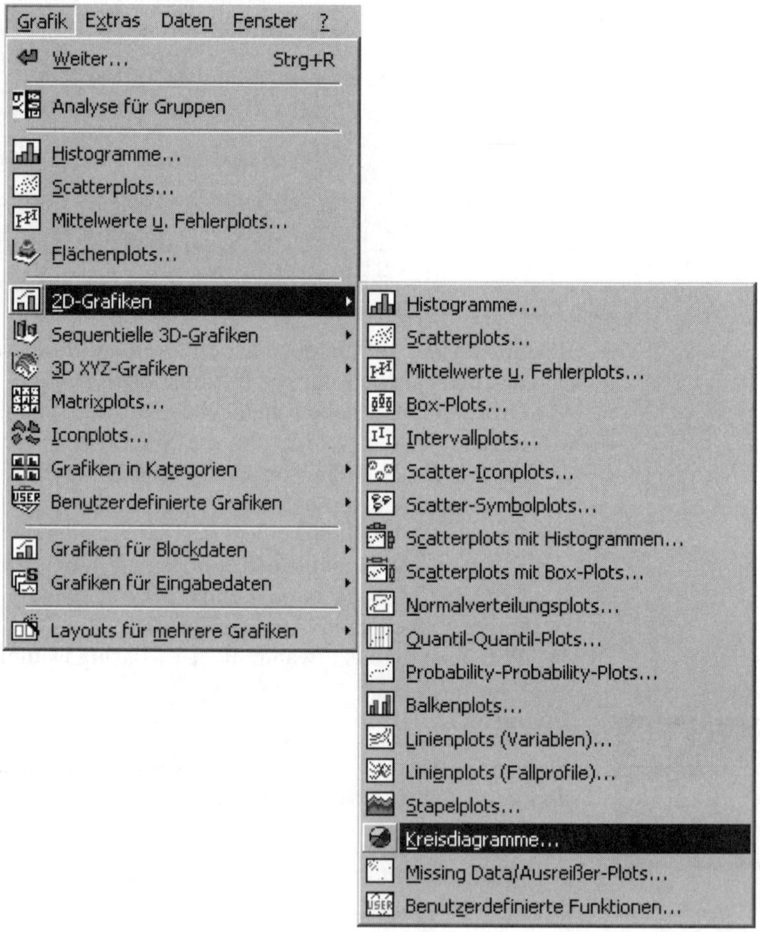

5.2.2.2.1 Histogramm

Säulendiagramm oder Histogramm

Wählen Sie unter dem Menüpunkt *Grafik* das Grafikmodul Statistische 2D-Grafiken aus und klicken Sie dort auf Histogramme... . Es erscheint das in Abbildung 5.2.14 dargestellte Fenster *2D-Histogramme,* in dem Sie, wie in Abbildung 5.2.10, wiederum die entsprechende Variable auswählen. Im Falle der Mathematiknote ist dies die Variable 6. Danach wählt man den gewünschten Grafiktyp. In diesem Fall wählen Sie Einfach und bestätigen mit OK.

Im darauf folgenden Fenster erscheint die gewünschte Grafik, in der die Auftretenshäufigkeiten der einzelnen Noten im Fach Mathematik dargestellt sind (Abbildung 5.2.14).

Abb. 5.2.14: 2D-Histogramm

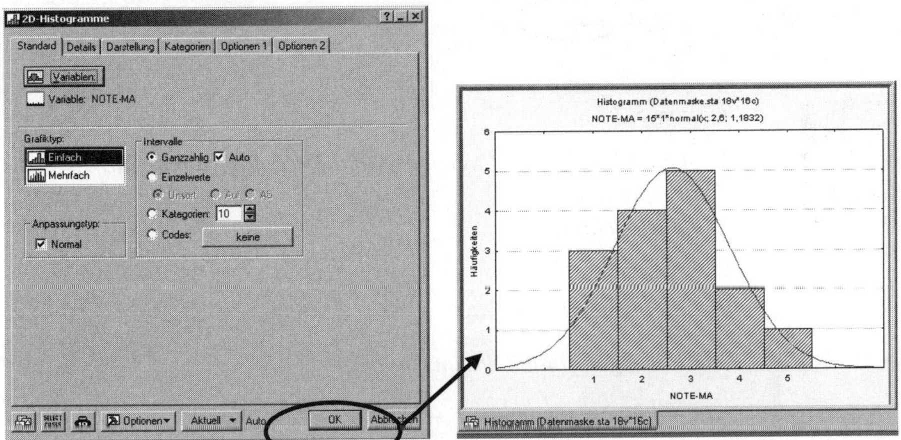

Im Gegensatz zu SPSS stellt STATISTICA die Missing Data Werte nicht dar. Somit liegen bei der Note Mathematik nur 15 Werte vor, da im vierten Fragebogen keine Note für Mathematik eingetragen wurde.

5.2.2.2.2 Kreisdiagramme

Kreisdiagramme

Um Kreisdiagramme zu erzeugen, wählen Sie aus dem Grafikmodul Statistische 2D-Grafiken Kreisdiagramme... aus. Es erscheint das Fenster *Kreisdiagramme* (vgl. Abbildung 5.2.15), in dem Sie wiederum die Variablen, für die Sie ein Kreisdiagramm erstellen möchten, auswählen. Danach wählen Sie den gewünschten Grafiktyp aus. Mit OK bestätigen Sie dann den Vorgang. Das nächste Fenster zeigt ein Kreisdiagramm, das die Notenverteilung der Stichprobe durch Kreissegmente zeigt.

Abb. 5.2.15: Kreisdiagramme

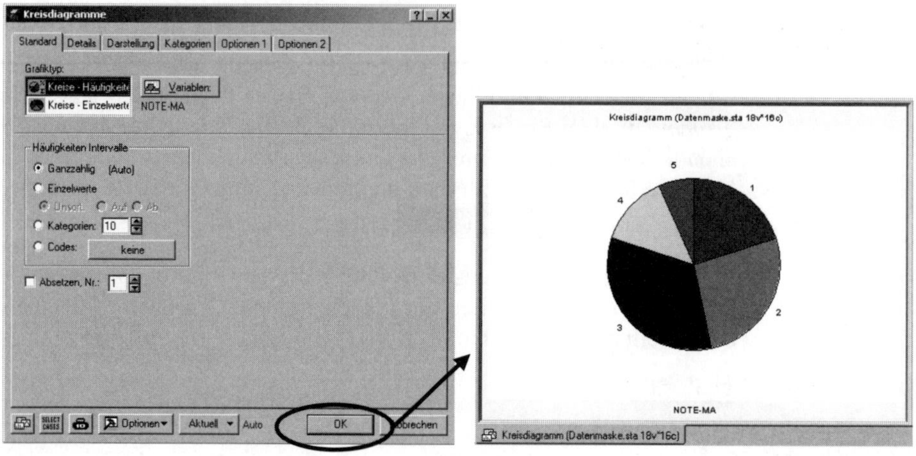

Übung 5.2.3

Erzeugen Sie Balkendiagramme und Kreisdiagramme für die folgenden Variablen:

1) Deutschnote

2) Taschengeld

3) Schulzugehörigkeit

Die Lösungen finden Sie im Anhang!

Versuchen Sie auch einige andere Grafikformate.

5.2.2.3 Statistische Kennwerte

5.2.2.3.1 Maße der zentralen Tendenz

Maße der zentralen Tendenz

Wie schon in Kapitel 4.3 ausgeführt, versteht man unter Maßen der zentralen Tendenz statistische Kennwerte, die es erlauben, mit nur einer Zahl etwas über einen ganzen Satz von Messwerten auszusagen.

Im Folgenden wird entsprechend Kapitel 4 die Berechnung der drei grundlegenden Maße der zentralen Tendenz – des Modalwerts, des Medians und des Mittelwertes – mit Hilfe von STATISTICA beschrieben. Zur Erinnerung:

- Der *Modalwert* oder Modus wird durch den häufigsten Wert der Verteilung gebildet und lässt sich am einfachsten durch die Betrachtung der Häufigkeitsverteilung der Messwerte bestimmen.
- Der *Median* ist der Wert, der die Messwerte in zwei Hälften teilt, so dass die Hälfte der Messwerte größer, die andere Hälfte kleiner als der Median ist.
- Das *arithmetische Mittel* oder der *Mittelwert* kennzeichnet den Wert, der im Alltagsgebrauch als „Durchschnitt" bezeichnet wird. Er wird gebildet, indem die Summe aller Messwerte durch deren Anzahl geteilt wird.

Deskriptive Statistik

Deskriptive Statistik

Bevor Sie mit den Berechnungen der Maße der zentralen Tendenz beginnen können, ist es notwendig, dass Sie sich im Modul *Elementare Statistik und Tabellen* befinden (vgl. Abbildung 5.2.8). Dort wählen Sie das Analysemodul Deskriptive Statistik. Dieses Modul dient dazu, grundlegende, zusammenfassende Statistiken zu erzeugen. Wie schon oben beschrieben, lässt es sich entweder durch einen Doppelklick mit der linken Maus-Taste oder über einen einfachen Klick auf OK öffnen.

Modalwert, Median, Arithmetisches Mittel

Modalwert, Median und Arithmetisches Mittel

Nach der Auswahl von Deskriptive Statistik erscheint das Analysefenster *Deskriptive Statistik* (vgl. Abbildung 5.2.16). Hier befinden sich eine Vielzahl von Analysemöglichkeiten. Für unsere Fragestellung sind nur wenige unmittelbar relevant. Wichtig für die Berechnung der Maße der zentralen Tendenz ist der Bereich Deskriptive Statistik.

Abb. 5.2.16: Deskriptive Statistik

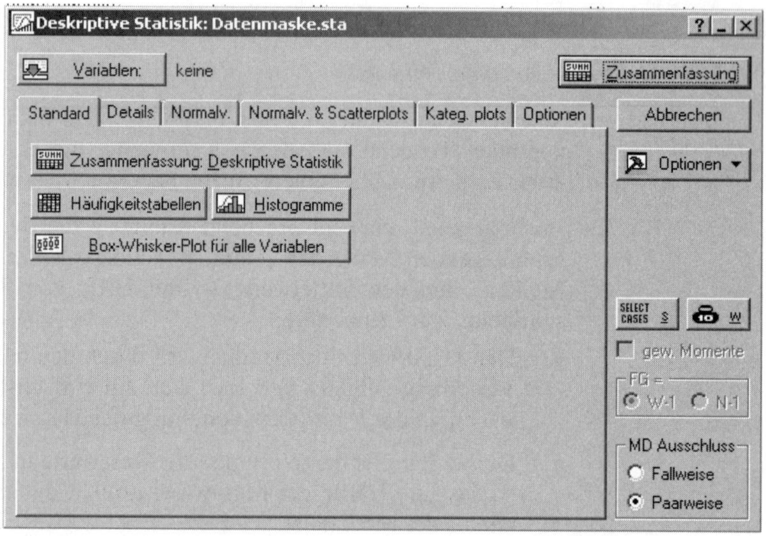

Dort klicken Sie auf der Reiterkarte Details an. Es erscheint ein Auswahlfenster, in dem verschiedene statistische Maße ausgewählt werden können (vgl. Abbildung 5.2.17).

Abb. 5.2.17: Statistiken

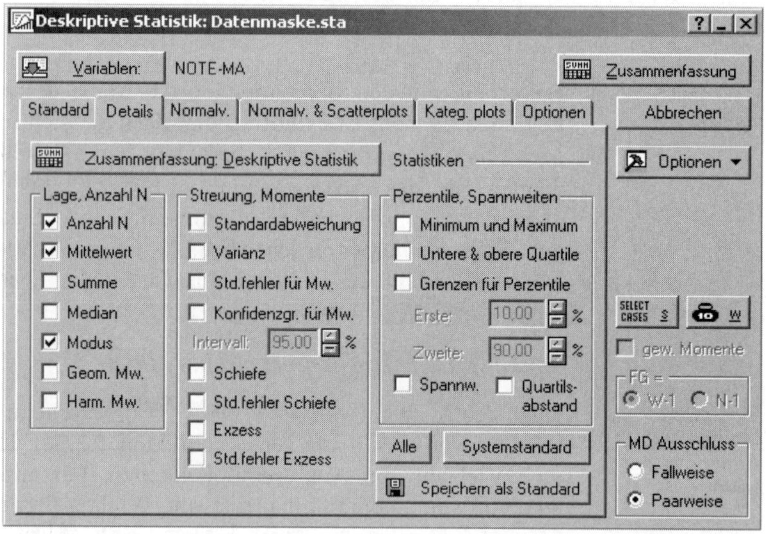

Uns interessieren zunächst die Maße *Modalwert*, *Median* und *Mittelwert.* Die Bestimmung lässt sich jedoch einfach über eine Betrachtung der Häufigkeitsverteilung der Messwerte bewerkstelligen. Die Vorgehensweise hierfür wurde bereits in Abschnitt 5.2.2.1 beschrieben.

Zur Berechnung des Medians und des Mittelwertes werden die entsprechenden Kästchen (☑ Mittelwert, ☑ Median) im Dialogfeld angeklickt. Ihre Auswahl wird mit dem Erscheinen eines Häkchens vor den gewählten Berechnungsmodi bestätigt.

Auswahl von Analyseverfahren

Nach der Auswahl der Analysen, die von STATISTICA durchgeführt werden sollen, müssen noch die Variablen bestimmt werden, für die die Analysen gelten sollen. Dies realisieren Sie über [Variablen:] (vgl. Abbildung 5.2.10). Vergessen Sie die Auswahl der Variablen (was eine Berechnung von Kennwerten natürlich unmöglich macht) und versuchen Sie den Berechnungsvorgang zu starten, erscheint diese Liste ebenfalls.

Als Grundlage für unser Beispiel wurden die Variablen zu den Interessensgebieten von Kindern und Jugendlichen (Variablen 10 bis 17) herangezogen.

Nachdem Sie diese Variablen markiert haben, verlassen Sie nun das Analysefenster *Deskriptive Statistik* über [OK]. Es erscheint eine Tabelle mit den Ergebnissen zu den ausgewählten Variablen (vgl. Abbildung 5.2.18).

Abb. 5.2.18: Mittelwerte und Median zu Freizeitinteressen

	Deskriptive Statistik (Datenm		
Variable	Gült. N	Mittelw.	Median
INT-JUG	16	2,875000	3,000000
INT-KINO	16	2,375000	2,000000
INT-MUSI	16	1,937500	2,000000
INT-FERN	16	2,937500	3,000000
INT-RUM	16	3,437500	4,000000
INT-JH	16	3,062500	3,000000
INT-DISK	16	2,937500	3,000000
INT SPOR	16	3,125000	3,500000
INT-COMP	16	3,375000	4,000000

Interpretation der Ausgabe

Bezogen auf das Beispiel lässt sich feststellen, dass die Variable „INT_RUM" mit 3,44 den höchsten und Variable „INT_MUSI" mit 1,94 den niedrigsten Mittelwert hat. Es kann also vermerkt werden, dass *„Rumhängen"* eine Beschäftigung ist, der die Kinder und Jugendlichen der Stichprobe tendenziell eher ungern bzw. am wenigsten gern nachgehen (zur Erinnerung: 1 = sehr gern und 5 = sehr ungern) . Dagegen stellt *„Musik hören"* die beliebteste Freizeittätigkeit dar.

Der Median teilt die Stichprobe in zwei gleiche Hälften und gibt einen Hinweis auf die Verteilung der Messwerte innerhalb der Stichprobe. Ein Median von 4, wie bei den Variablen *„Rumhängen"* (INT_RUM) und *„Computerspiele spielen"* (INT_COM), besagt, dass jeweils die Hälfte der befragten Kinder über bzw. unter diesem Wert liegt.

5.2.2.3.2 Variabilitätsmaße

Variabilitätsmaße

Im Folgenden soll nun verdeutlicht werden, wie mit Hilfe von STATISTICA die in Kapitel 4.3.2 dargestellten Variabilitätsmaße *Spannweite*, *Varianz* und *Standardabweichung* berechnet werden können.

Auch hier eine kurze Zusammenfassung der wesentlichen Charakteristika und Funktionen dieser drei Kennwerte:

Spannweite, Varianz und Standardabweichung

- Die Spannweite ist ein Variabilitätsmaß, das aus der Differenz zwischen dem größten und dem kleinsten Wert der Gruppe gebildet wird.
- Die Varianz und die Standardabweichung beschreiben die mittlere Abweichung aller Messwerte vom Mittelwert der Stichprobe.

Die Arbeitsschritte zur Berechnung der Variablitätsmaße erfolgen auf die gleiche Weise wie die Berechnung der Maße der zentralen Tendenz.

Auswahl der Analysen

Wählen Sie im Dialogfenster Deskriptive *Statistik* (vgl. Abbildung 5.2.17) diesmal die Funktionen ☑ Standardabweichung, ☑ Varianz und ☑ Spannw. aus.

Abbildung 5.2.19 zeigt die Tabelle, die aus den oben aufgeführten Berechnungsschritten resultiert.

Abb. 5.2.19: Spannweite, Standardabweichung und Varianz

	Deskriptive Statistik (Datenmasl		
Variable	Spannw.	Varianz	Stdabw.
INT-JUG	4,000000	1,050000	1,024695
INT-KINO	3,000000	1,050000	1,024695
INT-MUSI	4,000000	1,129167	1,062623
INT-FERN	4,000000	1,395833	1,181454
INT-RUM	4,000000	1,195833	1,093542
INT-JH	3,000000	1,262500	1,123610
INT-DISK	4,000000	1,795833	1,340087
INT-SPOR	4,000000	1,983333	1,408309
INT-COMP	4,000000	2,383333	1,543805

Hierbei wird deutlich, dass die Spannweite ein relativ grobes Maß zur Beurteilung der Streuung innerhalb der Messwerteverteilung darstellt. So weisen alle Variablen eine Spannweite von 3 bzw. 4 auf, ohne dass differenzierte Aussagen über die Variabilität innerhalb der jeweiligen Messwertverteilung gemacht werden können.

Interpretation der Ausgabe

In dem gewählten Beispiel lassen sich die für die einzelnen Variablen ermittelten Varianzen miteinander vergleichen und sinnvoll interpretieren, da sie sowohl inhaltlich in die gleiche Richtung zielen (Interessensgebiete von Kindern und Jugendlichen) als auch an der gleichen Stichprobe erhoben wurden. Es kann somit festgestellt werden, dass die Spannweite der Messwerte für die Variablen „INT-JUG“

(„Interesse Jugendzeitschriften“) und „INT_KINO“ (*„ins Kino gehen“*) mit 1,05 relativ zu den Messwertverteilungen der übrigen Variablen am geringsten sind. Dies kann dahingehend interpretiert werden, dass die einzelnen Antworten der befragten Kinder und Jugendlichen im Vergleich zu den Messwerten der anderen Variablen am wenigsten von dem Mittelwert der Verteilung („INT-JUG“ = 2,88 und „INT-KINO“ = 2,31; vgl. Abbildung 5.2.18) abweichen. Entsprechend lässt sich aus der Varianz von 1,98 für die Variable „INT_SPOR“ („Sport treiben“) ableiten, dass die Streuung der einzelnen Messwerte um den Mittelwert (= 3,13; vgl. Abbildung 5.2.18) verglichen mit den Streuungen der übrigen Variablen am größten ist. Die Standardabweichung gibt dieselbe Tendenz in standardisierter Form wieder. Der Wert kann also auch mit Standardabweichungen verglichen werden, die an anderen Stichproben ermittelt wurden.

Übung 5.2.4

Berechnen Sie Median, Modalwert, Mittelwert, Spannweite, Standardabweichung und Varianz für die folgenden Variablen:

1) Note in Englisch

2) Note in Deutsch

3) Note in Religion

4) Note in Mathematik

Die Lösungen finden Sie im Anhang!

5.2.2.4 Zusammenhangsmaße

Mit Hilfe von Zusammenhangsmaßen kann, wie in Kapitel 4.4 dargestellt, aufgezeigt werden, wie stark der Zusammenhang einer Variablen x und einer zweiten Variablen y ist. Für die praktische Arbeit am bedeutsamsten ist der Korrelationskoeffizient (r_{xy}).

Die für die Arbeit mit dem Korrelationskoeffizienten wichtigsten Punkte werden im Folgenden noch einmal kurz zusammengefasst:

- Ein maximaler Zusammenhang, der in der Realität eigentlich nie erreicht wird, ist bei $r_{xy} = 1$ gegeben. Dieser Wert besagt, dass hohe Werte der einen Variablen mit hohen Werten der anderen Variablen einhergehen. $r_{xy} = -1$ drückt ebenfalls einen maximalen Zusammenhang aus, hohe Werte der einen Variablen hängen hier jedoch mit niedrigen Werten der anderen Variablen zusammen. Man spricht hierbei von einem inversen Zusammenhang. Ein Korrelationskoeffizient von $r_{xy} = 0$ zeigt, dass zwischen den beiden Variablen kein Zusammenhang nachzuweisen ist.

- Ein Korrelationskoeffizient erlaubt noch keine Aussage über die Richtung eines Zusammenhangs. So kann z. B. Variable x Variable y bzw. Variable y Variable x beeinflussen. Ebenfalls denkbar ist, dass der Zusammenhang der beiden Variablen durch den Einfluss einer dritten, nicht erfassten Variablen oder gar einem komplexen System von Einflussvariablen zustande kommt. Eine sinnvolle Interpretation einer Korrelation ist daher nur mit Hilfe einer Theorie zu leisten.

Im Statistikmodul *Elementare Statistik* müssen Sie zunächst das Auswertungsmodul **Korrelationsmatrizen** auswählen. In dem Modul (vgl. Abbildung 5.2.20) finden Sie eine Reihe von Auswertungsmöglichkeiten. In diesem Zusammenhang wird nur auf zwei zurückgegriffen.

Abb. 5.2.20: Pearson-Produkt-Moment-Korrelationen

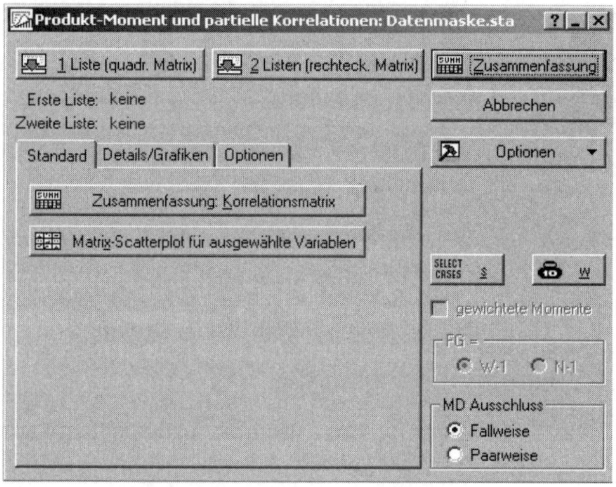

Quadratische Korrelationsmatrix

Möchten Sie beispielsweise für den Beispielfragebogen erfahren, welche Zusammenhänge zwischen den verschiedenen Interessensgebieten untereinander bestehen, bedarf es einer quadratischen Matrix, in der alle ausgewählten Variablen untereinander korreliert werden.

Variablenauswahl

Klicken Sie **1 Liste (quadr. Matrix)** an. Es erscheint eine Liste von Variablen. Diejenigen Variablen, die von Ihnen markiert werden (INT_JUG, INT_KINO, INT_MUSI, INT_FERN, INT_RUM, INT_JH, INT_DISK, INT_SPOR, INT_COMP), werden mit allen anderen Variablen der Liste korreliert, so dass eine quadratische Matrix resultiert.

Interpretation der Ausgabe

Für unser Beispiel ist die quadratische Korrelationsmatrix in Abbildung 5.2.21 dargestellt. In dieser Matrix lässt sich jetzt beispielsweise ablesen, dass es große Zusammenhänge gibt zwischen dem *„Inte-*

resse am Rumhängen" und dem *„Interesse, in der Freizeit fernzusehen"* (r_{xy} = 0,64), dass es aber dem gegenüber keinen Zusammenhang gibt zwischen dem *„Interesse in der Freizeit fernzusehen"* und dem *„Interesse, ein Jugendhaus zu besuchen"* (r_{xy} = 0).

Abb. 5.2.21: Quadratische Korrelationsmatrix

Korrelationen (Datenmaske.sta)
Markierte Korr. signifikant für p < ,05000
N=16 (Fallweiser Ausschluss von MD)

Variable	INT-JUG	INT-KINO	INT-MUSI	INT-FERN	INT-RUM	INT-JH	INT-DISK	INT-SPOR	INT-COMP
INT-JUG	1,00	0,11	0,30	0,16	0,05	-0,51	-0,01	-0,08	-0,26
INT-KINO	0,11	1,00	0,51	0,35	0,14	0,33	-0,03	-0,22	0,16
INT-MUSI	0,30	0,51	1,00	0,10	0,03	0,00	-0,24	-0,22	-0,15
INT-FERN	0,16	0,35	0,10	1,00	0,64	0,00	-0,04	-0,24	0,60
INT-RUM	0,05	0,14	0,03	0,64	1,00	-0,19	-0,30	-0,30	0,37
INT-JH	-0,51	0,33	0,00	0,00	-0,19	1,00	-0,09	0,08	0,33
INT-DISK	-0,01	-0,03	-0,24	-0,04	-0,30	-0,09	1,00	0,46	-0,28
INT-SPOR	-0,08	-0,22	-0,22	-0,24	-0,30	0,08	0,46	1,00	0,04
INT-COMP	-0,26	0,16	-0,15	0,60	0,37	0,33	-0,28	0,04	1,00

Angabe von Signifikanzen

Die Punkte in der Tabelle geben die signifikanten Zusammenhänge an (in STATISTICA sind die Zahlen rot gekennzeichnet).

Rechteckige Korrelationsmatrix

Möchten Sie wissen, wie eine oder mehrere bestimmte Variablen mit anderen Variablen korrelieren, dann bedarf es einer rechteckigen Matrix. Ein Beispiel hierfür ist die Frage, ob ein Zusammenhang zwischen den einzelnen Freizeitinteressen und der Höhe des Taschengeldes besteht.

Klicken Sie hierzu [2 Listen (rechteck. Matrix)] an. Es erscheinen zwei Variablenlisten. Auf diese Weise können Sie eine gezielte Auswahl derjenigen Variablen treffen, die miteinander korreliert werden sollen. In unserem Zusammenhang sind das zum einen die Interessensvariablen 9 bis 17 und zum anderen die Variable 18 „GELD" (vgl. Abbildung 5.2.22).

Abb. 5.2.22: Variablenauswahl

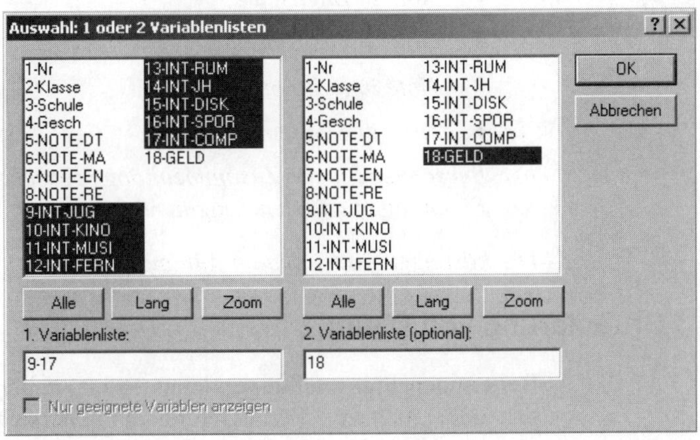

Die Ergebnisse dieser Analyse sind in Abbildung 5.2.23 dargestellt.

Abb. 5.2.23:
Rechteckige Korrelationsmatrix

Variable	Korrelation Markierte K N=16 (Fall GELD
INT-JUG	-0,26
INT-KINO	-0,43
INT-MUSI	-0,52**
INT-FERN	-0,12
INT-RUM	0,14
INT-JH	0,12
INT-DISK	-0,16
INT-SPOR	0,33
INT-COMP	0,14

Aus den Ergebnissen ist zu ersehen, dass die Variablen „INT_JUG" („*Jugendzeitschriften lesen*"), „INT_KINO" („*Kinofilme ansehen*"), „INT_MUSI" („*Musik hören*"), „INT_FERN" („*Fernsehen*") und „INT_DISK" („*in die Disko gehen*") in einem inversen Zusammenhang mit der Variablen „*Taschengeld*" stehen. Ein hoher Betrag an Taschengeld geht also mit einem niedrigen Wert für die Einschätzung der Interessengebiete einher. Da die Einschätzskala „Interessengebiete" so kodiert ist, dass niedrige Werte für die Einschätzung „sehr gern" stehen und hohe Werte dementsprechend für die Einschätzung „sehr ungern", kann geschlossen werden, dass die oben aufgeführten Interessengebiete vor allem bei denjenigen Kindern und Jugendlichen beliebt sind, die eine größere Menge an Taschengeld zur Verfügung haben. Entsprechend sind diese Interessengebiete bei Kindern und Jugendlichen, die wenig Taschengeld zur Verfügung haben, weniger beliebt.

Übung 5.2.5

a) Berechnen Sie die Zusammenhänge zwischen den Zeugnisnoten:

- *Note in Englisch*
- *Note in Deutsch*
- *Note in Religion*
- *Note in Mathematik*

b) Berechnen Sie die Zusammenhänge zwischen dem Interesse am Rumhängen und den Zeugnisnoten.

Die Lösungen finden Sie im Anhang.

5.2.3 Gruppierung von Daten

Bei einigen Fragestellungen kann es für weiterführende Auswertungen oder auch zur Verbesserung der Übersichtlichkeit von Vorteil sein, mehrere Variablen zu einer Kategorie bzw. einer „Gruppierungsvariablen" zusammenzufassen.

So könnte – bezogen auf den beiliegenden Beispielfragebogen – z. B. untersucht werden, ob sich Kinder und Jugendliche, die viel Taschengeld erhalten in ihrem Freizeitverhalten von Gleichaltrigen unterscheiden, denen nur wenig Taschengeld zur Verfügung steht.

Bei der Bildung von Gruppierungsvariablen wird jeder einzelne Wert der betreffenden Variablen (z. B. Taschengeld) durch einen neuen Wert ersetzt, der ihn einer vorher festgelegten Kategorie zuordnet. Legt man beispielsweise vorher fest, dass ein Betrag von 0 bis 15 Euro „wenig", von 15,01 bis 30 Euro „mittel" und von über 30 Euro „viel" Taschengeld ist, so werden im folgenden Schritt die ursprünglichen Werte durch die neu berechneten Kategoriebezeichnungen bzw. Zahlen ersetzt.

Will man die gebildeten Gruppierungsvariablen als Ausgangspunkt für weitere Analysen (z. B. Häufigkeitsanalysen) verwenden, müssen die neuen Werte in die Datenmatrix übertragen werden. Die umständlichere und zeitaufwendigere Möglichkeit wäre es, zunächst für jeden einzelnen Wert die Zugehörigkeit zu den vorgegebenen Kategorien zu bestimmen und die Werte dann „per Hand" in eine neue Spalte einzugeben. Spätestens bei größeren Datensätzen stößt diese Vorgehensweise allerdings auf ihre Grenzen.

STATISTICA bietet hier die Möglichkeit, alle Werte der Variablen „Taschengeld" in einem Schritt umzukodieren, d. h. durch einen neuen, vorher definierten Wert zu ersetzen. Dieser Schritt der „Umkodierung" soll im folgenden veranschaulicht werden.

In einem ersten Schritt muss in der Datenmatrix eine neue, leere Spalte eingefügt werden, in der die zu berechnenden Gruppierungsvariablen eingeordnet werden können.

Um der Datenmatrix eine neue Variable zuzufügen, muss in der Symbolleiste Var. ▾ angeklickt werden. Es erscheint eine Liste, bei der durch ein weiteres Anklicken das Modul *Hinzufügen* aufgerufen werden muss (vgl. Abbildung 5.2.24). Innerhalb des nun erscheinenden Fensters kann bestimmt werden, wie viele Variablen hinzugefügt werden sollen und an welcher Stelle der Matrix, d. h. hinter welcher Variablen, die neue Variable eingefügt werden soll (vgl. 5.2.25). In dem Feld *Einfügen nach* kann entweder der Name der Variablen, in diesem Fall also „GELD", oder deren Variablennummer, also „18", eingegeben werden.

Abb. 5.2.24:
Variablen hinzufügen I

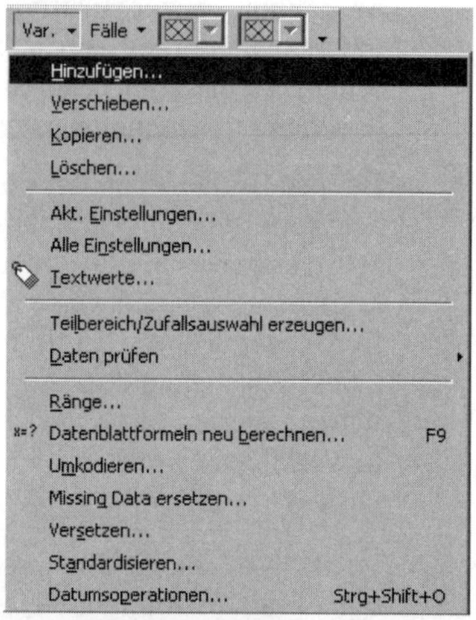

Abb. 5.2.25:
Variable hinzufügen II

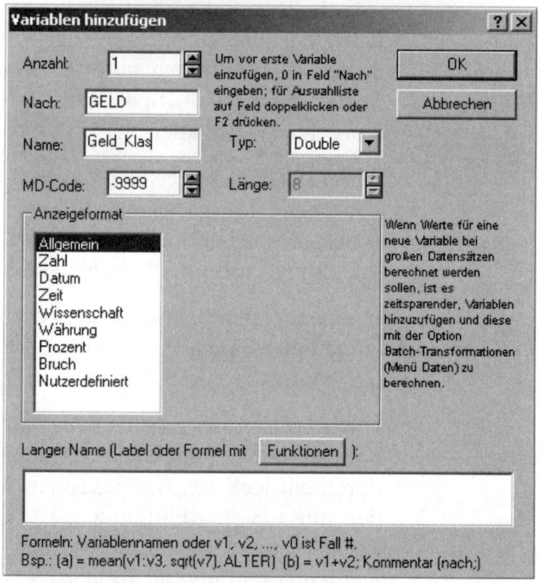

Bildung von Gruppierungs-variablen

Im nächsten Schritt werden die Gruppierungsvariablen berechnet. Hierfür muss zunächst die Spalte, in die die zu berechnenden Gruppierungsvariablen eingefügt werden sollen, also „NEUVAR" bzw. Variable 19, markiert werden. Dies kann durch ein Anklicken des Variablennamens erreicht werden. Die markierte Variable wird daraufhin schwarz unterlegt.

Um einen neuen Namen zu vergeben, einfach das Feld Var. in der Symbolleiste doppelt anklicken. In der erscheinenden Liste muss nun die Option Umkodieren... ausgewählt werden (vgl. Abbildung 5.2.24).

Definieren der Gruppierungsvariablen

Es baut sich eine Fenster auf, innerhalb dessen die Gruppierungsvariablen definiert werden müssen, d. h. es muss genau angegeben werden, welche Werte der Variablen GELD durch welche Gruppierungsvariablen ersetzt werden (vgl. Abbildung 5.2.25).

STATISTICA bietet die Möglichkeit, bis zu 16 Gruppierungsvariablen zu bilden. Die Gruppierungsvariablen finden sich in der Spalte „Neuer Wert". Bezogen auf unser eingangs schon angesprochenes Beispiel genügt die Bildung von drei Gruppen. Der Gruppe „0 bis 15 Euro" soll der Wert 1, der Gruppe „15,01 bis 30 Euro" der Wert 2 und der Gruppe „über 30 Euro" der Wert 3 zugeordnet werden.

Abb. 5.2.26: Variable umkodieren

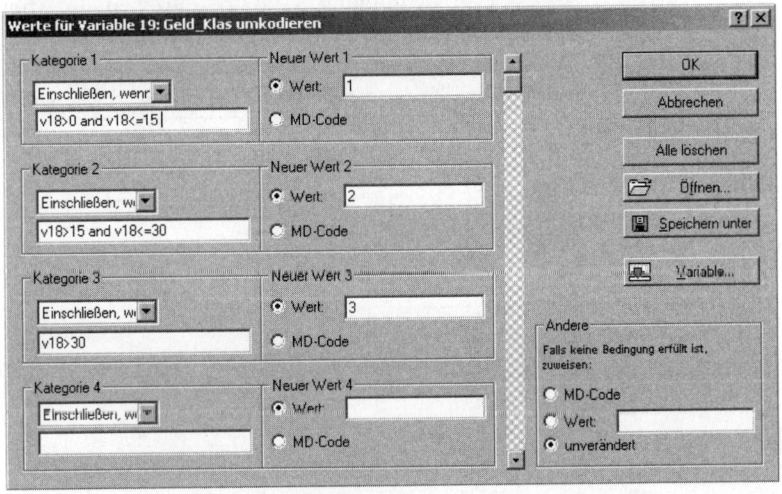

In der linken Spalte müssen die drei Kategorien nun definiert werden. STATISTICA benutzt hierfür eine spezielle Befehlssprache, mit der Auswahlbedingungen für die Zuordnung zu einer Gruppierungsvariablen spezifiziert werden. STATISTICA benötigt für jede Zeile die Variablennummer bzw. den Variablennamen der Variablen, die umkodiert werden soll, bezogen auf das Beispiel also „v18". Der Nummer für eine Variable muss jeweils ein „v" für „Variable" vorangestellt sein (z. B. v1, v2, v3 ...). Die Bedingungen für die Umkodierung der Werte werden mit sog. Operatoren festgelegt. STATISTICA verwendet folgende Operatoren: =, <>, <, >, <=, >=, NOT, AND, OR.

Für unser Beispiel sollen nun die Gruppen „0 bis 15€", „15,01 bis 30€" und „über 30€" gebildet werden. Eine Definition erfolgt über die in Abbildung 5.2.26 eingetragenen Formeln[5].

Sind die Gruppierungsvariablen vollständig definiert, so können die Angaben mit 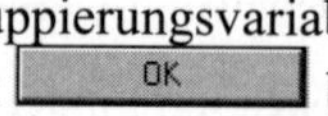 bestätigt werden. STATISTICA fragt danach, ob die Bedingungen der Umkodierung gespeichert werden sollen. Dies bietet sich an, wenn zu einem späteren Zeitpunkt noch einmal auf die Definitionen zurückgegriffen werden soll. Wenn nun noch einmal bestätigt wird, erscheinen unter „NEUVAR" bzw. Variable 19 die berechneten Gruppierungsvariablen.

Zur besseren Übersicht können die numerischen Gruppierungsvariablen „1", „2" und „3" noch durch die Textwerte „0 bis 15€" „wenig", „15,01 bis 30€" „mittel" bzw. „über 30€" „viel" ersetzt werden. Diese Form der Umkodierung über den Textwertemanager wurde in 5.2.1.3 (vgl. Abbildung 5.2.6) beschrieben. In Abbildung 5.2.27 ist das Ergebnis der Umkodierung dargestellt.

Abb. 5.2.27: Umkodierte Variablen

13 INT-RUM	14 INT-JH	15 INT-DISK	16 INT-SPOR	17 INT-COMP	18 GELD	19 Geld_Klas
4	2	4	2	1	20	mittel
3	4	3	3	5	15	wenig
5	2	5	4	4	16	mittel
2	3	3	4	1	16	mittel
4	2	2	1	4	12	wenig
3	2	3	1	2	17	mittel
2	2	3	5	4	12,5	wenig
4	3	1	2	5	15	wenig
4	5	1	2	5	18	mittel
1	4	5	4	1	10	wenig
4	5	4	4	4	15	wenig
4	4	2	4	5	50	viel
3	4	2	2	3	12	wenig
3	3	5	5	5	17	mittel
5	2	2	2	3	0	
4	2	2	5	2	35	viel

[5] Folgendes muss beachtet werden: Bei der Definition der ersten Gruppe genügt es nicht, diese mit v18 <= 15 (in Worten: v18 kleiner gleich 15) zu bestimmen. Da der Wert für „Missing Data", also fehlende Angabe der befragten Personen, mit -9999 definiert ist, würden hierbei alle fehlenden Werte der Kategorie „0 bis 15€" zugeordnet werden.

Übung 5.2.6

Bilden Sie folgende Gruppierungsvariablen für die Noten im Fach „Englisch“:

- *Die Noten 1 und 2 werden umkodiert in 1 bzw. „gut“,*
- *die Noten 3 und 4 werden umkodiert in 2 bzw. „mittel“ und*
- *die Noten 5 und 6 werden umkodiert in 3 bzw. „schlecht“.*

5.3 Zusammenfassung

In diesem Kapitel konnte nur ein kleiner Ausschnitt der umfassenden Möglichkeiten der Programme SPSS und STATISTICA dargestellt werden. Diese orientierten sich an den in Kapitel 4 zusammengestellten elementaren statistischen Auswertungsverfahren. Beide Programmpakete sind aber sehr viel umfangreicher angelegt.

Ziel dieses kurzen Einstiegs in SPSS und STATISTICA war es, dem Methodenneuling einen ersten Einblick in die Möglichkeiten computergestützter Auswertungsverfahren am Beispiel der beiden gängigsten Statistiksoftwarepakete SPSS und STATISTICA zu geben. Eine Empfehlung für eines dieser beiden Softwarepakete kann und soll hier nicht gegeben werden. Eine Entscheidung für oder wider das eine oder das andere Statistiksoftwarepaket muss jeder Benutzer selbst treffen.

An dieser Stelle soll noch einmal betont werden, dass der Einsatz von computerunterstützen Analyseprogrammen nur dann sinnvoll ist, wenn die statistischen Verfahren, die zum Einsatz kommen, auch vom Nutzer verstanden wurden. Das Programm rechnet nämlich auch einen Mittelwert zwischen blau = 1 und grün = 2 aus. Ein solches Resultat ist aber auch aus Laiensicht besehen barer Unsinn.

6 ERGEBNISPRÄSENTATION

Maria Bannert

In den vorausgehenden Kapiteln wurde detailliert und praxisnah gezeigt, wie nach den aktuellen sozialwissenschaftlichen Standards Daten zu erfassen und auszuwerten sind. Damit ist aber eine empirische Arbeit noch längst nicht abgeschlossen. Vielmehr gilt es die aus der empirischen Studie gewonnenen Ergebnisse zu präsentieren und damit bestimmten Adressaten – etwa den Auftraggebern, Fachexperten, eigenen Kolleginnen und Kollegen oder auch den Teilnehmenden sowie anders Betroffenen der Studie – die erzielten Erkenntnisse mitzuteilen. Erst hiermit gewinnt die Studie an Bedeutung, da hauptsächlich die Präsentation die Möglichkeit zum Austausch und zur Diskussion der Studie im Allgemeinen und der Ergebnisse im Speziellen bietet.

Konventionen in der Ergebnispräsentation

Zur Darstellung von Ergebnissen gibt es eine Reihe von Konventionen, die sich in den letzten Jahren innerhalb der sozialwissenschaftlichen Forschungsmethoden etabliert haben. Dennoch bleiben sie häufig unberücksichtigt. Das vorliegende Kapitel hat daher zum Ziel die wichtigsten Formen der Ergebnispräsentation vorzustellen. Dabei werden die spezifischen Merkmale der jeweiligen Darstellungsform erörtert, mögliche Fehlerquellen bzw. Manipulationsgefahren aufgezeigt und schließlich grundlegende Empfehlungen zur Ergebnispräsentation dargestellt.

Text, Tabelle und Grafik

Im wesentlichen werden Ergebnisse aus sozialwissenschaftlichen Studien mit Text, Tabellen und Grafiken präsentiert, wobei jede Präsentationsform – wie im folgenden noch gezeigt werden wird – ihre ganz spezifische Vor- und Nachteile aufweist. Aufgrund ihrer herausragenden Stellung liegt der Schwerpunkt dieses Kapitels auf den grafischen Präsentationsformen; ihre Erörterung macht den größten Anteil aus.

6.1 Konventionelle Darstellungsformen im Überblick

Die Ergebnisse einer Studie lassen sich wie Abbildung 6.1 zeigt mittels Text, Tabellen und/oder Grafiken mitteilen.

Abb. 6.1: Konventionelle Formen der Ergebnispräsentation

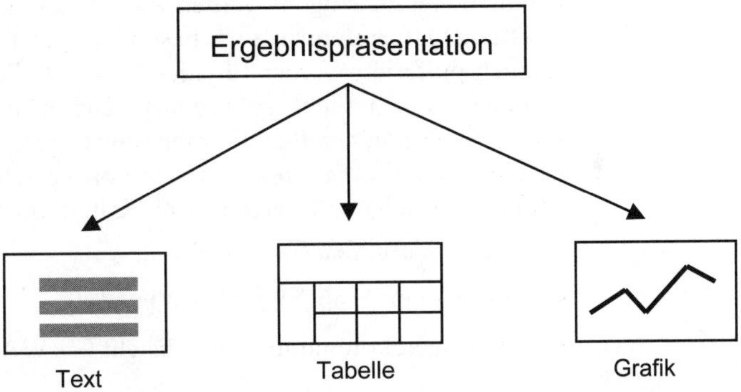

Text

Die Ergebnispräsentation mit *Text* kann mündlich – etwa in einem Vortrag – oder schriftlich – bspw. in einem Bericht – stattfinden. Zudem wird Text natürlich auch in Tabellen und Grafiken genutzt, etwa für Überschriften sowie für andere Beschriftungen. Im Folgenden wird auf Texte lediglich in Verbindung mit Tabellen und Diagrammen eingegangen.

Tabellen

Soll eine größere Menge numerischer Daten exakt wiedergegeben werden, eignen sich *Tabellen* wegen ihrer Übersichtlichkeit besonders gut. Deren Aufbau sowie deren spezifische Verwendung werden in Kapitel 6.2 ausführlicher erörtert.

Grafiken und Diagramme

Wie eingangs erwähnt liegt der Fokus dieses Kapitels auf der grafischen Ergebnisdarstellung. *Grafiken* – auch *Diagramme* genannt – sollen die Ergebnisse veranschaulichen, die zentrale Aussage wird dabei gewissermaßen auf einen Blick erfasst. Die grafische Präsentation hat einen herausragende Stellung, sie dient der Interpretations- und Entscheidungshilfe, und ist daher auch aus unserem Alltag – man denke etwa nur an Tagespresse und Werbung – nicht mehr wegzudenken. Zur Veranschaulichung der Daten gibt es unterschiedliche grafische Mittel (z. B. Flächen, Säulen, Linien, Schraffuren), auf die in Kapitel 6.3 näher eingegangen wird.

6.1.1 Kriterien für die Auswahl geeigneter Darstellungsformen

Wahl der Darstellungsform

Spätestens an dieser Stelle drängt sich die Frage auf, welche dieser drei grundlegenden Darstellungsformen für die Präsentation der Ergebnisse herangezogen werden soll. Oder anders gefragt: Welche Darstellungsform eignet sich besonders gut und sollte daher grundsätzlich präferiert werden? Leider lässt sich diese Frage in dieser allgemeinen Form nicht zufriedenstellend beantworten. Denn hierzu können keine generellen Empfehlungen gemacht werden. Vielmehr ist die *Wahl der Darstellungsform* von verschiedenen Aspekten abhängig, die sich den folgenden drei Kriterien zuordnen lassen:

- Daten/Variablen (→ WAS?)
- Adressaten/Empfänger (→ WEM?)
- Aussagen/kommunikative Absicht (→ WARUM?)

Diese Kriterien werden aufgrund ihrer Bedeutsamkeit nun näher erörtert (s. auch Ballstaedt, 1997; Krämer, 1994). Sie sind gewissermaßen „das A und O“ bei der Ergebnispräsentation.

6.1.1.1 Daten: Was wird präsentiert?

Umfang der Daten

Zuallererst stellt sich natürlich die Frage, welche *Daten* bzw. welche der erfassten *Variablen* dargestellt und vermittelt werden sollen. Eine einfache und plausible Präsentation des Wesentlichen ist primär vom *Umfang* bzw. der Menge an Ergebnissen abhängig. Für eine Vielzahl von Detailinformationen eignen sich eher Tabellen, wohingegen wenige Ergebnisse besser grafisch präsentiert werden (z. B. Urban, 1990). Sehr einfache Sachverhalte werden hingegen am besten rein textuell vermittelt.

Skalenniveau

Des Weiteren spielt die statistische Qualität der Daten eine wichtige Rolle. So ist bei der Auswahl des Darstellungsformat das *Skalenniveau* der Daten entscheidend, weil damit die Art der erlaubten Rechenoperationen einhergeht (vgl. Tabelle 3.1). Mit den zulässigen Rechenoperationen werden nämlich die deskriptiven Statistiken ermittelt, beispielsweise die absoluten Häufigkeiten, Prozentwerte, Mittelwerte, Variabilitäten oder Zusammenhänge von zwei Variablen (s. hierzu Kapitel 4 und Kapitel 5). Wie in Kapitel 6.2 und 6.3 dargestellt werden wird, sind für *nominal-*, *ordinal-* und *intervallskalierte* Daten jeweils verschiedene Darstellungsformen prädestiniert.

Diskrete und stetige Variablen

Im Kontext der statistischen Datenqualität ist ferner zwischen *diskreten* und *stetigen* Variablen zu unterscheiden (s. Kapitel 4), denen ebenfalls differierende Darstellungsformen zugrundeliegen. Zudem werden *unklassierte* und *klassierte* Ergebnisse voneinander abgegrenzt (s. Kapitel 6.3.1.3), was gleichfalls eine unterschiedliche Präsentation zur Folge hat (Bol, 1995; von der Lippe, 1993).

Uni-, bi- und multivariate Ergebnisse

Schließlich spielt es eine entscheidende Rolle, ob die Ergebnispräsentation *uni-*, *bi-* oder *multivariate* Sachverhalte vermitteln soll; d. h., ob lediglich auf eine Variable (univariat) bezug genommen wird, oder aber auf zwei (bivariat) bzw. mehrere (multivariat) Variablen gleichzeitig. Dies betrifft neben der Art der durchgeführten Analyse wiederum den Umfang der darzustellenden Informationsmenge.

Bis hierher wurde nur auf *deskriptive* Daten eingegangen. An dieser Stelle sei schon kurz erwähnt, dass *interferenzstatistische* Ergebnisse, welche die statistische Bedeutsamkeit bzw. Signifikanz der ermittelten Ergebnisse betreffen (z. B. Testgröße, Stichprobenumfang bzw. Freiheitsgrade, dazugehörige Wahrscheinlichkeit) häufig in Tabellen dargestellt werden (zu Stichprobenumfang und Konfindenzintervall s. Kapitel 2).

6.1.1.2 Adressaten: Wem wird präsentiert?

Zielgruppe

Im zweiten Schritt ist zu fragen, an welche *Adressaten/Empfänger* sich die Präsentation richtet. Je nachdem ob es sich dabei um Unerfahrene, Betroffene, Auftraggeber, Fachexperten oder gar Statistiker handelt, wird die Darstellung verschiedenartig ausfallen müssen. Denn diese Zielgruppen weisen ganz unterschiedliche Vorkenntnisse im Umgang mit der Präsentation von Ergebnissen auf. Während ein Statistiker vermutlich aus einer großen Vielzahl exakter Daten die wesentlichen Aussagen schnell ablesen und bewerten kann, ist es für Ungeübte vorteilhafter, lediglich die wichtigsten Aussagen anschaulich vermittelt zu bekommen und dabei auf Details zu verzichten. Im übrigen wird das Lesen und Verstehen von visuellen Darstellungen seit Jahren in der Psychologie wissenschaftlich erforscht. Interessierte Leserinnen und Leser, die an den Befunden dieser kognitionspsychologischen Forschungen interessiert sind, seien die Arbeiten von Ballstaedt (1997) und Schnotz (1997) empfohlen.

6.1.1.3 Aussagen: Warum wird präsentiert?

Kommunikative Absicht

Im dritten Schritt ist klarzustellen, welche *Aussage* überhaupt vermittelt werden soll. Erst wenn die *kommunikative Absicht* klar ist, kann die entsprechende Präsentationsform bestimmt werden. Soll etwa die *Struktur* eines Sachverhalts, *Zeitverläufe* oder aber *Zusammenhänge* verschiedener Variablen dargestellt werden? Für jede dieser drei Aussagen sind verschiedene Formate adäquat, wie weiter unten noch gezeigt werden wird.

Hervorhebung

Des Weiteren ist es wichtig, ob unterschiedliche Anteile, Zusammenhänge oder Verläufe in den Daten stark *hervorgehoben* oder aber eher in den *Hintergrund* rücken sollen. Natürlich wird damit die Interpretation der Daten und ggf. die zu treffenden Entscheidungen stark beeinflusst. Gerade deshalb ist es wichtig, sich mit der Thematik der Ergebnispräsentation intensiver auseinander zu setzen, um die gewünschte Interpretation der visualisierten Ergebnisse bei den Adressaten optimal zu unterstützen. Dass sich die verschiedenen Darstellungsformate zu Manipulationszwecken missbrauchen lassen, ist nahe liegend. Für Tabellen und Grafiken werden daher die wichtigsten Fehlerquellen und potentielle Ansatzpunkte der Manipulation weiter unten diskutiert.

Niveaus der Informationsentnahme

Im Zusammenhang mit der zu vermittelnden Aussage bzw. der Kommunikationsfunktion ist ferner die Unterscheidung *dreier grundsätzlicher Niveaus* bei der *Informationsentnahme* aus Darstellungen maßgeblich. So unterscheiden Ballstaedt (1997) und Schnotz (1997) die folgenden drei Niveaus, die in dieser Reihenfolge an Komplexität und Schwierigkeit zunehmen:

- Informationsentnahme 1. Ordnung betrifft die Entnahme von *Einzelwerten.*
- Informationsentnahme 2. Ordnung betrifft die Entnahme von *Vergleichen von Einzelwerten und Trends, sowie Querschnitts- und Längsschnittvergleiche.*
- Informationsentnahme 3. Ordnung betrifft die Entnahme von *Vergleichen unterschiedlicher Trends.*

Diesen unterschiedlichen Niveaus muss die Informationsvermittlung Rechnung tragen, indem geeignete Visualisierungen sprich Darstellungsformen herangezogen werden. Hierauf werden wir noch in Kapitel 6.3 zurückkommen.

Zelazny (1993) vergleicht das Unterfangen, ein Schaubild für die Ergebnispräsentation auszuwählen, ohne die damit zu vermittelnden Aussage zu kennen, mit dem Versuch, diverse Kleidungstücke mit verbunden Augen farblich aufeinander abzustimmen. Nicht die Daten, sondern „allein Ihre Aussage, der Aspekt, den Sie zeigen und hervorheben wollen“ (Zelazny, 1993, S. 11) bestimmen die Form Ihrer Darstellung.

Konventionelle Darstellungsformen für empirisch ermittelte Ergebnisse sind Texte, Tabellen und Grafiken. Die Wahl der Darstellungsform ist abhängig von der jeweiligen Aufgabenstellung bzw. vom spezifischen Kontext. Zusammenfassend wird die Frage nach dem besten Darstellungsformat dahingehend spezifiziert, was (Daten) wem (Adressat) warum (Aussage, kommunikative Absicht) dargestellt bzw. vermittelt werden soll.

6.2 Tabellen

Die modernen Textverarbeitungsprogramme, wie etwa Word für Windows, bieten eine Vielzahl von Funktionen, um Tabellen mit unterschiedlich komplexen Formaten vergleichsweise einfach zu erstellen. Noch schneller geht es mit der Statistiksoftware, wie etwa STATISTICA und SPSS (vgl. Kapitel 5), oder aber mit speziellen Tabellenkalkulationsprogrammen wie etwa Excel, die Daten in Tabellenform präsentieren. Natürlich muss man sich wieder zuvor im Klaren sein, welche Daten wie tabellarisch aufbereitet werden sollen. In diesem Abschnitt sollen hierfür wesentliche Grundlagen aufgezeigt werden. Dabei kann auf die konkrete Handhabung der Software nicht näher eingegangen werden. Hierzu wird auf deren Handbücher bzw. auf die jeweiligen Lern- und Hilfeprogramme verwiesen.

Tabelle

Eine *Tabelle* ist eine geordnete Zusammenstellung der Ergebnisse in einer Matrix von Spalten und Zeilen. Für ihre Gestaltung existieren Normen (s. DIN-Normblatt 55301) und Standards. In diesem Kapitel werden die Richtlinien zur Manuskriptgestaltung der Deutschen Gesellschaft für Psychologie, kurz DGPs (1997), herangezogen, die wiederum auf dem Manual der American Psychological Associaton, kurz APA (1994), beruhen.

Tabellen sind übersichtlich

Aufgrund ihrer *systematischen* und *übersichtlichen* Anordnung werden Tabellen insbesondere zur Darstellung einer Vielzahl von Detailinformationen genutzt, d. h. einer Übersicht von quantitativen Daten, bei denen es auch auf die Komma-Stellen ankommt. Man spricht in diesem Zusammenhang auch von *exakten* Daten (z. B. Ballstaedt, 1997). Tabelle 6.1 zeigt die typischen Bestandteile bzw. den formalen Aufbau einer Tabelle. Weiter unten werden verschiedene Tabellentypen beispielhaft anhand der Daten des Musterfragebogens dargestellt.

Tab. 6.1: Aufbau und Bestandteile einer Tabelle

		Bezeichnung Spaltenvariable[a]			
		Spalte1	**Spalte2**	**Spalte3**	**Zeilensumme**
Bezeichnung Zeilenvariable	**Zeile1**	Z11	Z21	Z31	Zeile1
	Zeile2	Z12	Z22[b)]	Z32	Zeile2
	Zeile3	Z13	Z23	Z33	Zeile3
	Spaltensumme	Spalte1	Spalte2	Spalte3	Gesamtsumme

Anmerkungen. Hier können einzelne Komponenten näher erklärt werden;
a) Beispiel für Fußnoten um etwa Variablen näher zu erläutern oder
b) einzelne Zellenwerte zu kommentieren.

Ausgehend von der *Urliste*, welche die beobachteten Rohdaten enthält, wird die *Strichliste* angefertigt, welche die Daten nach bestimmten Kategorien mit jeweils festgelegter Kategorienbreite zusammenfasst (Bortz, 1979). Ein Beispiel für eine solche Strichliste stellt Tabelle 4.1 (in Kapitel 4) dar, in der die Teilnehmer der fiktiven Untersuchung getrennt nach Alter aufgelistet sind. Die Kategorienbreite beträgt in diesem Fall 1 Jahr; wären noch mehr Alterstufen vertreten, wäre eine andere Breite, z. B. 2 Jahre, zu überdenken.

Häufigkeitstabelle

Die leichteste Form einer Tabelle ist die *einfache Häufigkeitstabelle*, in der für eine Variable die Anzahl der Fälle pro Kategorie in absoluten, relativen und/oder kumulativen Werten übersichtlich angegeben wird. Zur Veranschaulichung werden in Tabelle 6.2 verschiedene Häufigkeitsmaße (s. Kapitel 4) der erfassten Variable „Schule" aus dem Musterdatensatz tabellarisch dargestellt. Darin sind die absoluten Häufigkeiten in den vier möglichen Kategorien sowie deren Kumulation und die relativen Häufigkeiten bzw. der Prozentsatz der jeweiligen Kategorien sowie deren Kumulation aufgeführt. Aus der Spalte der absoluten Häufigkeiten ist abzulesen, dass die Mehrheit aller befragten Schüler das Gymnasium besuchen (n = 7) und aus der Spalte der kumulierten Prozentwerte ist leicht abzulesen, dass 50 Prozent aller Schüler in die Haupt- oder Realschule gehen. Eine separate Zeile der Spaltensummen erübrigt sich in dieser Tabelle, da diese mit den dazugehörigen kumulierten Werten übereinstimmen.

Tab. 6.2: Einfache Häufigkeitstabelle

	Anzahl der Befragten pro Schulart			
Schulart	**Häufigkeit**	**kumul. Häufigkeit**	**Prozent**	**kumul. Prozent**
Hauptschule	3	3	18,75	18,75
Realschule	5	8	31,25	50,00
Gymnasium	7	15	43,75	93,75
Gesamtschule	1	16	6,25	100,00

Kreuztabelle

Weitaus häufiger werden zwei Variablen in einer Tabelle, der sog. *Kreuztabelle* oder *Kontingenztabelle,* zusammengefasst. Deren formalen Aufbau wurde bereits ganz allgemein in Tabelle 6.1 dargestellt. Als weiteres Beispiel für eine Kreuztabelle werden aus unserem Musterdatensatz die berechneten Mittelwerte der Schulnoten getrennt für Mädchen und Jungen in Tabelle 6.3 dargestellt. Hierin sind nun neben den Häufigkeiten (Stichprobengröße) auch Maße der zentralen Tendenz (Mittelwerte) sowie Maße der Variabilität (Standardabweichung) aufgeführt (im Detail s. Kapitel 4).

Tab. 6.3: Kreuztabelle für zwei Variablen

		Mittlere Schulnoten, getrennt nach Geschlecht der Schülerinnen und Schüler			
		Deutsch	Englisch	Mathematik	Religion
weiblich (n = 10)	M	1,8	2,1	2,7	1,6
	SD	(1,0)	(1,2)	(1,3)	(0,8)
männlich (n = 6)	M	3,2	3,2	2,4 b)	2,7
	SD	(0,8)	(1,2)	(0,9)	(1,2)
Gesamt	M	2,3 [a)]	2,5	2,6	2,0
	SD	(1,1)	(1,3)	(1,2)	(1,1)

Anmerkungen. M = Mittelwert; SD = Standardabweichung
[a)] wegen unterschiedlicher Zellbesetzung entsprechen die Gesamtmittelwerte nicht dem Mittel der männlichen und weiblichen Mittelwerte;
[b)] n = 5.

6.2.1 Darstellungsmerkmale von Tabellen

Die Gestaltung einer Tabelle sollte so erfolgen, dass sie für sich allein, d. h. ohne Begleittext, einsichtig ist. Hierzu sind verschiedene Darstellungsmerkmale zu berücksichtigen.

Titel und Beschriftung

Genau über der Tabelle soll ein *thematischer* oder *perspektivischer Titel* unmittelbar auf ihren Inhalt hinweisen, um die Aufmerksamkeit des Betrachters in die gewünschte Richtung zu lenken. Es versteht sich von selbst, dass alle Spalten und Zeilen in klarer Sprache und leserlich *beschriftet* werden, so dass die Zelleninhalte eindeutig verstanden werden. D. h., es muss deutlich sein, was die Zahlen überhaupt bedeuten. Aus Platzgründen können *Abkürzungen* verwendet werden, die jedoch im Begleittext festgelegt werden müssen. Auch die direkt unter der letzten Tabellenzeile platzierten *Anmerkungen* dienen der Verständlichkeit.

Mehrdimensionale Tabellen

Bei *zwei-* und *mehrdimensionalen* Tabellen, das sind Tabellen aufgeteilt nach zwei oder mehreren Variablen, werden standardmäßig in den *Zeilen* die Stufen oder Kategorien der unabhängige Variablen abgetragen, in den *Spalten* stehen die Stufen der abhängigen Variablen. Dabei ist darauf zu achten, dass die *Anordnung* der Tabellenzeilen und -spalten gemäß der gewünschten Aussage erfolgt und dem Betrachter unmittelbar plausibel wird. Es spricht beispielsweise wenig dafür, die ermittelten Interessengebiete der Schülerinnen und Schüler aus dem Musterfragebogen in einer Tabelle alphabetisch anzuordnen. Vielmehr wäre etwa eine auf- oder absteigende Reihenfolge gemäß der mittleren Zustimmung angebracht.

Formatierung

Der besseren Lesbarkeit halber ist ferner darauf zu achten, die Zellenwerte *rechtsbündig* und nicht etwa zentriert zu formatieren. Dies ist insbesondere für Werte mit mehreren Stellen nach dem Komma relevant. Überhaupt können in vielen Fällen die *Werte auf- oder ab-*

gerundet werden, ohne das hiermit der Informationsgehalt entscheidend sinkt.

Mit Schattierungen können bestimmte Teile einer Tabelle hervorgehoben werden. *Schattierungen* sind nur bei sehr großen Tabellen zu empfehlen, um etwa bestimmte Zellenwerte direkt ins Auge springen zu lassen und damit die intendierte Aussage eindringlich zu unterstützen (die DGPs-Richtlinien sehen Schattierungen von Tabellenteilen jedoch nicht vor).

6.2.2 Fehler und Manipulationsgefahr bei Tabellen

Da in Tabellen meist die exakten Daten aufgeführt sind, ist die Manipulationsgefahr geringer als in Grafiken, in denen gewöhnlich nur Teile aus Tabellen dargestellt werden. Dennoch ist man auch hier vor Missbrauch, aber genauso unbeabsichtigten Fehlern, nicht gefeit.

Ungenügende Beschriftung

Dies kann durch *ungenügende Beschriftung* passieren oder durch das *Weglassen* wichtiger Daten. So wird gerne vergessen, die jeweiligen Stichprobengröße und die Variabilitätsmaße anzugeben. Natürlich ist generell zu überprüfen, welche *Datenqualität* vorliegt – denn ein Mittelwert für die Variable Schulart ist statistisch betrachtet sinnfrei.

Falsche Gruppierung

Des Weiteren wurde oben auf den Sachverhalt *falscher Gruppierungen* hingewiesen, die etwa dann zustande kommen, wenn das Statistikprogramm die Variablen alphabetisch oder nach der Reihenfolge des Kodierplans sortiert. Zu *große Abstände* zwischen den Spalten sind ebenfalls mangelhaft und erschweren das Ablesen der Daten unnötig.

Eine weiterer, häufig vorfindbarer Fehler in Tabellen sind *falsche Randsummen* bei Daten mit mehreren Stellen hinter dem Komma. Diese kommen durch Rundungsfehler zustande. Es empfiehlt sich daher in solchen Tabellen die Randsummen immer nachzuprüfen.

Waschechte Manipulation liegt vor, wenn der postulierten Hypothese widersprechende Ergebnisse absichtlich nicht aufgeführt werden. In diesem Fall nützen auch keine noch so gut gemeinten Empfehlungen. Um jedoch sicher zu gehen, dass dies nicht unbeabsichtigt passiert, sollten die Hypothesen der Studie mit *allen* Ergebnissen konfrontiert werden, was noch nicht heißt, dann auch wirklich alle Ergebnisse im einzelnen präsentieren zu müssen.

6.2.3 Empfehlungen für Tabellen

Tabellen sind übersichtlich und bewähren sich für die Darstellung einer größeren Anzahl detaillierter Daten. Folgende Empfehlungen sollen Ihnen bei der Gestaltung von Ergebnistabellen behilflich sein.

- Sind die *Adressaten* und die *beabsichtigte Aussage* bekannt und eignet sich hierfür überhaupt die Tabelle zur Vermittlung der Daten? Oder wäre eine andere Darstellungsform, etwa eine Grafik, angebrachter?
- Untereinander geschrieben Zahlen können besser miteinander verglichen werden, als nebeneinander geschriebene (Ballstaedt, 1997; Krämer, 1994), obwohl dies nicht unserer gewohnten Leserichtung (von links nach rechts) entspricht. Daraus folgt die Konvention, in einer Tabelle die zu *vergleichenden Zahlen* in den *Spalten* anzuordnen.
- Tabellen sollen *nur waagerechte Linien* enthalten. Anstelle von senkrechten Linien sollen die Spalten mit entsprechend großen Zwischenräumen visuell voneinander abgetrennt werden. Dabei dürfen die *Zwischenräume* allerdings nicht zu groß werden, um versehentliches Verrutschen in eine andere Zeile von vornherein zu vermeiden.
- Wenn möglich sollte eine Tabelle nicht den Platz mehrerer Seiten einnehmen. Auf alle Fälle darf eine Tabelle nicht auf der nächsten Seite fortgeführt werden, sofern sie auf eine Seite passt.
- *Mehrdimensionale* Tabellen und zu komplex geschachtelte Tabellen sind für die meisten Betrachter sehr unübersichtlich und daher ebenfalls zu umgehen. Stattdessen lassen sich die Ergebnisse in mehreren *zweidimensionalen* Tabellen darstellen. Prinzipiell sollten überflüssige, d. h. der Aussage nicht dienliche Daten, nicht aufgeführt werden. Beispielsweise können die Daten auf zwei Kommastellen gerundet werden und ferner sollten die Tabelle auch keine Spalten enthalten, die sich leicht aus den anderen errechnen lassen.
- Schließlich sollte der formale Aufbau von Tabellen, wie er in Tabelle 6.1 dargestellt wird, berücksichtigt werden. Bei der Verwendung mehrerer Tabellen ist auf einen *konsistenten Tabellenaufbau* zu achten, etwa durch die gleiche Anordnung der Zeilen und Spalten. Des Weiteren helfen *Nummerierung*, *einheitliche Beschriftungen* und *Abkürzungen* den Betrachtern, die erzielten Ergebnisse schneller aufzufassen.

Um eine bestimmte Aussage bei der Ergebnispräsentation zu untermauern, werden häufig spezifische Ausschnitte einer Tabelle zusätzlich in einer Grafik visualisiert. Welche Möglichkeiten hierzu bestehen, erfahren Sie im nächsten Abschnitt.

Tabellen eignen sich zur Darstellung exakter Daten. Ihre Vorteile liegen in der Übersichtlichkeit, mit der vergleichsweise große Datenmengen dargestellt werden können. Neben den einfachen Häufigkeitstabellen werden gewöhnlich mehrere Variablen in einer Tabelle, überwiegend in einer Kreuztabelle, zusammengefasst. Dabei werden nicht nur Häufigkeiten (und deren Summen), sondern insbesondere deskriptive Statistiken, wie etwa Mittelwerte und Varianzen, tabellarisch zusammengestellt.

6.3 Grafiken und Diagramme

Während Tabellen primär zur Darstellung einer Vielzahl detaillierter Daten tauglich sind, eignen sich Grafiken besonders gut, um die erfassten Daten zu veranschaulichen. Mit spezifischen Grafikprogrammen lassen sich beinah spielend die unterschiedlichsten Diagrammtypen erstellen. Aber schon allein mit den verfügbaren Funktionen heutiger Statistik- und Textverarbeitungsprogramme können Grafiken professionell erstellt und bearbeitet werden. In diesem Abschnitt werden die gängigsten Formen der grafischen Ergebnispräsentation dargestellt.

Grafik

Doch vorerst soll geklärt werden, was genau unter einer Grafik zu verstehen ist: *Grafiken* und „Diagramme repräsentieren nicht sichtbare quantitative Zusammenhänge zwischen Variablen (Merkmalen, Eigenschaften, Größen) durch topologische und räumliche Beziehungen zwischen einfachen grafischen Elementen (Punkte, Linien, Flächen usw.)" (Ballstaedt, 1997, S. 147). Durch die grafische Aufbereitung werden demnach die in der Regel verborgenen Strukturen, Wechselwirkungen und Verläufe der erfassten Daten bildhaft gemacht. Auf diese Bildhaftigkeit lässt sich auch der Vorteil der *besseren Einprägsamkeit* von Grafiken gegenüber der tabellarischen Darstellung ein- und derselben Ergebnisse zurückführen (z. B. Jacobs, 1994).

Grafiken sind anschaulich

Grafiken und Diagramme dienen aber nicht nur der *anschaulichen* und *kompakten Informationsvermittlung*, sondern eignen sich auch zur *Informationsgewinnung*. Dies ist besonders für *explorative Studien* relevant, welche die Gewinnung von Theorien und Hypothesen zum Ziel haben (im Gegensatz zu den sog. *explanativen Untersuchungen*, die zur Überprüfung von Theorien und Hypothesen durchgeführt werden; s. Bortz & Döring, 1995). Statistikprogramme, wie STATISTICA und SPSS (vgl. Kapitel 5), bieten hierfür spezielle Funktionen an, mittels derer die Daten überwiegend grafisch aufbereitet werden und somit Verteilungen, Zusammenhänge und Verläufe verschiedener Variablen, einzeln oder miteinander, auf einen Blick erkennen lassen. Eine verständliche Einführung in die explorative Datenanalyse und deren grafischen Methoden (z. B. stem-and-leaf-plots, box-whisker-plots, scatter-plots-Matrix durchweg englische Bezeichnungen, die sich in vielen deutschsprachigen Lehrbüchern eingebürgert haben) findet man in Kapitel 6.4 von Bortz und Döring (1995). Doch nun wieder zurück zu den gängigen grafischen Darstellungsformen, die primär der anschaulichen Vermittlung der Ergebnisse dienen.

6.3.1 Grafische Darstellungsformen

In der Literatur werden gewöhnlich die in Abbildung 6.2 aufgeführten Präsentationsformen unterschieden (s. z. B. Ballstaedt, 1997; Bol, 1995; Geßler, 1993; Krämer, 1994; Urban, 1990; Zelazny, 1993).

Abb. 6.2: Grafische Präsentationsformen

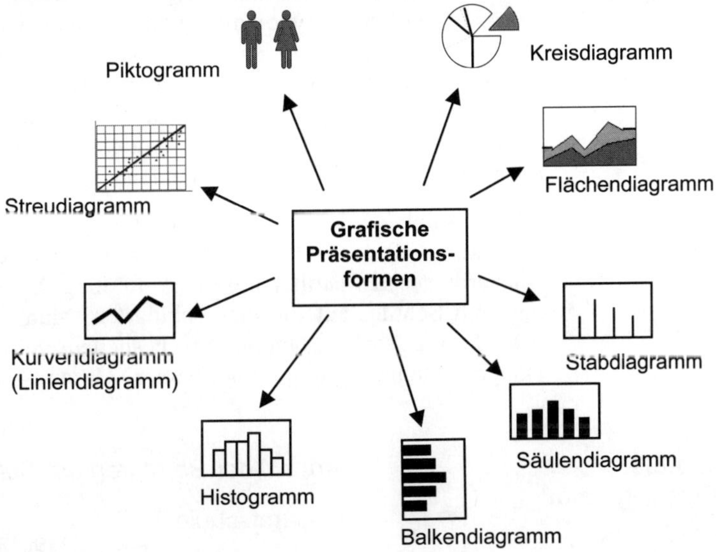

Bereits einleitend wurde betont, wie wichtig es ist, neben der Datenqualität und den potentiellen Adressaten, die beabsichtigte *Aussage* vor der Festlegung des Darstellungsformats zu wissen (s. Kapitel 6.1.1.3). Nach Zelazny (1993) enthält jede Aussage immer einen der folgenden Vergleiche, die den präsentierten Ergebnissen zu entnehmen sind:

- *Struktur*-Vergleich: *Anteil*/Prozentsatz an einer Gesamtheit
- *Rangfolge*-Vergleich: *Rangfolge* von Variablen und deren Merkmalsausprägungen
- *Häufigkeits*-Vergleich: *Verteilung* von Variablen in bestimmte Größenklassen
- *Zeitreihen*-Vergleich: *Verlauf*/Veränderung von Variablen über die Zeit
- *Korrelations*-Vergleich: *Zusammenhänge* zwischen Variablen

Bei diesen Grundtypen handelt sich sozusagen um elementare Ergebnis-Klassen, die nun im Zusammenhang mit den jeweils geeigneten grafischen Darstellungsformen näher erörtert und mit Beispielen aus unserem Musterdatensatz unterlegt werden.

6.3.1.1 Kreisdiagramme für Anteile/Strukturverhältnisse

Kreisdiagramm

In Kreisdiagrammen werden Anteile einer Grundgesamtheit bzw. ihre Struktur dargestellt. Synonym werden sie auch als *Kuchendiagramme* oder *Tortendiagramme* (engl. *pie-chart*) bezeichnet. Dabei werden die absoluten Werte aufgeführt, die entsprechenden Prozentwerte werden direkt durch die jeweilige Größe der Kuchenstücke illustriert. Allerdings ist nicht der Radius, sondern die Winkelgröße der Flächenstücke (100% = 360°) entscheidend.

Als Beispiel werden die relativen Häufigkeiten aus Tabelle 6.2 in Abbildung 6.3 grafisch dargestellt. Diese beziehen sich auf unseren Musterdatensatz, nämlich auf die Aufteilung der befragten Schülerinnen und Schüler auf die vier Schularten. Man erkennt auf Anhieb, dass die meisten das Gymnasium besuchen, gefolgt von Realschule, Hauptschule und (mit nur einer Person) Gesamtschule.

Abb.6.3: Kreisdiagramm

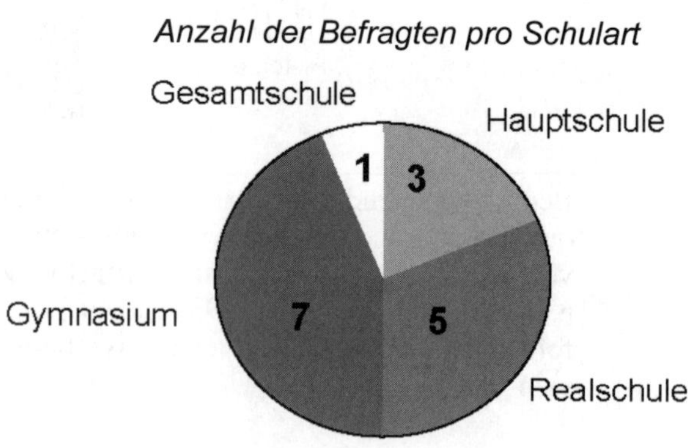

Gestaltungsmerkmale

Kreisdiagramme werden im Uhrzeigersinn gelesen, daher sollte der wichtigste Teil bei der *12-Uhr-Zeiger-Position* beginnen. Wichtig ist es auch hierbei auf eine sinnvolle *Reihenfolge* der Anteile zu achten. Die DGPs-Richtlinien fordert eine Reihenfolge nach der Größe der Anteile (insofern wäre Abbildung 6.3 zu korrigieren). Mittels *Schraffur* und *Einschwärzen* können zusätzlich bestimmte Anteile hervorgehoben werden. Grundsätzlich sollten bei Kreisdiagrammen *keine Legenden* verwendet werden, da dies nur ein unnötiges Hin- und Herspringen der Augen bewirkt. Viel besser ist es, die Werte direkt in die Flächen zu schreiben bzw. die Teile direkt am Rand zu beschriften, wie es auch in Abbildung 6.3 der Fall ist.

Kreisdiagramme für Nominal-Daten

Kuchendiagramme sind die beste Präsentationsform um die Aufteilung einer Gesamtheit in ihre Teile abzubilden. Sie eignen sich also ideal zur Darstellung von *nominal skalierten Daten* (z. B. Bol, 1995; von der Lippe, 1993). Allerdings sollten es der Übersichtlichkeit halber nicht mehr als *sieben Teile* sein und *nur eine Grundmenge*, d. h. ein Kreisdiagramm, pro Abbildung dargestellt werden. Andernfalls sollten besser Säulen- oder Balkendiagramme verwendet werden.

6.3.1.2 Stab-, Säulen- und Balkendiagramme für Rangfolgen und Häufigkeiten

Stabdiagramm

Während *qualitativ diskrete* Merkmale in Kreisdiagrammen dargestellt werden, empfiehlt sich für die Darstellung *quantitativ diskreter* Daten eines der folgenden drei Diagramme. In dem *Stabdiagramm* werden auf der horizontalen x-Achse die Variablen, auf der vertikalen y-Achse die hierfür ermittelten Statistiken (gewöhnlich Häufigkeiten) abgebildet. Die Höhe der Striche bzw. der Stäbe sind proportional zu den absoluten bzw. relativen Häufigkeiten. In Abbildung 6.4 werden als Beispiel die Deutschnoten der Befragten aus dem Musterdatensatz dargestellt.

Säulendiagramm

Die gleiche Aussage lässt sich in *Säulendiagrammen* abbilden (s. Abbildung 6.4), in denen die Stäbe durch Säulen ersetzt sind und daher besser wahrgenommen werden können. Streng mathematisch betrachtet, ist dies nicht zulässig, weil es sich um die Präsentation eindimensionaler und nicht – wie die Säulenfläche suggeriert – zweidimensionaler Merkmale handelt (s. hierzu auch klassierte Variablen in Kapitel 6.3.1.3). Dennoch haben sich Säulendiagramme durchgesetzt, Stabdiagramme werden kaum verwendet.

Balkendiagramm

Eine häufig eingesetzte Variation des Säulendiagramms ist das *Balkendiagramm*, in dem die beiden Achsen miteinander vertauscht sind. Der Vorteil liegt in einer besser gestaltbaren Beschriftung der Achsen, insbesondere bei langen Variablennamen. In Abbildung 6.4 ist im unteren Teil ein Balkendiagramm aufgeführt, das die Möglichkeit von gruppierten Säulen aufzeigt. Hierin werden die Interessensgebiete der befragten Schülerinnen und Schüler getrennt nach Geschlecht abgebildet. Die Reihenfolge der Balken orientiert sich an der Beliebheit der Interessensgebiete der Mädchen. Während Jungen – mal abgesehen von „in die Disko gehen“, beinahe alles gleich gern in ihrer Freizeit machen – gibt es bei den Mädchen eine deutliche Präferenz, angefangen von „Musik hören“ und „in die Disko gehen“ bis zu „Computerspiele spielen“ als Schlusslicht.

Abb. 6.4: Stab-, Säulen- und Balkendiagramm

Stabdiagramm

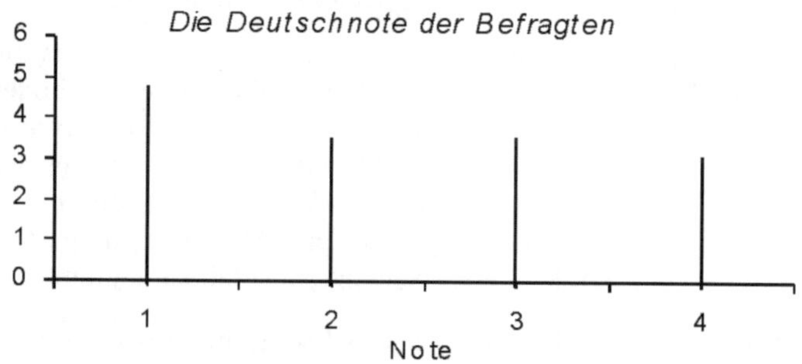

Säulendiagramm

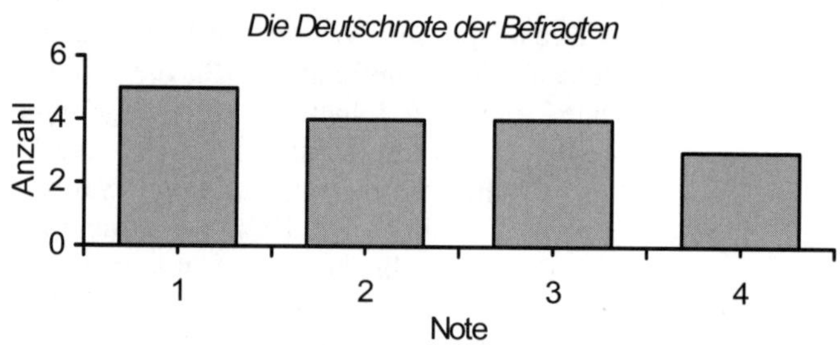

Balkendiagramm

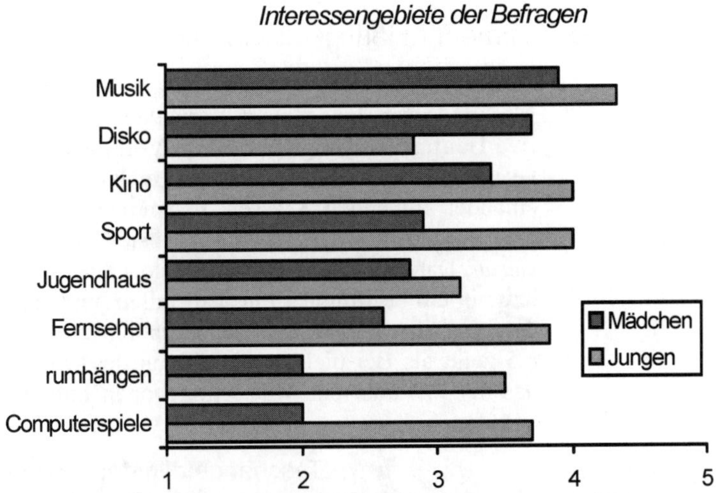

Anmerkung. Die Daten zu den Interessensgebieten wurden für diese Grafik umgepolt, so dass ein langer Balken großes Interesse, ein kurzer Balken hingegen geringes Interesse ausdrückt.

Gestaltungsmerkmale

Ein charakteristisches Darstellungsmerkmal bei Säulen- und Balkendiagrammen ist der *Säulenabstand*, der als Faustregel ungefähr die Hälfte der Säulenbreite betragen soll (s. Abbildung 6.4). Bei einer Vielzahl von Säulen, empfiehlt es sich auf beiden Seiten die *y-Achse* aufzuführen, um deren Vergleich zu vereinfachen. Oder man verzichtet ganz auf die y-Achse(n) und gibt stattdessen die Werte direkt an den Säulen an. Dagegen sollen *Raster* im Hintergrund eher vermieden werden, da sie die Abbildung meist zu unruhig erscheinen lassen. Das gleiche gilt auch für die Verwendung von *Schraffuren*, die meist einen Flimmereffekt erzeugen. Daher sind verschieden abgestufte Grautöne zu bevorzugen. Schließlich lassen sich mit einer geschickten *Anordnung* der Variablen, etwa wenn die Werte der Größe nach aufgeführt werden, die Vergleiche vereinfachen und die Rangfolge besser einprägen.

Säulendiagramme für Ordinal-Daten

Da in Stab-, Säulen- und Balkendiagrammen der gleiche Sachverhalt, nämliche Rangfolgen-Vergleiche, dargestellt wird, sprechen viele Autoren ganz allgemein von Säulendiagrammen (engl. *bar-charts*). Mit ihnen lassen sich am besten *Rangfolgen* in den Daten präsentieren. Sie eignen sich insbesondere für *ordinalskalierte* Variablen (vgl. Kapitel 3); aber auch nominal- und intervallskalierte Daten lassen sich damit abbilden. Laut Jacobs sind Säulendiagramme der Prototyp grafischer Präsentationsform, sie sind die „Kombinationsweltmeister" oder der „beste Allrounder" unter allen grafischen Präsentationsformen" (Jacobs, 1994, S. 74).

6.3.1.3 Histogramme für Häufigkeitsverteilungen

Histogramm

Bisher hatten wir es mit *unklassierten* Variablen zu tun, d. h. für jede Merkmalsausprägung einer Variablen wurde die absolute oder relative Häufigkeit angegeben. Beim Vorliegen des adäquaten Skalenniveaus der Daten können die Merkmalswerte in der Größe nach aufeinander folgenden Klassen zusammengefasst werden. Das *Histogramm* (engl. *histogram*) empfiehlt sich zur Darstellung solcher *klassierter* Daten. Es gibt an, wie viele Fälle in eine bestimmte Klasse bzw. in ein bestimmtes Intervall fallen, und eignet sich damit besonders gut, die *Verteilung* von Variablen zu visualisieren. Abbildung 6.5 zeigt als Beispiel die Verteilung des wöchentlichen Taschengeldes der mit unserem Musterfragebogen befragten Schülerinnen und Schüler.

Abb. 6.5: Histogramm

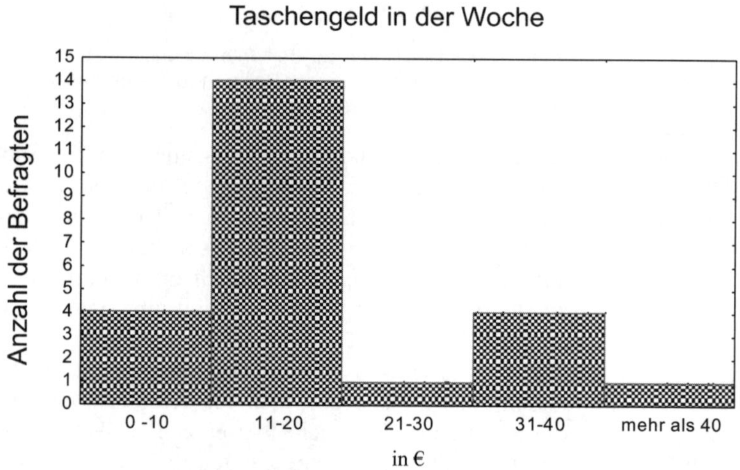

Anmerkung. Für diese Abbildung wurde der Musterdatensatz um 8 Fälle ergänzt !

In einem Histogramm müssen die Klassen, im Gegensatz zu den Säulendiagrammen, *lückenlos* aufeinander folgen. Ein weiterer Unterschied zum Säulendiagramm besteht darin, dass die Häufigkeit nicht durch die Höhe, sondern durch die *Fläche* präsentiert wird. Nur bei gleich breiten Klassen, ist aufgrund der mathematischen Beziehung von Rechteckbreite und -höhe die Höhe proportional zur Häufigkeit. In den Sozialwissenschaften werden häufig quantitativ-diskrete Variablen als quasi-stetige Variablen interpretiert (z. B. Zeugnisnoten oder IQ-Werte), weshalb man sehr oft diskrete Variablen in Histogrammen abgebildet findet.

Gestaltungsmerkmale

Für die Darstellungsmerkmale y-Achse, Schraffur und Raster gelten die gleichen Empfehlungen wie bei den Säulendiagrammen. Problematisch bei der Konstruktion von Diagrammen ist die *Anzahl der Klassen*, für die sich keine allgemein gültige Regel angeben lässt. Zu viele Klassen, machen die Verteilung unübersichtlich, da hierdurch viele Klassen zu gering, wenn überhaupt besetzt sind. Zu wenig Klassen hingegen können die Verteilung falsch wiedergeben. In diesem Zusammenhang gibt Ziegler (1993) folgende formale Kriterien an: Die Anzahl der Klassen sollte nicht unter 5 liegen und nicht über 20 hinaus gehen (Faustregel: nicht größer als $\sqrt{N}$). Ferner sollte eine konstante Klassenbreite gewählt werden, wobei der häufigste Wert die Klassenmitte mit der größten Besetzung bilden sollte.

Zusammenfassend kann festgehalten werden, dass Histogramme für die Präsentation von *Häufigkeitsverteilungen* die beste Wahl unter den grafischen Präsentationsformen sind. Streng mathematisch betrachtet, können damit nur *intervall-* oder *ratioskalierte* Daten abgebildet werden, da nur sie die Eigenschaft der Stetigkeit aufweisen. Es wurde aber bereits erwähnt, dass diese Vorschrift oft übergangen wird, und auch nicht-stetige Variablen, ordinal- und sogar nominalskalierte, damit präsentiert werden.

6.3.1.4 Kurven- und Liniendiagramme für Verläufe und Trends

Kurvendiagramm

Bezogen sich die bisherigen Ausführungen immer auf einen Zeitpunkt, können anhand von *Kurvendiagrammen*, vielfach auch als *Liniendiagramme* bezeichnet (engl. *line-plots*), die Werte einer zeitlich geordneten Variablen präsentiert werden. Damit lassen sich Entwicklungen und Trends optimal ablesen. Zwar kann nach Zelazny (1993) im Falle nur weniger Zeitpunkte (geringer als 7) der Verlauf auch in einem Säulendiagramm dargestellt werden. Aber, wie bereits in Kapitel 6.5.1.2 erörtert wurde, betonen Säulen eher die Einzelwerte bzw. deren Vergleich (s. auch Ballsteadt, 1997), so dass prinzipiell das Kurvendiagramm vorzuziehen ist.

Kurvendiagramm für Verläufe

Als Beispiel wird in Abbildung 6.6 die Höhe des wöchentlichen Taschengelds pro Klassenstufe dargestellt. Dabei handelt es sich allerdings nicht um einen direkt erfassten zeitlichen Verlauf, der nur anhand von *Längsschnittsdaten* ermittelt werden kann, was in dem Musterdatensatz aufgrund der damit verbundenen Datenmenge nicht berücksichtigt werden konnte. Vielmehr handelt es sich um *Querschnittsdaten*, aus denen über die Variable Klassenstufe (oder aber auch Alter) auf den zeitlichen Verlauf indirekt geschlossen wird.

Abb. 6.6: Kurven- und Liniendiagramm

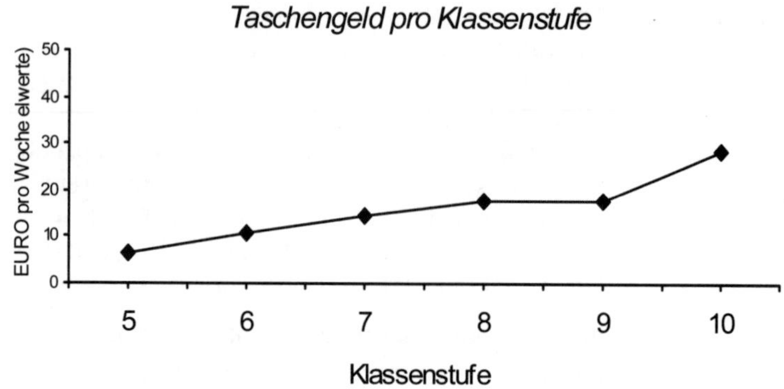

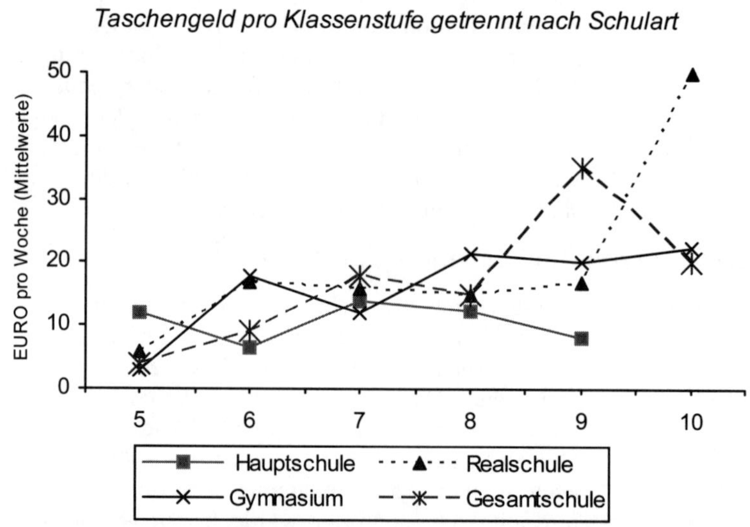

Kurven- und Liniendiagramme finden aber auch bei der Darstellung von quantitativen Beziehungen zwischen Variablen Verwendung. Hierbei werden die unabhängigen Variablen auf der x-Achse, die abhängigen auf der y-Achse abgetragen. Solche Darstellungsformen finden sich überwiegend bei der Ergebnispräsentation (quasi-)experimenteller Forschung (hierzu s. Kapitel 1), weil damit die Effekte unterschiedlicher Treatment-Bedingungen optimal visualisiert werden.

Gestaltungsmerkmale

Wie schon bei den vorausgegangenen Diagrammen vermerkt wurde, wird von der Verwendung eines *Rasters* im Hintergrund abgeraten. Ebenso sollte bei vielen Zeitpunkten oder Variablenstufen die Werte-Skala (y-Achse) auf beiden Seiten angebracht sein. Die *Kurvenlinien* sollten dicker als die vertikale und horizontale Achsen sein. Werden mehrere Variablen dargestellt, man spricht dann wegen der verschiedenen Linien gerne von einem *Spagetti-Diagramm* (s. Abbildung 6.6), müssen die verschiedene Variablen eindeutig zu unterscheiden sein. Dies geschieht anhand unterschiedlicher gestalteter Linien und Koordinaten-Punkte, die nicht aufeinander liegen dürfen und die in der mitaufgeführten *Legende* beschrieben sind. Im allgemeinen sollte man jedoch wegen ihrer Unübersichtlichkeit auf Spagetti-Diagramme verzichten.

Als Fazit soll nochmals festgehalten werden, dass sich Kurven- und Liniendiagramme insbesondere zur Präsentation von *Verläufen* und *Trends* von *quantitativen* Daten eignen. Zum einen werden Zeitreihen, d. h. Entwicklungen über die Zeit, zum anderen Beziehungen unter Variablen visualisiert. Damit lassen sich also *intervall-* und *ratioskalierte Daten* abbilden, nicht selten findet man sie auch für die Darstellung ordinal-skalierter Daten.

6.3.1.5 Streudiagramme für Zusammenhänge

Streudiagramm

In *Streudiagrammen* werden Zusammenhänge zwischen zwei Variablen aufgedeckt. Die Daten werden als Punkte in dem Koordinatensystem eingetragen, daher auch die Bezeichnung *Punktediagramm* (engl. *scatter-plots*). Streuen die Datenpunkte um eine Linie oder Kurve, liegt ein Zusammenhang bzw. eine Korrelation vor (s. Kapitel 4 und Kapitel 5), weshalb auch von *Korrelogrammen* die Rede ist. Dagegen besteht kein Zusammenhang, wenn keine derartigen Regelmäßigkeiten in den Daten zu erkennen sind. Ein entscheidender Vorteil solcher Streudiagramme liegt darin, dass sich hierin schnell *Ausreißer* entdecken lassen. In Abbildung 6.7 wird aus dem Musterdatensatz der Zusammenhang für die Variablen Taschengeld und Klassenstufe abgebildet.

Abb. 6.7: Streudiagramm, Korrelogramm

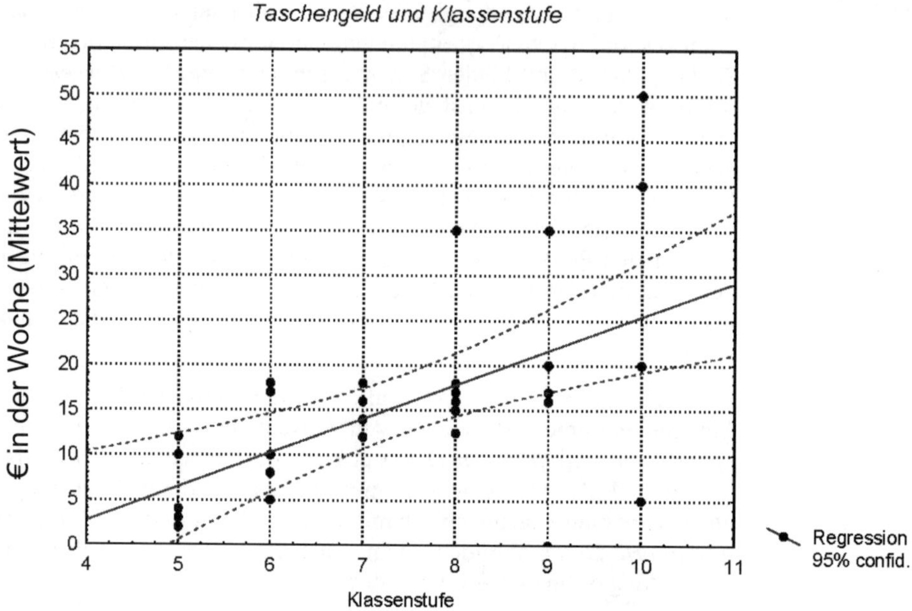

Gestaltungsmerkmale

Sofern die Übersichtlichkeit nicht gemindert wird, können die Koordinaten bzw. die *Wertepaare* direkt beschriftet werden. Des Weiteren können die Mittelwerte beider Variablen als *Rasterkreuz* abgebildet werden, um die Interpretation zu erleichtern. Außerdem sollen die Punkte entsprechend stark abgebildet werden, damit sie gut ins Auge springen; die Achsen sollten hingegen dünner gestaltet sein. Problematisch bei Streudiagrammen ist die Wahl der *Achsenabstände*, da hiermit die Punktewolke jeweils gestaucht oder getreckt werden kann. Dies wird gewöhnlich von den Betrachtern als unterschiedlich starke Zusammenhänge wahrgenommen (s. Krämer, 1994). Insofern ist die Korrelation zwischen den Variablen auf jeden Fall auch rechnerisch zu ermitteln.

Zusammenfassend lässt sich festhalten, dass Streudiagramme die adäquate Darstellungsform von quantitativen *Zusammenhängen* sind. Hierfür müssen die Daten mindestens *ordinal-skaliert* sein.

6.3.1.6 Piktogramme

Eine Sonderform der grafischen Präsentation bilden *Piktogramme.* Dabei werden Häufigkeiten durch eine bestimmte Anzahl von Bildern dargestellt, um die Aufmerksamkeit der Betrachter zu gewinnen. In Abbildung 6.8 wird der in dem Kuchendiagramm dargestellte Sachverhalt (s. Abbildung 6.3) mittels einem Piktogramm präsentiert.

Abb. 6.8: Piktogramm

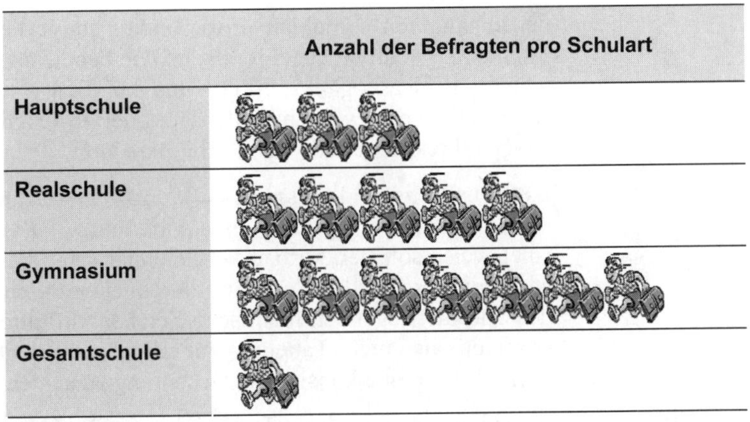

Gestaltungsmerkmale

Ballsteadt (1997) bezeichnet Piktogramme auch als *Isotype-Diagramm*. Er nennt hierfür die folgenden Konstruktionsschritte: Ein Piktogramm steht für eine festgelegte Quantität. Größere Mengen werden anhand mehrerer Piktogramme mit gleichen Abständen dargestellt – und nicht durch größere Piktogramme! Die Häufigkeiten werden auf der vertikalen Achse abgetragen. Schließlich soll die Anordnung der Piktogramme „ein visuelles Argument ergeben, d. h. auf den ersten Blick durch einen Vergleich eine Aussage transportieren" (Ballsteadt, 1997, S. 154).

Piktogramme können auch andere Darstellungsformen ergänzen, um deren Attraktivität zu erhöhen. So werden in Tabelle 6.4 Piktogramme in den Spaltenköpfen platziert. Prinzipiell wird aber vom Einsatz der Piktogramme in wissenschaftlichen Arbeiten abgeraten. Für andere Zwecke ist ihr Einsatz wegen ihrer unmittelbaren Verständlichkeit und der Auflockerung der oftmals als nüchtern empfundene Zahlen zu empfehlen (s. ebenfalls die Abbildungen in Kapitel 2).

6.3.2 Darstellungsmerkmale von Grafiken

Bereits bei der Schilderung der verschiedenen Diagrammtypen wurden spezifische Darstellungsmerkmale für jeden Diagrammtyp genannt und spezielle Empfehlungen gegeben. Daher sollen in diesem und im folgenden Kapitel auf die gemeinsamen Darstellungsmerkmale der grafischen Präsentationsformen eingegangen und generelle Empfehlungen gegeben werden.

Titel und Beschriftung

Analog den Tabellen, erfordern auch die grafischen Präsentationsformen einen *thematischen* oder *perspektivischen Titel*. Dieser sollte die Kernaussage der Grafik enthalten. Zudem sind die *Achsen* ausreichend zu *beschriften*, so dass unmittelbar klar wird, um welche Daten es sich in der Abbildung handelt. In der *horizontalen Achse* werden die unabhängigen Variablen abgetragen, in der *vertikalen* die Werte der abhängigen Variablen. Insbesondere muss die zugrundeliegende *Maßeinheit* deutlich abzulesen sein. Die benutzten grafischen Zeichen werden in der *Legende* erklärt und bei Bedarf werden zusätzliche Informationen, etwa zum Datensatz oder zu Quellen, in den *Anmerkungen* direkt unterhalb der Grafik platziert.

Es ist nahe liegend, dass im Falle *mehrerer Grafiken* zur Ergebnispräsentation, diese prinzipiell *einheitlich gestaltet* sein sollen. Beispielsweise soll der Aufbau vergleichbar sein, die Achsen konsistent gestaltet werden, die Variablen durchgehend gleich bezeichnet werden und die Legenden identische Zeichen aufführen. Werden sowohl Grafiken als auch Tabellen zur Ergebnispräsentation genutzt, ist ebenfalls auf eine konsistente Gestaltung zu achten.

3D-Grafiken sind zu vermeiden

In dem gesamten Kapitel wurden nur ein- oder zweidimensionale Abbildungen dargestellt. Auf räumliche Darstellungen, so genannte *3D-Grafiken,* wurde völlig verzichtet. Obwohl solche drei-dimensionalen Abbildungen häufig attraktiver empfunden werden, wird von ihrem Einsatz in der grafischen Ergebnispräsentation durchweg abgeraten (s. z. B. Krämer, 1994; Ballsteadt, 1997). Überhaupt werden in den meisten Diagrammen nur zweidimensionale Sachverhalte abgebildet, so dass beispielsweise in einem drei-dimensionalen Säulendiagramm die räumliche, d. h. dritte Dimension keine weitere Informationen präsentiert. Also auch wenn das Computerprogramm mit einigen Mausklicken die dritte, räumliche Dimension in die Abbildung „hineinzaubert", ist davon abzusehen.

Schraffur und Farbe

Ebenso ist bei der Verwendung von *Schraffuren* Vorsicht geboten. Wie an einigen Stellen schon erläutert wurde, lassen zu viele Schraffuren die Abbildung unnötig unruhig wirken, meistens entsteht ein Flimmereffekt. Stattdessen kann mit verschiedenen Grautönen operiert werden. In diesem Zusammenhang stellt sich auch das Problem der Verwendung von *Farben.* Mit Farben lassen sich Teile einer Grafik gut hervorheben. Damit diese Aufmerksamkeitssteuerung funktioniert, sollten nicht zu viele Farben verwendet werden. Prinzipiell sollten grelle Farben, wenn überhaupt, für kleine Flächen und blassere Farben für größere Ausschnitte verwendet werden. Krämer (1994) empfiehlt eine Kombination von Komplementärfarben (entweder blau-gelb oder rot-grün oder violett-gelb). Während wir keine Schwierigkeiten haben, verschiedene Grautöne in eine Rangfolge zu bringen, ist dies für Farbe sehr viel schwieriger, da Farben nicht als eindimensionales Merkmal wahrgenommen werden. Daraus lässt sich für Diagramme folgern, Farbe nicht zur Darstellung *quantitativer* Unterschiede zu verwenden, sondern nur zur Präsentation von qualitativen Unterschieden. Auch für das Darstellungsmerkmal Farbe gilt: weniger ist mehr, oder ganz darauf verzichten und verschieden abgestufte Grautöne einsetzen.

6.3.3 Fehler und Manipulationsgefahr bei Grafiken

Wie in diesem Kapitel mehrmals beschrieben, werden in Grafiken ganz bestimmte Ausschnitte des Datensatzes dargestellt. D. h., es ist immer eine gewisse Auslese damit verbunden, mit der natürlich beim Betrachter die gewünschte Interpretation der Ergebnisse nahe gelegt werden soll. Dies ist bei allen grafischen Präsentationsformen der Fall und keineswegs als Manipulationsversuch zu deuten (hierzu weiter unten mehr).

Inadäquate Gestaltung

Bei Grafiken und Diagrammen schleichen sich gerne Fehler durch inadäquate Verwendung der grafischen Mittel ein. Als erster Fehler ist die Auswahl der falschen Präsentationsform zu nennen. Beispielsweise haben Streudiagramme für zwei nominal-skalierte Variablen statistisch betrachtet keine Bedeutung. Weitere Mängel kommen durch *unzureichende* und *inkonsistente Beschriftung*, Nutzung von *Volumen* für die Präsentation zweidimensionaler Sachverhalte sowie übertriebener Einsatz von *Farbe* und *Schraffur* zustande.

Gruppierung der Daten

Darüber hinaus ist auf eine zweckmäßige Anordnung bzw. *Gruppierung* der Daten zu achten. Bei Rangvergleichen sollte etwa die Höhe der Merkmalsausprägung maßgeblich sein, bei Verläufen die korrekte zeitliche Anordnung. Sofern es die Übersichtlichkeit erlaubt, kann die zusätzliche Angabe der exakten Datenwerte falsche Einschätzungen entgegenwirken.

Achsenabstände und -unterteilung

Ein prinzipielles Problem bei der Gestaltung von Diagrammen ist die *Festlegung der Achsenabstände*, für die es keine verbindliche Regeln gibt. Hier ist besondere Vorsicht geboten, weil damit ganz unterschiedliche Effekte suggeriert werden. Werden Achsen in der Absicht gestaucht oder gedehnt, um einen bestimmten Eindruck zu erwecken, liegt Manipulation vor. Des Weiteren darf der Nullpunkt einer Skala bzw. Teile ihres Wertebereichs nicht abgeschnitten werden, um kleine Abstände in den Daten aufzublähen (Ballstaedt spricht in diesem Fall von der „Kastration der senkrechten Skala",1997; Ballstaedt, S. 176). Kann das *Unterbrechen* einer Skala nicht vermieden werden, muss dies immer mit zwei parallelen Schrägstrichen optisch kenntlich gemacht werden.

6.3.4 Empfehlungen für Grafiken und Diagramme

Grafische Präsentationsformen sind unentbehrliche Mittel zur Darstellung empirisch gewonnener Ergebnisse. Vor ihrer Erstellung sollte die *Qualität* der Daten, die *Adressatengruppe* und die darin zu vermittelnde *Aussage* bekannt sein. Erst dann lässt sich der Diagrammtyp auswählen.

- Ein eher ästhetisches Gestaltungsmerkmal betrifft das Format von Grafiken. Krämer (1994) empfiehlt das *Querformat* wobei dem goldenen Schnitt folgend das Höhen- zu Breitenverhältnis 2 zu 3 Einheiten betragen sollte. Längsformate sollten, wenn es die Datenmenge erlaubt, besser nicht benutzt werden.
- Grundsätzlich sollten in den Darstellungen nur eine oder zwei *Dimensionen* genutzt werden. 3D-Grafiken enthalten zumeist nicht mehr Information als die entsprechend zweidimensionalen Grafiken, vielfach tragen sie eher zur Konfusion bei. Auch mit der Verwendung von *Farbe* ist behutsam umzugehen. Im Zweifelsfalle nur wenige Teile farblich dezent gestalten und dafür eher Grautöne nutzen. Ebenso kann durch die geschickte Platzierung von Piktogrammen, die Aufmerksamkeit gewonnen und die Attraktivität von Diagrammen erhöht werden.
- Nicht zuletzt sollten Grafiken weder mit überflüssigen Daten noch mit nutzlosen Dekorationen überfrachtet werden. In diesem Falle spricht man von Daten- oder Grafikmüll (engl. *chartjunks*), das sind all jene Zusätze, die für die Aussage nicht unbedingt notwendig sind, sondern eher von ihr ablenken oder die Interpretation erschweren.

Abschließend soll nochmals das *Sparsamkeitsprinzip* herausgestellt werden, dass nahezu für alle Gestaltungsmerkmale von Grafiken und Diagrammen gilt: „weniger ist mehr" oder „im Zweifelsfall, weniger grafische Mittel nutzen".

Mit Grafiken bzw. Diagrammen lassen sich die Ergebnisse anschaulich darstellen. Sie ziehen die Aufmerksamkeit der Betrachter unmittelbar auf sich und motivieren dazu, sich mit dem Inhalt näher auseinander zu setzen. Im Hinblick auf die Qualität und den Umfang der darzustellenden Daten sowie der kommunikativen Absicht sind verschiedene grafische Darstellungsformen zweckmäßig. So werden Struktur, Rangfolgen, Verteilungen, Verläufe und Zusammenhänge der erfassten Variablen mit verschiedenen Diagrammtypen optimal präsentiert. Als grafische Grundformen werden Kreis-, Stab-, Säulen-, Balken-, Kurven- und Streudiagramme unterschieden, die zudem mit anderen gestalterischen Mitteln, etwa Texte, Piktogramme oder Hintergründe kombiniert werden können. Jedoch sollte insbesondere bei wissenschaftlichen Arbeiten eher die Devise „weniger ist mehr" gelten.

6.4 Zusammenfassung: Welche Darstellungsform für welche Ergebnisse?

Das Ziel dieses Kapitels war es, die grundlegenden Formen der sozialwissenschaftlichen Ergebnispräsentation zu beschreiben und deren jeweiligen Verwendungskontext näher zu erörtern. Im Folgenden sollen die zentralen Aussagen anhand der Frage „Welche Darstellungsform für welche Ergebnisse?“ nochmals zusammengefasst werden.

Die Wahl der zweckmäßigsten Präsentationsform hängt von den *Daten* selbst, aber auch von den *Adressaten* sowie der zu vermittelnden *Aussage* ab. Im allgemeinen werden empirisch gewonnene Ergebnisse in Text, Tabellen und/oder Grafiken präsentiert. Auf die Darstellung mittels *Text* wurde nicht näher eingegangen. Dies soll aber nicht über den Sachverhalt hinweg täuschen, dass Texte eine unermessliche Rolle bei der Ergebnispräsentation spielen. Zudem sind Tabellen und Grafiken ohne Textelemente nahezu unannehmbar.

Tabelle vs. Grafik

Eignen sich *Tabellen* primär zur Darstellung einer Vielzahl detaillierter Daten, kommen *Grafiken* hauptsächlich zur Veranschaulichung der erfassten Daten in Betracht. In Tabelle 6.4 werden zusammenfassend die charakteristischen Aspekte von Tabellen und Grafiken gegenübergestellt. Damit wird deutlich, dass die beiden Darstellungsformen nicht miteinander konkurrieren, sondern sich gegenseitig ergänzen, da jede Darstellungsform ihre spezifischen Vor- und Nachteile hat (Urban, 1990).

Tab. 6.4: Tabelle vs. Grafik

Charakteristika von Tabelle und Grafik

	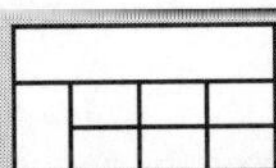 **Tabelle**	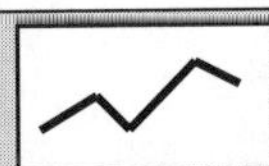 **Grafik**
Informationsgehalt	hoch, sehr detailliert	niedrig, wenig detailliert
Anschaulichkeit	niedrig, zu viel Information	hoch, „auf einen Blick“
geeignet zur	Darstellung einer Vielzahl exakter Daten	Veranschaulichung komprimierter Aussagen

Im Mittelpunkt dieses Kapitels stand die grafische Ergebnispräsentation. Welche Diagrammform für welches Ergebnis adäquat ist, soll abschließend selbst mit einem Diagramm beantwortet werden (s. Abbildung 6.9) – in der Hoffnung, mit den vorliegenden Ausführungen den Leserinnen und Leser die Grundlagen verständlich präsentiert zu haben, um diese und künftig andere Darstellungsformen kompetent beurteilen zu können.

Abb. 6.9: Welche Grafik für welche Aussage?
(in Anlehnung an Zelazny, 1993, S. 27)

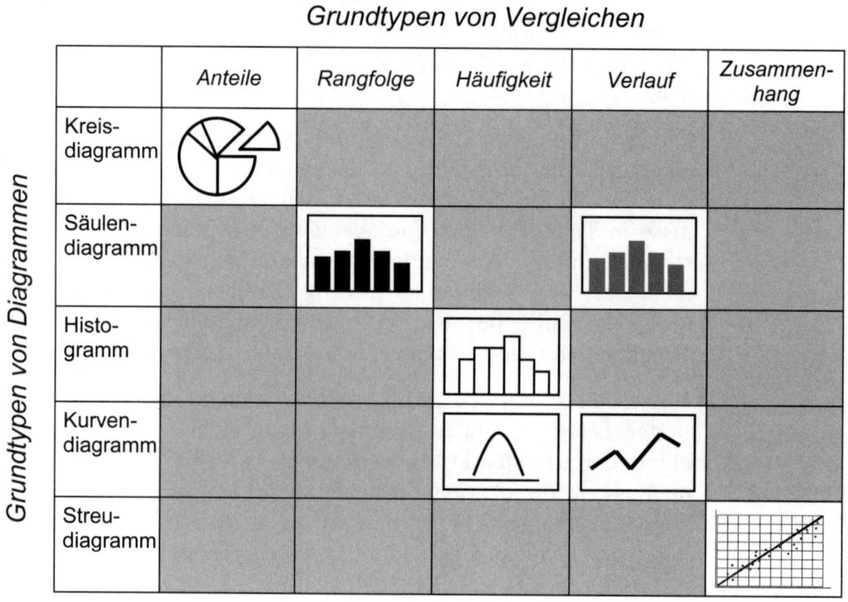

7 FOLIENGESTALTUNG MIT HILFE DES COMPUTERPROGRAMMS POWERPOINT 2003[6]

Lars Balzer

7.1 Was dieses Kapitel leisten soll und wie es zu lesen ist

Ein beträchtlicher Teil Ihrer Arbeit liegt bereits hinter Ihnen. Sie haben Daten erhoben und ausgewertet, eventuell haben Sie auch schon einen schriftlichen Bericht verfasst. Nun kann eine weitere Aufgabe auf Sie zukommen. Vielleicht bittet man Sie darum, Ihre Ergebnisse in einem kleinen Vortrag darzustellen und diesen mit Hilfe von Folien grafisch zu unterlegen. Das vorliegende Kapitel will Sie bei diesem Unterfangen unterstützen und dabei den Schwerpunkt auf die Erstellung der Folien legen. Allgemeine Grundsätze der Ergebnisdarstellung finden sich in Kapitel 6.

Sie werden zunächst kurz und knapp etwas über allgemeine Regeln der Foliengestaltung erfahren, daraufhin werden Sie in die grundlegenden Funktionen des Präsentationsprogramms PowerPoint eingeführt, mit dem Sie ohne größeren Aufwand Ihre Folien erstellen können.

Dabei soll es nicht darum gehen, alle Möglichkeiten des Programms umfassend darzustellen. Vielmehr werden die wesentlichen Funktionen erklärt sowie gezeigt, wo es sich lohnt selbst weiter auszuprobieren. PowerPoint ist sehr intuitiv zu bedienen und mit ein wenig Übung entdeckt man sehr schnell selbst weitere Möglichkeiten.

In den nächsten Unterkapiteln werden grundlegende Programmfunktionen geschildert, die Sie am besten dadurch einüben, dass Sie eine Übungsfolie, die am Ende eines jeden Unterkapitels abgedruckt ist, nachgestalten. Zusätzliche Tipps, die sich in der Praxis als sinnvoll für die entsprechende Folie und deren typischen Probleme erwiesen haben, werden im Anschluss an die Folie beschrieben. Versuchen Sie zunächst aber ruhig selbst Ihr Glück!

Die Folieninhalte orientieren sich an dem Fragebogen, der dem gesamten Buch zugrunde liegt. Es wurde allerdings kein inhaltlich sinnvoller Vortrag zusammengestellt. Es sollen vielmehr die wesentlichen Programmfunktionen aufeinander aufbauend betrachtet werden.

[6] POWERPOINT 2003 © ist ein Produkt der Firmengruppe Microsoft.

Nach der Bearbeitung der 9 Folien werden Sie in der Lage sein, selbstständig eine einfache Folienpräsentation zu erstellen. Probieren Sie dabei selbst so viel wie möglich aus und beachten die zusätzlichen Tipps.

Auf einen Punkt muss besonders hingewiesen werden: Nur durch das Lesen dieses Kapitels werden Sie zwar auch einen Überblick erhalten, das Kapitel entfaltet seine Lernwirkung aber am besten, wenn Sie die Übungsbeispiele aktiv am Computer durcharbeiten. Sie werden sehen, dass das Programm sehr schnell zu erlernen ist, hat man erst einmal einen Einstieg gefunden.

Grundkenntnisse in Windows werden vorausgesetzt.

7.2 Bevor es so richtig losgeht: Ein wenig Grundsätzliches zur Gestaltung von Folien mit dem PC

Damit Ihre neuen Folien nicht nur am Bildschirm, sondern auch auf dem Overheadprojektor oder am Beamer gut aussehen und lesbar sind, sollten Sie ein paar allgemeine Regeln zur Foliengestaltung beachten:

- Auch wenn es Ihnen PowerPoint sehr leicht macht: Schränken Sie Ihren Spieltrieb ein – man muss nicht alle Möglichkeiten, die die Programme bieten, auch ausnutzen. Überlegen Sie sich den Inhalt Ihrer Präsentation zumindest im groben, bevor Sie sich an den Computer setzen.
- Verwenden Sie für Ihre Folien das Querformat; diese Form sichert eine optimale Ausnutzung der Projektionsfläche.
- Halten Sie sich an ein einheitliches Design (Überschriften, Fußzeilen, Hintergründe) Ihrer Folien; häufiges Wechseln von Formaten wirkt unruhig.
- Verwenden Sie nicht zu viele verschiedene Schriftarten, -farben und -größen.
- Wählen Sie einen klar lesbaren Schrifttyp und vermeiden Sie verschnörkelte Schriftarten.
- Zur besseren Lesbarkeit auch in der zweiten Reihe der Zuhörerschaft ist eine Schriftgröße von 14pt fast schon eine Zumutung. Als Faustregel gilt:

Tab. 7.1: Faustregel zur Größe der Schrift

Abstand von der Projektionsfläche	Mindesthöhe der Buchstaben auf der Folie	Entspricht in Arial ca.
bis 10 Meter	5 mm	18 pt
10-15 Meter	10 mm	36 pt
15-20 Meter	15 mm	54 pt
20-25 Meter	20 mm	72 pt
25-30 Meter	25 mm	90 pt

- Kombinieren Sie Text mit inhaltlich passenden Bildern, Grafiken und gegebenenfalls Animationen; Pfeile, Kästen, Kreise, Linien, Cliparts, ... zeigen oft mehr als Worte (allein) dies vermögen; gehen Sie aber sparsam mit diesen Hilfsmitteln um, sonst wirkt Ihre Präsentation sehr schnell überladen.
- Bringen Sie maximal 6-7 Aufzählungspunkte auf eine Folie.
- Vermeiden Sie Fließtext; Folien sollen Ihren Vortrag lediglich unterstützen und nicht jedes gesprochene Wort abbilden.
- Es gelten auch in PowerPoint die drei Grundregeln der Datenverarbeitung:
  1) speichern,
  2) speichern und nochmals
  3) speichern.

Beim nächsten Programmabsturz werden Sie sich an diese Zeilen erinnern ...

7.3 Erste Orientierung: Der PowerPoint-Bildschirm

Starten Sie zunächst das Programm (z. B. durch Doppelklick auf das PowerPoint-Symbol auf dem Desktop oder durch Aufruf über das Startmenü, z. B. durch Klick auf „START“, „PROGRAMME“, „MICROSOFT OFFICE“, „POWERPOINT 2003“; eventuell heißen die Menüpunkte bei Ihnen etwas anders).

Danach erscheint PowerPoint mit folgendem Fenster, dessen Aufbau nachfolgend erklärt wird (vgl. Abbildung XY):

Abb. 7.1: Aufbau des PowerPoint-Bildschirms

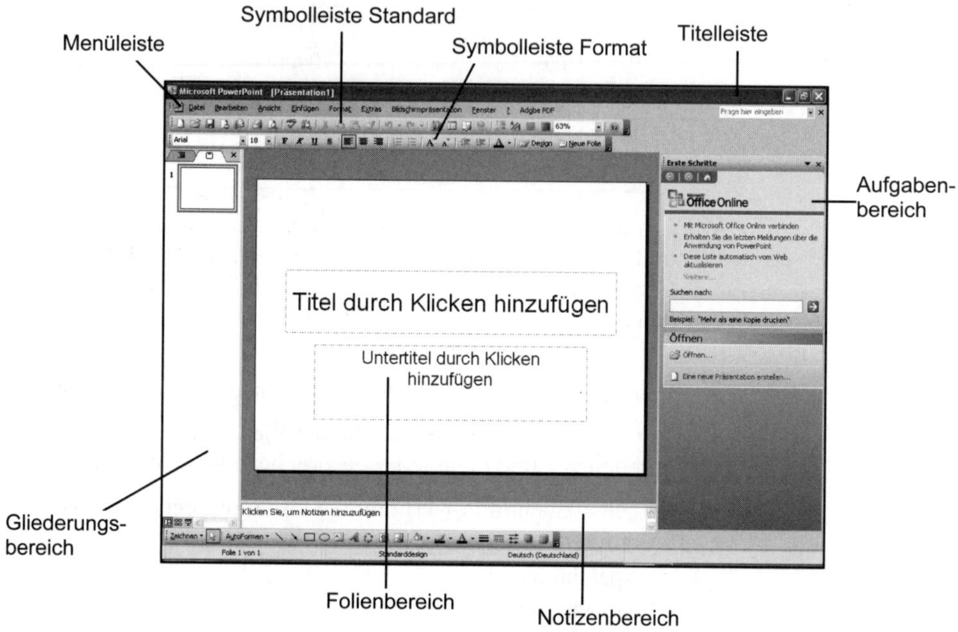

Am oberen Rand des Fensters befindet sich die „TITELLEISTE". In ihr findet man den Namen des aktuell geöffneten Programms (hier also PowerPoint) sowie in eckigen Klammern den der aktuellen Präsentation (hier Präsentation 1 als Standardeinstellung zu Beginn; sollten Sie Ihre Präsentation irgendwann abspeichern erscheint hier der von Ihnen gewählte Name).

Unterhalb der Titelleiste befindet sich die „MENÜLEISTE", die bei fast allen Programmen in Windows vorhanden ist. Sie umfasst allgemeine Befehle zur Steuerung des Programms, von denen wir einige kennen lernen werden.

Bei der konkreten Arbeit mit PowerPoint verwenden Sie am besten die nachfolgend erläuterten Symbolleisten. Diese sind thematisch geordnet, eine schnelle Orientierung ist mit etwas Übung möglich, ohne alle Funktionen im Detail zu kennen (für eine kurze Benennung der Funktionen der einzelnen Icons bewegen Sie Ihren Mauszeiger auf ein Icon und verharren kurz, dann erscheint automatisch gelb unterlegt die Bezeichnung dieses Icons). Nachfolgend werden die wichtigsten Symbolleisten kurz erläutert. Auf die meisten der genannten Funktionen wird daraufhin in den nächsten Kapiteln gesondert eingegangen.

Unterhalb der Menüleiste blendet PowerPoint standardmäßig zwei weitere Symbolleisten ein, die Symbolleiste „STANDARD“ und die Symbolleiste „FORMAT“.

Die wichtigsten Befehle der Symbolleiste „STANDARD“ sind:

- Arbeiten mit Dateien; öffnen, schließen, speichern, drucken
- Datentransfer; ausschneiden, kopieren, einfügen von Objekten, Daten, Cliparts

Die wichtigsten Befehle der Symbolleiste „FORMAT“ sind:

- Arbeiten mit Text/Textblöcken; Schrifttyp, Schriftgröße, Format, Schriftfarbe, Ausrichtung
- Aufzählung, Ausrichtung

Weitere wichtige Symbolleisten sind die Symbolleiste „ZEICHNEN“ (Einfügen und bearbeiten von neu zu erstellenden grafischen Elementen), die Symbolleiste „TABELLEN UND RAHMEN“ (Bearbeiten von Linienart und Linienstärke von Tabellen, Rahmenlinien und Schattierungen) sowie die Symbolleiste „WORDART“ (Gestaltung von Text- und Objekteffekten). Sind die entsprechenden Symbolleisten nicht eingeblendet, können Sie sie durch Klick in der Menüleiste auf „ANSICHT“ und „SYMBOLLEISTEN“ anzeigen lassen.

Das PowerPoint-Fenster selbst ist in vier Bereiche unterteilt:

- Folienbereich
- Gliederungsbereich
- Notizenbereich
- Aufgabenbereich

Durch Klick in den entsprechenden Bereich können Sie dort arbeiten. Die angezeigte Größe jedes Bereiches passen Sie an Ihre Bedürfnisse an, in dem Sie die Begrenzungslinien mit der Maus verschieben.

Am wichtigsten ist der „FOLIENBEREICH“. Eine Präsentation besteht aus mehreren Folien, und diese werden im Folienbereich erstellt. Dabei wird eine Folie Ihrer Präsentation so angezeigt, wie Sie sie später ausdrucken oder anzeigen können.

Der „GLIEDERUNGSBEREICH“ am linken Bildschirmrand enthält eine Übersicht über alle in der Präsentation vorhandenen Folien. Wenn Sie hier auf eine Folie klicken, erscheint diese auch in der Folienansicht.

Unterhalb des Folienbereiches erscheint ein Fenster mit dem Text „KLICKEN SIE HIER, UM NOTIZEN HINZUZUFÜGEN“. Das ist Ihr Notizzettel pro Folie, auf dem Sie sich Anmerkungen zu den beschriebenen Inhalten, zu Ihrem Vortragstext etc. machen können, ohne dass diese auf der Folie selbst erscheinen. Sie können diese aber später ausdrucken und als Gedächtnisstütze mit in Ihren Vortrag nehmen.

Ein weiteres Merkmal aller Microsoft-Office Programme seit der Version 2002 sind die „AUFGABENBEREICHE", die am rechten Bildschirmrand angezeigt werden. Sie zeigen in jeder Situation nahe liegende mögliche Aufgaben. So wird nach dem Start des Programms der Aufgabenbereich „ERSTE SCHRITTE" angezeigt. Die Anzeige des Aufgabenbereiches können Sie mit der Tastenkombination „STRG" und „F1" ein und ausschalten.

7.4 Vorbereitungen zu Ihrer ersten Präsentation

Der schnellste Weg zu Ihrer ersten Präsentation besteht darin, mit einer völlig leeren Präsentation zu beginnen. Sie erstellen dabei eine Präsentation von Grund auf selbst. Diese Option ist nur geeignet für fortgeschrittene Nutzer, da Sie alle Design- und Layouteinstellungen selbst vornehmen müssen. Eine solche leere Präsentation ist nach dem Programmstart von PowerPoint schon für Sie geöffnet.

7.4.1 Vorlagen

Mit den „ENTWURFSVORLAGEN" stellt Ihnen PowerPoint aber eine mächtige Hilfe zur Seite. Nach Klick in der Menüleiste auf „DATEI" und „NEU" wechselt die Ansicht im Aufgabenbereich auf „NEUE PRÄSENTATION" (vgl. Abbildung 7.2).

Abb. 7.2: Neue Präsentation

Nach Klick auf „VON EINER ENTWURFSVORLAGE" können Sie unter „ENTWURFSVORLAGE ÜBERNEHMEN" zunächst das Präsentationslayout auswählen, welches dann für alle Folien gilt. Sie werden inhaltlich nicht festgelegt und können den Aufbau der verschiedenen Folien selbst bestimmen. Unter „FARBSCHEMAS" können Sie sich die farbliche Gestaltung Ihrer Folien zusammenstellen. Zu „ANIMATIONSSCHEMAS“ kommen wir später. Die Option Entwurfsvorlage ist ideal für den Start in eine neue Präsentation, da Sie auch im Nachhinein viele Veränderungen vornehmen können.

Nach der Auswahl des Präsentationslayouts können Sie im Folienbereich mit der Arbeit an Ihrer ersten Folie beginnen. Die erste Folie wird von PowerPoint automatisch für die Titelfolie Ihrer Präsentation reserviert. Dabei gibt es zwei Platzhalter mit Namen „TITEL DURCH KLICKEN HINZUFÜGEN“ für den Titel und „UNTERTITEL DURCH KLICKEN HINZUFÜGEN“ für den Untertitel der Titelfolie. Sie können die Platzhalter anklicken und Ihre Titel direkt eintippen.

Ihre Präsentation wird aber nicht nur aus einer Titelfolie bestehen, so dass Sie jetzt nacheinander weitere Folien erstellen müssen. Mit Klick auf „NEUE FOLIE“ 

in der Symbolleiste „FORMAT“ erscheint eine neue Folie, deren Layout sie nun bestimmen müssen. Dieses Folienlayout wird nur für eine Folie festgelegt und bei der Erstellung einer neuen Folie immer wieder aufs Neue bestimmt.

Verschiedene Folienlayouts stehen Ihnen in unterschiedlichen Kombinationen zur Verfügung: Textlayouts, Inhaltslayouts, Kombinationen von Text- und Inhaltslayouts sowie weitere Layouts, mit deren Hilfe Sie Tabellen, Diagramme, Organigramme, Cliparts, Medienclips, ... in Ihre Präsentation einbinden können. Auf die wichtigsten Folienlayouts wird im Rahmen dieses Kapitels gesondert eingegangen.

7.4.2 Grundlagen: Allgemeine Einstellungen

Bevor Sie nun die erste Folie gestalten, sollten noch allgemeine Einstellungen wie Datum, Seitenzahlen, Firmenlogo, Autor und Thema ergänzt werden, die auf allen Folien immer an der selben Stelle stehen werden. Dafür gibt es zwei Möglichkeiten: Einstellungen in der Kopf- und Fußzeile (hier sind die Möglichkeiten etwas beschränkt) und den Folienmaster.

Kopf- und Fußzeile

Klicken Sie für die Bearbeitung der Kopf- und Fußzeile in der Menüleiste auf „ANSICHT“, danach auf „KOPF- UND FUßZEILE“ (vgl. Abbildung 7.3). Nehmen Sie dort die gewünschten Einstellungen vor.

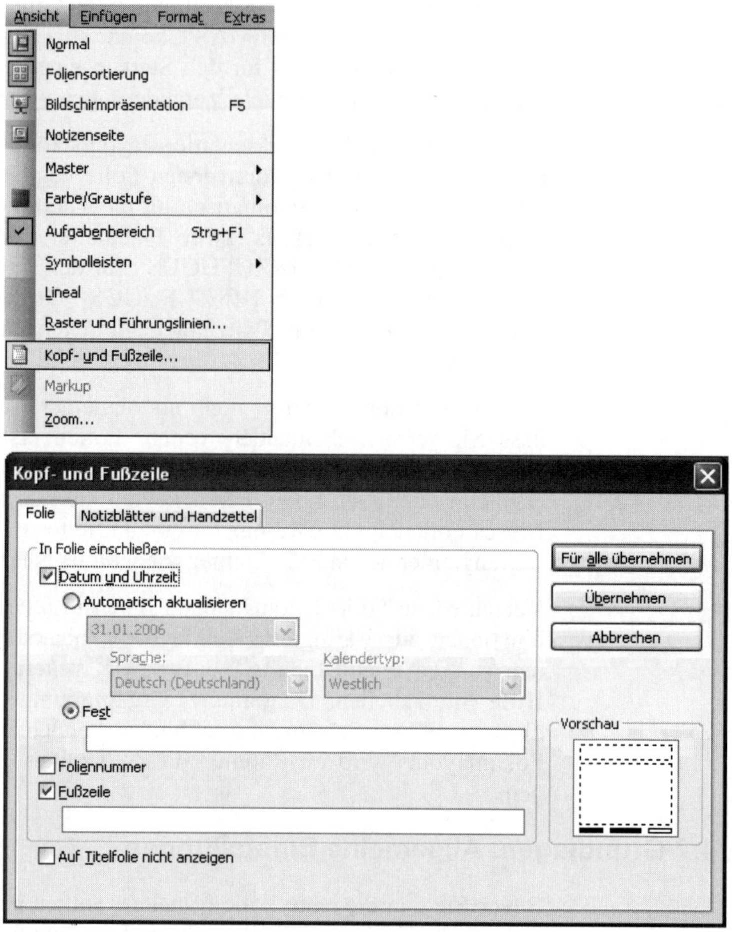

Abb. 7.3: Kopf und Fußzeile

Folienmaster

Der „FOLIENMASTER" bearbeitet eine Vorlage, die Grundlage aller weiteren Folien ist. Sie ist zu jeder Zeit bearbeitbar und aktualisiert nach jeder Änderung die gesamte Präsentation. Ein Textfeld, welches hier ergänzt wird, erscheint in der gesamten Präsentation an dieser Stelle. Eine Grafik (wie z. B. ein Firmenlogo) kann hier eingefügt werden, damit sie auf allen Folien erscheint (Wie Grafiken eingefügt werden lernen wir noch später). Zur Bearbeitung des Folienmasters gehen Sie folgendermaßen vor: Klicken Sie in der Menüleiste auf „ANSICHT", dann „MASTER" und „FOLIENMASTER". Alle Gestaltungen, die Sie im Laufe der nächsten Seiten kennen lernen werden, können hier für die gesamte Präsentation vorgenommen werden.

7.5 Arbeiten mit Textfeldern

Es gibt zwei Arten, Text auf Folien einzufügen:

- Wenn Sie an einer beliebigen Stelle der Folie einen Text platzieren wollen, wählen Sie in der Symbolleiste „ZEICHNEN“ das Icon für ein neues Textfeld . Dann setzen Sie den Mauszeiger an die Stelle, an der das Textfeld stehen soll und drücken die linke Maustaste. Daraufhin können Sie Ihren Text eingeben.
- In ein vorhandenes Textfeld kann ein Text eingefügt werden, nachdem das Feld angeklickt worden ist.

Mit den Icons der Symbolleiste „FORMAT“ können Sie das Format des Textes verändern. Wollen Sie nur ein Wort verändern, so ziehen Sie mit gedrückter linker Maustaste über die betreffenden Buchstaben (markieren). Wählen Sie dann die gewünschte Option in der Symbolleiste „FORMAT“. Im Grossen und Ganzen funktioniert das in der Art und Weise, wie Sie es aus Word gewohnt sind.

Wollen Sie einen ganzen Textblock verändern, so klicken Sie zunächst den Text an. Es erscheint ein Rahmen um den Text. Diesen klicken Sie nochmals an. An den Ecken erscheinen nun kleine Kreise. Wählen Sie nun die gewünschte Option aus der Symbolleiste „FORMAT“.

Wenn die Kreise am Rahmen zu sehen sind,

- wirken sich Veränderungen auf den gesamten Textblock aus,
- können Sie den Textblock durch Anklicken und Ziehen an den Kreisen mit gedrückter linker Maustaste in seiner Größe verändern,
- können Sie den Textblock mit Farbe, Umrahmung und Schatten unterlegen, was Sie später noch lernen werden.

Versuchen Sie es jetzt einmal selbst. Folgende Folienvorlage möge Ihnen als Anhaltspunkt dienen. Probieren Sie aber ruhig selbst aus. Nachfolgend dann noch ein paar Tipps, die sich bei der Gestaltung dieser Folie als nützlich erwiesen haben.

Folie 1

Zusätzliche Tipps zur Gestaltung der Folie 1:

- Als Präsentationslayout (Präsentationsvorlage) bezeichnet man das Grunddesign aller Folien. Im Beispiel ist das eine Vorlage, in der das obere und untere Textfeld durch eine Linie getrennt sind. Als Folienlayout (Folienvorlage) bezeichnet man das Design *einer* Folie, also Titelfolie, Folie mit Diagramm etc.
- Es ist möglich, dass die hier verwendete Präsentationsvorlage auf Ihrem Computer nicht installiert ist. Wählen Sie dann einfach eine andere.
- Textfelder und andere Objekte lassen sich auf einer Folie richtig ausrichten, indem Sie sie zunächst markieren. Daraufhin klicken Sie in der Symbolleiste „ZEICHNEN“ auf „ZEICHNEN“, dann auf „AUSRICHTEN ODER VERTEILEN“. Nach Aktivierung des Schalters „IM VERHÄLTNIS ZUR FOLIE“ können Sie die entsprechenden Einstellungen vornehmen.
- Soll ein Textformat auf ein anderes übertragen werden, gibt es einen kleinen Trick, der aus Word bekannt ist und generell für das Übertragen von Formaten gilt:
  - Markieren Sie dazu das Element, welches das gewünschte Format hat.
  - Klicken Sie dann in der Symbolleiste „STANDARD“ auf das Icon „FORMAT ÜBERTRAGEN“ .
  - Gehen Sie auf das neue Element und klicken Sie es an. Das alte Format wird jetzt übernommen.
- Wollen Sie ein Textfeld unbedingt mit einem kleinen Buchstaben beginnen, das Programm wechselt aber automatisch auf Großschreibweise, müssen Sie eine grundlegende Einstellung in PowerPoint ändern: Klicken Sie in der Menüleiste unter „EXTRAS“ auf „AUTOKORREKTUR“. Dort gibt es unter „AUTO-

KORREKTUR-OPTIONEN“ den Auswahlpunkt „JEDEN SATZ MIT EINEM GROßBUCHSTABEN BEGINNEN“. Deaktivieren Sie diesen Auswahlpunkt.

- Grundsätzlich gilt: Wenn Sie auf ein zu bearbeitendes Element mit der rechten Maustaste klicken, erscheint das Kontextmenü. In diesem Menü sind die jeweils in diesem Moment verfügbaren Befehle aufgeführt. Dies erspart Ihnen den oft mühsamen Weg über die Menüleisten. Für den Fall der Textfelder gibt Ihnen das Kontextmenü z. B. die Möglichkeit, die genaue Größe und Position des Textfeldes zu bestimmen. Klicken Sie mit der rechten Maustaste auf ein Textfeld, dann im Kontextmenü auf „TEXTFELD FORMATIEREN“. Unter „GRÖSSE“ oder „POSITION“ können Sie entsprechende Einstellungen vornehmen.

7.6 Aufzählungen erstellen und bearbeiten

7.6.1 Aufzählung

Zum Einfügen einer neuen Folie wählen Sie in der Symbolleiste „STANDARD“ das Icon „NEUE FOLIE“ Neue Folie.

Sie finden unter „TEXTLAYOUTS“ im „AUFGABENBEREICH“ Aufzählungen in verschiedenen Formen als Vorlage für ein Folienlayout. Wählen Sie eine aus und geben Sie den Text ein. Bitte beachten Sie: Allgemeine Designeinstellungen, die durch das Präsentationslayout definiert sind, werden automatisch übernommen.

Sie können auch ein vorhandenes Textfeld in eine Aufzählung verwandeln, indem Sie das Icon „AUFZÄHLUNG“ verwenden.

Aufzählungen haben verschiedene Besonderheiten in der Gliederung:

- Hauptpunkte sind größer und haben bestimmte Aufzählungszeichen.
- Unterpunkte sind kleiner und haben andere Aufzählungszeichen. Sie ändern die Ebene einer Aufzählungszeile, in dem Sie den Einzug der entsprechenden Zeile vergrößern oder verkleinern. Das geht mit den Einrückicons in der Symbolleiste „FORMAT“.
- Wenn Sie die „RETURN“-Taste drücken, kommen Sie zu einem neuen Gliederungspunkt.
- Drücken Sie die „HOCHSTELL“ und „RETURN“-Tasten gleichzeitig, erhalten Sie einen Zeilenwechsel mit entsprechender Einrückung, ohne dass ein neues Aufzählungszeichen erscheint.

7.6.2 Layout von Aufzählungszeichen

Aufzählungszeichen können ganz unterschiedlich gestaltet werden.

- Wählen Sie hierzu in der Menüleiste „FORMAT“, dann „NUMMERIERUNG UND AUFZÄHLUNGSZEICHEN“.
- Jedes beliebige Zeichen jeder installierten Schriftart kann als Aufzählungszeichen verwendet werden. Eine gute Quelle ist z. B. die Schriftart Wingdings.
- Passen Sie Ihr ausgewähltes Zeichen in der Größe an und klicken Sie „OK“.

Sie können alle Aufzählungszeichen auf einmal ändern, indem Sie den Rahmen des entsprechenden Textfeldes anklicken (die Kreise erscheinen), oder Sie ändern einzelne Aufzählungszeichen, indem Sie sie zunächst anklicken und dann wie oben beschrieben verfahren.

Versuchen Sie es jetzt einmal selbst:

Folie 2

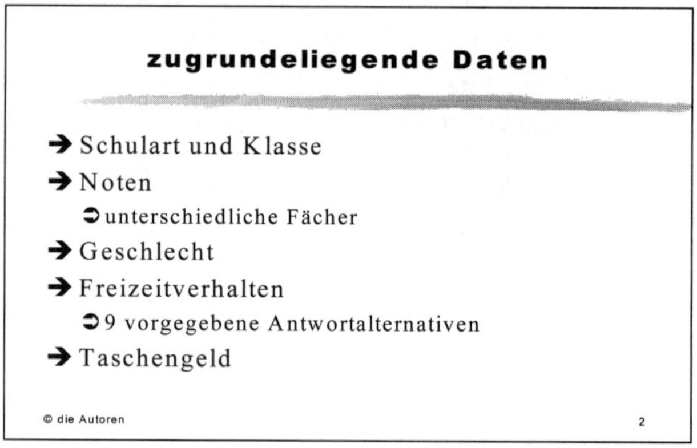

7.7 Hintergrund, Rahmen und Schattierung von Objekten

Es gibt viele verschiedene Möglichkeiten, das Aussehen eines vorhandenen Objektes (wie z. B. eines Textfeldes) zu verändern. Die wichtigsten Funktionen werden nachfolgend genannt:

7.7.1 Rahmen, Linienarten, -farbe und -dicke

Mit dem Icon „LINIENFARBE“  in der Symbolleiste „ZEICHNEN“ bestimmen Sie, ob es überhaupt eine Rahmenlinie geben soll und gegebenenfalls deren Farbe. Beachten Sie dabei das kleine Dreieck rechts, hinter dem sich weitere Einstellungsmöglichkeiten verbergen.

Mit den Icons „LINIENART“ und „STRICHART“, in der Symbolleiste „ZEICHNEN“ verändern Sie die Liniendicke und die Linienart.

7.7.2 Füllbereichsfarbe und Muster

Mit dem Icon „FÜLLFARBE“ kann ein Objekt mit verschiedenen Farben gefüllt werden, auch Farbübergänge und verschiedene Muster sind möglich. Klicken Sie einfach auf den kleinen Pfeil rechts vom Icon.

7.7.3 Schatten

Mit dem Icon „SCHATTENART“ in der Symbolleiste „ZEICHNEN“ können Sie um Ihr Objekt einen Schatten legen. Auch hier sind viele verschiedene Arten von Schatten möglich. Probieren Sie doch einmal die „SCHATTENEINSTELLUNGEN“ nach dem Klick auf das Icon aus. Dort ist auch die Schattenfarbe einstellbar.

Mit dem Icon „3D-ART“ in der Symbolleiste „ZEICHNEN“ lassen sich 3D-Effekte einschalten, die bei „3D-EINSTELLUNGEN“ wiederum mannigfaltig veränderbar sind. Unter anderem sind dort der Lichteinfall, die Schattentiefe, die Schattenfarbe und vieles weitere mehr modifizierbar.

Versuchen Sie es jetzt einmal selbst:

Folie 3

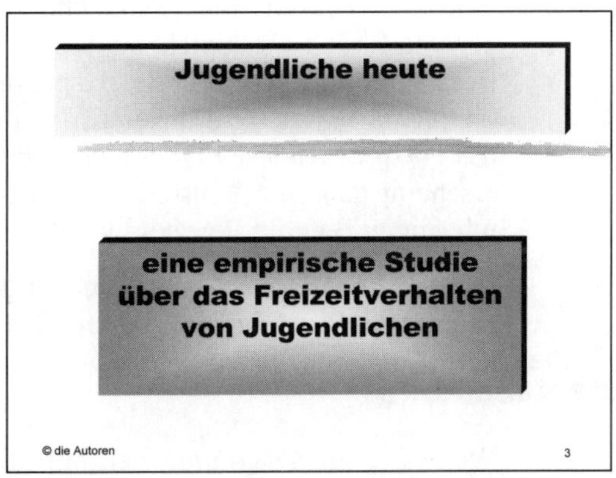

Zusätzliche Tipps zur Gestaltung der Folie 3:

- Auch Einstellungen des Schattens etc. lassen sich mit dem Icon „FORMAT ÜBERTRAGEN“ wie in Folie 1 beschrieben auf andere Felder übertragen.
- Will man einen Schatten um das Textfeld haben, aber nicht um die Buchstaben, kann es Ihre Nerven schonen, wenn Sie mit

dreidimensionalen Schatten arbeiten oder den Hintergrund eines Textfeldes auf Weiß (oder eine andere passende Farbe) setzen.

7.8 Diagramme einfügen und bearbeiten

7.8.1 Diagramm einfügen

Sie können auf verschiedene Arten ein Diagramm in Ihre Präsentation einfügen:

- Wählen Sie aus den Folienlayouts nach dem Einfügen einer neuen Folie eine entsprechende (Folie mit Inhalt, dort das Icon „DIAGRAMM EINFÜGEN") aus.
- Oder klicken Sie das Icon „DIAGRAMM EINFÜGEN" an, um ein Diagramm in die aktuelle Folie einzubinden.
- Oder wählen Sie in der Menüleiste den Befehl „EINFÜGEN", dann „DIAGRAMM EINFÜGEN". Dies fügt ebenfalls ein Diagramm ein.

7.8.2 Grundsätzliches

Sie können ein Diagramm nur dann bearbeiten, wenn Sie es zuvor auf der Folie per Doppelklick aktiviert haben. Es erscheint dann ein Rahmen um das Diagramm und die Menüleiste sowie die Symbolleiste verändern sich. Wollen Sie einzelne Elemente des Diagramms (wie z. B. Balken eines Balkendiagramms) verändern, müssen diese per Mausklick zusätzlich markiert werden. Grundsätzlich gilt: Zur Bearbeitung müssen Sie die entsprechenden Elemente markieren und die rechte Maustaste drücken (öffnen des Kontextmenüs). Sie können das entsprechende Element aber auch per Doppelklick aktivieren; es erscheint dann ein Fenster, in dem die für die aktivierten Elemente relevanten Befehle angezeigt werden.

Die für die Arbeit mit Diagrammen grundlegenden Funktionen seien nachfolgend ausführlicher beschrieben.

7.8.3 Datentabelle

Wenn Sie ein Diagramm neu aufrufen, öffnet sich automatisch die Datentabelle (vgl. Abbildung 7.4).

Abb. 7.4: Datentabelle

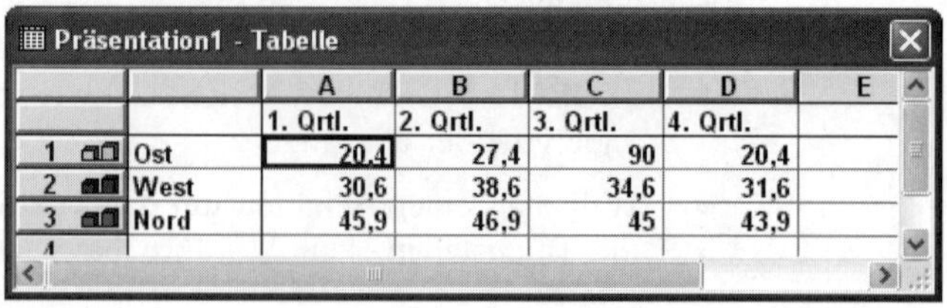
Präsentation1 - Tabelle

		A	B	C	D	E
		1. Qrtl.	2. Qrtl.	3. Qrtl.	4. Qrtl.	
1	Ost	20,4	27,4	90	20,4	
2	West	30,6	38,6	34,6	31,6	
3	Nord	45,9	46,9	45	43,9	
4						

In dieser Datentabelle stehen standardmäßig Daten, aus denen PowerPoint automatisch ein Demonstrationsdiagramm erstellt und die Sie jetzt Ihren Ansprüchen entsprechend modifizieren können. Jede Veränderung der Daten wirkt sich sofort auf das Diagramm aus. Natürlich ist es auch möglich, sowohl Zeilen als auch Spalten zu ergänzen oder zu entfernen. Ist die Datentabelle nicht sichtbar, können Sie sie mit dem Icon „DATENBLATTANSICHT“ aktivieren. Die Datentabelle kann zu jedem Zeitpunkt aktiviert und modifiziert werden.

7.8.4 Arbeiten mit Diagrammen

Nachfolgend werden die wichtigsten Icons mit ihren Funktionen beschrieben.

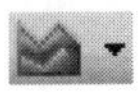

Auswahl des Diagrammtyps; hier können Sie zwischen vielen verschiedenen Diagrammarten und Stilen (Kreis, Flächen, Balken, Säulen) auswählen.

Vertauschen von Daten in Zeilen und Spalten (Tausch von x- und y-Achse); damit ändert sich die Ansichtsweise der Diagramme.

Füllfarben und Muster verändern; hier kann man die Farbe des *markierten* Elementes verändern. Ist das gesamte Objekt markiert, verändert sich der Diagrammhintergrund, ist hingegen ein Segment eines Kreisdiagramms markiert, wird dessen Aussehen verändert.

Die ganze Mächtigkeit des Programms hinsichtlich der Modifikationsmöglichkeiten des Aussehens eines Diagramms können Sie ausprobieren, wenn Sie die weiteren Icons testen oder in der Menüleiste unter „DIAGRAMM“ nachschauen (vgl. Abbildung 7.5).

Abb. 7.5:
Diagramm

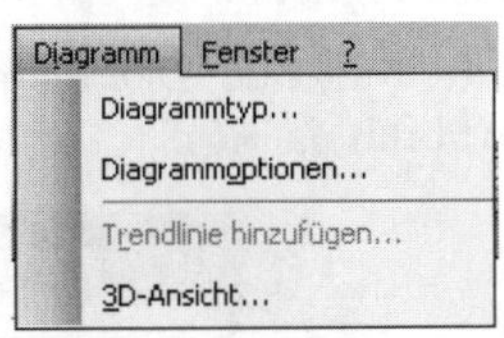

Hier können Sie den Diagrammtyp verändern, verschiedene Diagramm-Optionen (alles, was irgendwie mit Beschriftungen zusammenhängt) einstellen und Ihr Diagramm 3-dimensional gestalten. Probieren Sie es einfach einmal aus; ein Vorschaufenster zeigt Ihnen an, wie sich Ihre Veränderungen auswirken würden.

Versuchen Sie es jetzt einmal selbst:

Folie 4

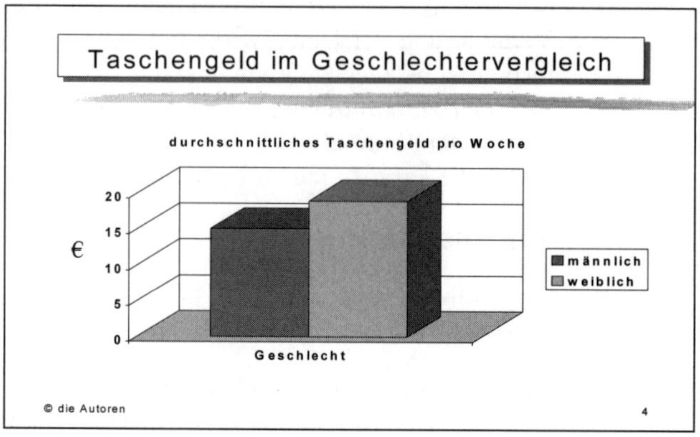

Zusätzliche Tipps zur Gestaltung der Folie 4:

- Werden die Daten des Datenblattes dorthingehend modifiziert, dass eine Datenreihe oder Spalte gelöscht wird, müssen Sie darauf achten, dass Sie dies durch das Markieren der gesamten Spalte bzw. Zeile tun (durch Anklicken der Buchstaben für eine Zeile und durch Anklicken der Zahlen für eine Zeile im Datenblatt). Wenn Sie nur die Datenzellen markieren und löschen bleibt die Spalte bzw. Zeile aktiv und im Diagramm bleibt der Platz für die Daten reserviert, obwohl es keine mehr gibt. Sie sollten dies überprüfen, wenn Sie z. B. nur zwei Balken für Daten haben, das Programm aber Platz für drei Balken reserviert.
- Egal welches Detail Ihres Diagramms Sie bearbeiten wollen: Klicken Sie es doppelt an und Sie werden viele weitere Modifikationsmöglichkeiten entdecken.
- Die folgende Datentabelle ist Grundlage für diese Folie (vgl. Abbildung 7.6):

Abb. 7.6:
Zugrunde liegende Datentabelle

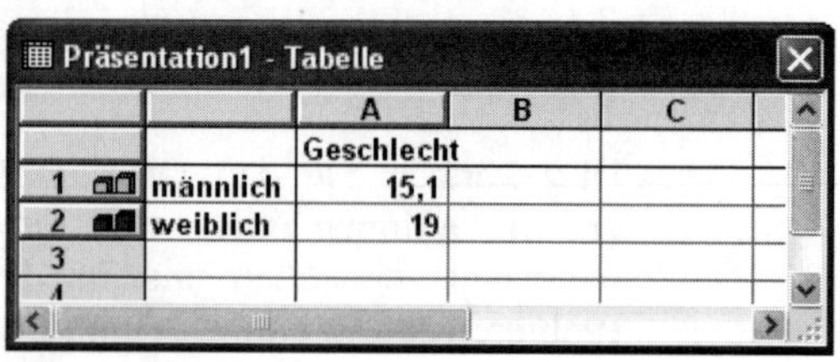

Präsentation1 - Tabelle

		A	B	C
		Geschlecht		
1	männlich	15,1		
2	weiblich	19		
3				
4				

7.9 Diagramme und Aufzählungen

Wiederholen Sie jetzt einfach das, was Sie bisher über Aufzählungen und Diagramme gelernt haben.

- Wählen Sie zunächst als neue Folie eine Vorlage aus, bei der sowohl Aufzählung als auch Diagramm voreingestellt sind.
- Probieren Sie verschiedene Aufzählungszeichen aus.
- Probieren Sie verschiedene Diagrammtypen aus.

Orientieren Sie sich aber auch unbedingt an der Folienvorlage 5. Mit solch kleinen Schriften würden Sie zwar nie eine Vortragsfolie gestalten, aber Vorsicht! Zum Üben sind ein paar Gemeinheiten eingebaut.

Folie 5

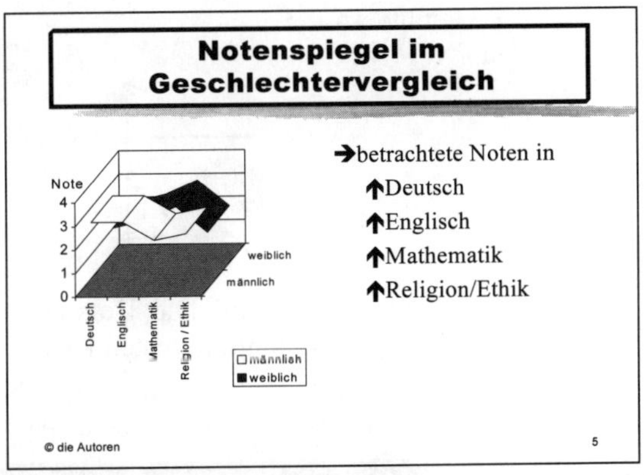

Zusätzliche Tipps zur Gestaltung der Folie 5:

Gelingt es Ihnen nicht, die Beschriftungen wie in der Folie angegeben zu gestalten? Dies kann daran liegen, dass

- die Schriftgröße für die Beschriftung zu groß ist. Verringern Sie sie.
- das Diagramm insgesamt zu klein ist. Vergrößern Sie es, indem Sie
  - *a)* das gesamte Objekt vergrößern (das gesamte Objekt markieren und an den dann erscheinenden Quadraten ziehen) oder
  - *b)* die Zeichnungsfläche vergrößern. Klicken Sie dazu zwischen das Diagramm und der gerade eben markierten Fläche und verändern Sie die Größe wie soeben beschrieben.

Abb. 7.7: Detailbearbeitung von Diagrammen

a)

b)

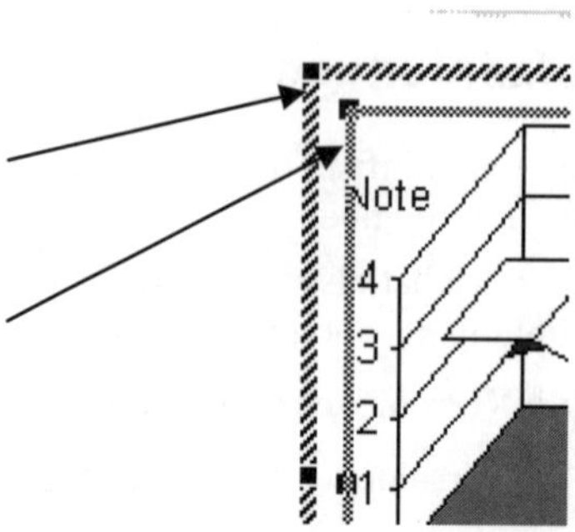

- der Neigungswinkel im Diagramm nicht passt. Sie ändern ihn, indem Sie an den Rand des Diagramms klicken (am besten rechts oben im Eck der Gitternetzlinien) und mit gedrückter linker Maustaste in eine Richtung ziehen, um den Neigungswinkel zu verändern.

Abb. 7.8: Detailbearbeitung von Diagrammen

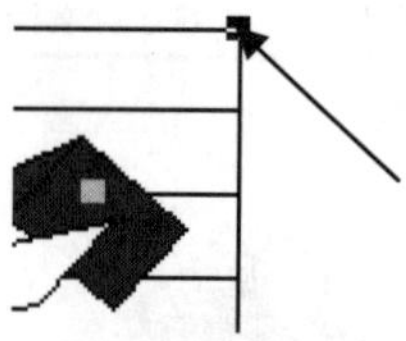

Und nicht verzweifeln! Die Detailarbeit in Diagrammen gehört sicherlich zu den kompliziertesten Kleinigkeiten in PowerPoint.

- Die folgende Datentabelle (vgl. Abbildung 7.9) ist Grundlage für diese Folie:

Abb. 7.9: Zugrunde liegende Datentabelle

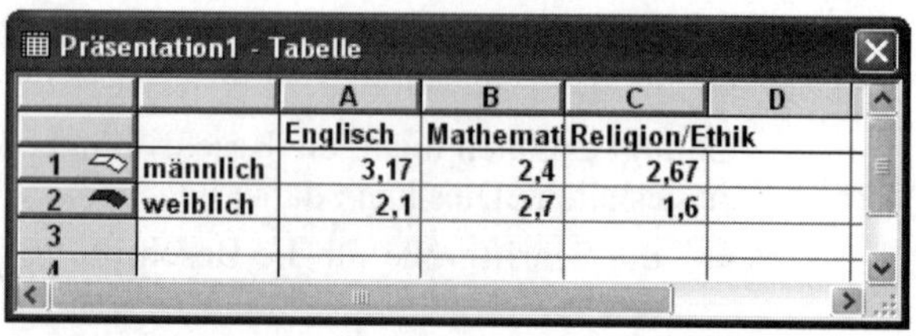

Präsentation1 - Tabelle

		A	B	C	D
		Englisch	Mathemati	Religion/Ethik	
1	männlich	3,17	2,4	2,67	
2	weiblich	2,1	2,7	1,6	
3					
4					

7.10 Tabellen einfügen und bearbeiten

Jetzt wird es wieder etwas gemütlicher.

Wenn Sie in PowerPoint eine Tabelle einfügen, so werden die Programmfunktionen von Word aufgerufen. Wenn Sie sich in Word auskennen, passiert hier nichts wesentlich Neues für Sie.

Aktivieren Sie, so noch nicht geschehen, vor der Bearbeitung Ihrer Tabelle die Symbolleiste „TABELLEN UND RAHMEN" unter „ANSICHT" und „SYMBOLLEISTEN".

Wählen Sie mit dem Icon „NEUE FOLIE“ die entsprechende Folienvorlage aus.

Nach der Auswahl werden Sie um die Spalten- und Zeilenanzahl gebeten. Diese lassen sich natürlich auch im Nachhinein noch verändern. Entsprechend den von Ihnen gemachten Angaben erstellt PowerPoint eine Tabelle.

Die Symbolleiste „TABELLE UND RAHMEN“ eröffnet Ihnen viele Möglichkeiten. Mit dem Icon „TABELLE ZEICHNEN“ können Sie einen Modus an- und ausschalten, der es Ihnen erlaubt, neue Zellen in Ihre Tabelle zu zeichnen. Nach Aktivierung sieht Ihr Mauszeiger wie ein Bleistift aus. Gehen Sie nun mit dem Mauszeiger an eine bestimmte Stelle der Tabelle, klicken die linke Maustaste und ziehen mit gedrückter Maustaste den Mauszeiger bis zum Ende Ihrer gewünschten Linie. Schon haben Sie neue Zellen eingefügt.

Neben der Bearbeitung der Inhalte der Zellen, den Sie einfach eintippen können, wenn der Cursor an der richtigen Stelle sitzt, können Sie die Zellen auch mit Rahmenlinien versehen. Markieren Sie für die Rahmen zunächst die entsprechenden Zellen und klicken dann auf den Pfeil rechts vom Icon „RAHMENLINIEN AUßEN“ in der Symbolleiste „TABELLEN UND RAHMEN“; es erscheint eine kleine Auswahl mit möglichen Einstellungen für Innen- und Außenlinien. Zum Kombinieren dieser Funktionen müssen Sie die einzelnen Einstellungen nacheinander vornehmen (vgl. Abbildung 7.10). Leicht grau sind die gerade aktiven Einstellungen.

Abb. 7.10: Rahmen

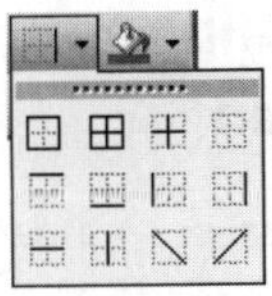

Die Breite und Höhe einzelner Spalten können Sie verändern, indem Sie mit dem Mauszeiger über die Rahmenlinien der Zellen fahren und dann mit gedrückter linker Maustaste die Linie verschieben.

Über den Befehl „TABELLE“ in der Symbolleiste „TABELLEN UND RAHMEN“ lassen sich Zellen ergänzen und löschen.

Ebenfalls dort können Sie die Hintergründe einzelner Zellen verändern.

Mit der „TABULATOR“-Taste können Sie jeweils eine Zelle weiterspringen.

Versuchen Sie es jetzt einmal selbst:

Folie 6

Einschätzung des Freizeitverhaltens „Diskotheken besuchen“

Einschätzung	Häufigkeiten	kum. Häufigkeiten	% der validen Angaben	kum. % aller Fälle
1	2	2	12,50	12,50
2	5	7	31,25	43,75
3	4	11	25,00	68,75
4	2	13	12,50	81,25
5	3	16	18,75	100,00
missing	0		0,00	

© die Autoren 6

Zusätzlicher Tipp zur Gestaltung von Folie 6:

Beginnt das Programm jede Zelle mit einem Großbuchstaben, obwohl Sie wie in den Tipps zu Folie 1 beschrieben den entsprechenden Eintrag in der Autokorrektur vorgenommen haben? Nun, die Tabellenfunktion wird separat behandelt. Klicken Sie in der Menüleiste unter „EXTRAS“ auf „AUTOKORREKTUR-OPTIONEN“. Dort gibt es unter „AUTOKORREKTUR“ den Auswahlpunkt „ERSTEN BUCHSTABEN IN TABELLENZELLEN GROSS“. Deaktivieren Sie diesen Auswahlpunkt.

7.11 Einfügen von Cliparts

7.11.1 Cliparts einfügen

Sie können ein Clipart auf verschiedene Arten in Ihre Präsentation einfügen:

- Sie wählen nach der Auswahl einer neuen Folie die entsprechende Folienvorlage aus oder Sie klicken auf das Icon „CLIPART EINFÜGEN“ in der Symbolleiste „ZEICHNEN“. PowerPoint stellt Ihnen eine ganze Reihe von Cliparts zur Verfügung, aus der Sie sich eines aussuchen können.
- Sie verwenden die Zwischenablage. Sie können ein Clipart (oder auch eine Graphik), das Sie z. B. in einem Grafikprogramm bearbeitet haben, durch die Icons „KOPIEREN“ und „EINFÜGEN“ in der Symbolleiste „STANDARD“ im Ursprungsort kopieren und in Ihrer Präsentation wieder einfügen.
- Sie können ein Clipart, welches Sie schon auf der Diskette oder der Festplatte abgespeichert haben, verwenden, indem Sie es

über die Befehle (aus der Menüleiste) „EINFÜGEN", „GRAFIK", „AUS DATEI" auswählen.

7.11.2 Cliparts platzieren

Sie können das Clipart jetzt vergrößern oder verkleinern, indem Sie an den Punkten des Rahmens mit gedrückter linker Maustaste in die entsprechende Richtung ziehen.

Verschieben können Sie Ihr Clipart, indem Sie auf das Clipart klicken und mit gedrückter linker Maustaste an die entsprechende Stelle gehen.

7.11.3 Cliparts verändern

Cliparts können normalerweise nur insgesamt verändert, ergänzt, gedreht oder gespiegelt werden. Dafür stehen in der Symbolleiste „ZEICHNEN" unter „ZEICHNEN" eine ganze Menge Befehle zur Verfügung. Es gibt jedoch einen kleinen Trick, um ein Clipart in seine Einzelteile zu zerlegen und diese dann zu bearbeiten: Markieren Sie das Clipart und klicken Sie in der Symbolleiste „ZEICHNEN" auf „ZEICHNEN" und auf „GRUPPIERUNG AUFHEBEN" (es folgt eine Meldung, die uns nicht interessieren muss und die Sie einfach übergehen können). Je öfter Sie „GRUPPIERUNG AUFHEBEN" anklicken, in desto mehr Einzelteile wird Ihr Clipart zerlegt. Wenn Sie dann auf eines dieser Einzelteile klicken, können Sie es mit den schon bekannten Befehlen verändern.

Anschließend gruppieren Sie das Clipart am besten wieder zu einer Einheit, so dass Sie es als Ganzes weiterverwenden können. Klicken Sie dazu auf das Icon „OBJEKTE MARKIEREN" in der Symbolleiste „ZEICHNEN". Setzen Sie dann oberhalb der linken oberen Ecke des Cliparts an, halten Sie die linke Maustaste gedrückt und ziehen Sie jetzt die Maus bis knapp unter die rechte untere Ecke. Es entsteht ein Rahmen. Lassen Sie dann die Maustaste los. Jetzt klicken Sie auf „ZEICHNEN" in der Symbolleiste „ZEICHNEN", danach auf „GRUPPIERUNG". Ihr Clipart bildet jetzt wieder eine Einheit. Sie können mehrere Elemente auch dadurch markieren, indem Sie nach dem Markieren des ersten Elementes das Nächste mit gedrückter „HOCHSTELL"-Taste anklicken.

7.11.4 Cliparts (und auch andere Objekte) drehen

Wenn Sie Ihr Clipart auf die gerade eben geschilderte Art und Weise bearbeitet haben, können Sie es drehen, kippen und spiegeln. Dazu markieren Sie zunächst das zu bearbeitende Clipart. Klicken Sie dann in der Symbolleiste „ZEICHNEN“ auf „ZEICHNEN“ und anschließend auf den entsprechenden Befehl. Beim Kippen und Spiegeln sehen Sie die Veränderung am Clipart sofort. Beim freien Drehen müssen Sie das Clipart an den dann erscheinenden grünen Kreisen zunächst in die gewünschte Position drehen. Klicken Sie dazu auf einen der Kreise und ziehen die Maus bei gedrückter linker Maustaste in die entsprechende Richtung.

7.11.5 Vordergrund und Hintergrund

Wenn Sie mehrere sich überlappende Objekte auf einer Folie haben, können Sie einzelne davon in den Vorder- oder Hintergrund holen.

Folie 7 mag als Beispiel dienen:

- Markieren Sie das Objekt, z. B. den Tennisspieler.
- Klicken Sie in der Symbolleiste „ZEICHNEN“ auf „ZEICHNEN“, dann „REIHENFOLGE“.
- Dort können Sie „ebenenweise“ ein Objekt nach vorne oder hinten holen; Sie können ein Objekt aber auch ganz in den Hintergrund oder Vordergrund stellen.

Nachfolgend eine Beispielfolie. Beachten Sie die Reihenfolge der Grafiken und die Halbtransparenz des unteren Textfeldes. Der Fußballspieler war zu Beginn ein Clipart mit dem Ball am linken Fuß. Nun ist der Ball im Vordergrund und am rechten Fuß.

Folie 7

Zusätzliche Tipps zur Gestaltung der Folie 7:

- Sie schaffen es nicht, das Textfeld „eine empirische Studie über das Freizeitverhalten von Jugendlichen“ so zu gestalten, dass nach „Jugendlichen“ eine Leerzeile folgt, bevor der Rahmen abschließt? Der Versuch, den Rahmen mit der Maus nach unten zu ziehen hat hier keinen Erfolg, vielmehr müssen Sie im Textfeld mit Hilfe der „RETURN“-Taste eine Leerzeile manuell einfügen.
- Haben Sie gesehen, dass die Teile der Spieler, die vom Textfeld überlagert werden, etwas weniger intensiv erscheinen? Dies nennt man „transparent“. Die entsprechende Einstellung können Sie vornehmen, indem Sie das schon genannte Kontextmenü bemühen. Klicken Sie mit der rechten Maustaste auf das Textfeld, wählen im dann erscheinenden Menü erst den Menüpunkt „TEXTFELD FORMATIEREN“, um dann bei „FARBEN UND LINIEN“ die Transparenz prozentgenau angeben zu können. Die Transparenzeinstellungen stehen auch für andere Objekte außer Textfeldern zur Verfügung.
- Sinnvoll ist diese Funktionalität aber nur, wenn eine Farbe für den Füllbereich ausgewählt worden ist – hier muss die Farbe weiß ausgewählt werden.

7.12 Einfügen von Organisationsdiagrammen

7.12.1 Organisationsdiagramme einfügen

Organisationsdiagramme eignen sich hervorragend zur Gestaltung von hierarchischen Strukturen. Versuchen Sie jetzt einmal, ein Organisationsdiagramm zu erstellen. Wählen Sie hierzu nach dem Einfügen einer neuen Folie eine entsprechende Vorlage aus. Ihnen wird daraufhin ein einfaches Organisationsdiagramm vorgegeben, welches Sie bearbeiten können.

Neue Felder in Ihrem Diagramm können Sie mit der neu erscheinenden Symbolleiste hinzufügen (vgl. Abbildung7.11).

Abb. 7.11: Symbolleiste Organigramm

Unter „FORM EINFÜGEN“ stehen Ihnen drei Möglichkeiten zur Verfügung. Wichtig ist, dass Sie das Feld, zu dem Sie ein weiteres ergänzen wollen, zunächst angeklickt haben.

Sie können ein Feld löschen, indem Sie es markieren (dabei darf der Cursor nicht blinken; tut er es doch klicken Sie auf den Rand des Feldes, bis ein Rahmen mit Kreisen erscheint) und in der Menüleiste auf „BEARBEITEN“ und „LÖSCHEN“ klicken.

Mit dem Menüpunkt „LAYOUT“ können Sie die hierarchische Struktur Ihres Organigramms verändern.

Zum Verändern von Farben, Füllfarben etc. der einzelnen Felder steht Ihnen wie gewohnt die Symbolleiste „ZEICHNEN“ zur Verfügung.

Über das Icon „ORGANIGRAMMTYPKATALOG“ in der Symbolleiste „ORGANIGRAMM“ stehen Ihnen viele vorgefertigte Organigramm-Layouts zur Verfügung, die Sie mit einem Mausklick übernehmen können. Probieren Sie es doch einfach einmal aus!

Als Übungsbeispiel möge Ihnen die nachfolgende, inhaltlich aber wenig aussagekräftige Vorlage dienen.

Folie 8

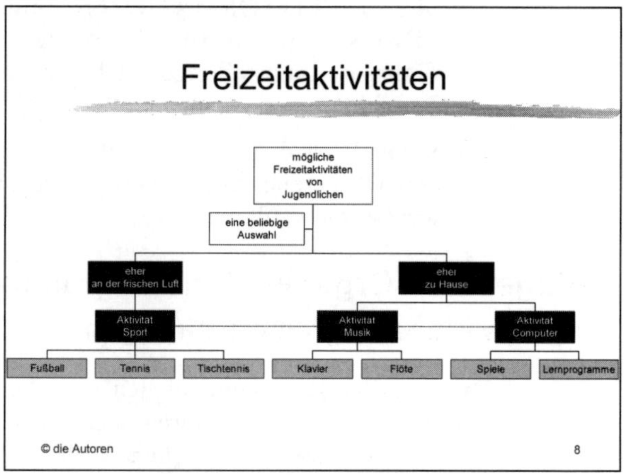

Zusätzliche Tipps zur Gestaltung der Folie 8:

- Die Verbindungslinien zwischen den Aktivitäten können Sie ziehen, wenn Sie in der Symbolleiste „ZEICHNEN“ auf „AUTOFORMEN“ und dort auf „VERBINDUNGEN“ klicken. Sie erhalten dort eine große Auswahl möglicher Verbindungslinien, mit denen Sie einzelne Felder in Ihrem Organigramm miteinander verbinden können. Wenn Sie dort eine Linie ausgewählt haben müssen Sie nur noch den Start- und Zielpunkt Ihrer Linie bestimmen. Nachdem das geschehen ist können Sie Ihre Linie wie in der Vorlage stricheln, in dem Sie in der Symbolleiste „ZEICHNEN“ mit dem Icon „STRICHART“ die entsprechende Variante auswählen.
- Bearbeiten Sie grundsätzlich alle Zellen einer Ebene (z. B. alle Aktivitäten). Es geht nicht, dass eine Zelle einer Ebene größer ist als das Nachbarfeld.

- Mehrere Kästchen markieren Sie, indem Sie nach dem Anklicken eines Kästchens das nächste mit gedrückter „HOCHSTELL"-Taste anklicken.

7.13 Zeichnen

7.13.1 Einfaches Zeichnen

Sie können auf Folien auch frei von Vorlagen einfach drausloszeichnen.

Wählen Sie dazu als Folienvorlage „NUR TITEL" oder „LEERE FOLIE".

In der Symbolleiste „ZEICHNEN" finden Sie unter „AUTOFORMEN" die verschiedensten Formen.

Wählen Sie eine der Formen durch Anklicken aus.

Gehen Sie auf die Folie und ziehen Sie mit gedrückter linker Maustaste, bis die gewünschte Größe erreicht ist.

Farben etc. sind wie schon gelernt veränderbar.

7.13.2 Wordart

Mit Hilfe des Moduls „WORDART" können Sie auf einfache Art und Weise Texteffekte erstellen.

Klicken Sie dazu in der Symbolleiste „ZEICHNEN" auf das Icon „WORDART" und wählen Sie einen Texteffekt aus.

Geben Sie dann Ihren Text mit Schriftgröße und Schriftart in das neu geöffnete Fenster ein. Keine Angst, all dies ist natürlich auch im Nachhinein noch bearbeitbar.

Mit Hilfe der Symbolleiste „WORDART" können Sie nun viele weitere Einstellungen vornehmen (vgl. Abbildung7.12).

Abb. 7.12: Symbolleiste Wordart

Ist die Symbolleiste nicht sichtbar, klicken Sie in der Menüleiste auf „ANSICHT", dann auf „SYMBOLLEISTEN" und auf „WORDART". Ihrem Spieltrieb werden hier beinahe keine Grenzen gesetzt.

Nachfolgend ein Übungsvorschlag, bei dem Sie Wordart- und Zeichenelemente einbinden müssen:

Folie 9

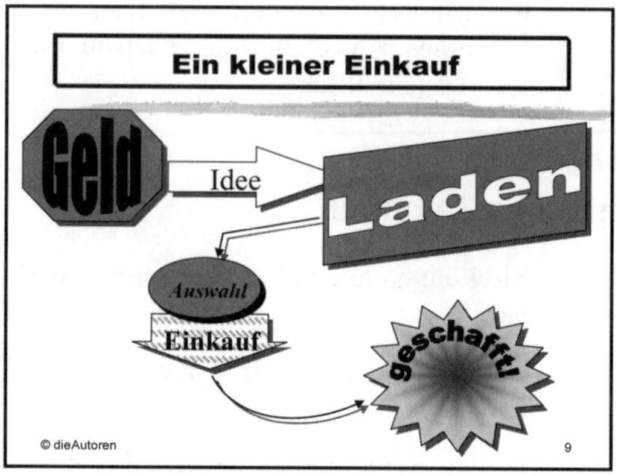

Zusätzliche Tipps zur Gestaltung der Folie 9:

Die Folie genau der Vorlage entsprechend zu erstellen ist gar nicht so einfach:

- Die Funktionen der Symbolleiste „ZEICHNEN“ helfen auch hier bei vielen Problemen.
- Das Kontextmenü (Markieren des Elementes und Klick mit der rechten Maustaste) bietet ebenfalls viele Gestaltungsmöglichkeiten.
- Hat man ein Wordart-Element einmal erstellt, kann man die Form auch nachträglich noch verändern. Es werden sogar mehr Möglichkeiten angeboten als während der Erstellung. Klickt man in der Symbolleiste „WORDART“ nach der Markierung des entsprechenden Elementes auf das Icon „WORDART-FORM“, so hat man die Auswahl zwischen den verschiedensten Wordart-Effekten. Auf diese Art und Weise wurde der Text „Geld“ erstellt. Die Wordartleiste ist aber nur aktiv, wenn es sich beim markierten, zu bearbeitenden Element auch tatsächlich um ein Wordart-Element und nicht nur um ein reines Textfeld handelt.
- Die Schraffierung im Stern mit dem Text „geschafft“ ist ein Fülleffekt aus der Symbolleiste „ZEICHNEN“.
- Der Pfeil ums Eck zwischen „Laden“ und „Auswahl“ besteht in Wirklichkeit aus zwei Linien: Einem Pfeil und einer reinen Linie ohne Pfeilspitze. Zusätzlich ist ein Schatteneffekt eingefügt.
- Den Bogen zwischen „Einkauf“ und „geschafft“ erhält man in der Symbolleiste „ZEICHNEN“ unter „AUTOFORMEN“ UND „LINIEN“ mit dem Icon „KURVE“. Man klickt dann an den Ort der Folie, an dem die Kurve starten soll, ein zweiter Klick setzt den Scheitelpunkt der Kurve, ein dritter Klick den nächsten Scheitelpunkt etc. und ein Doppelklick beendet die Kurve.

- Die weiße Farbe im Text „Laden“ ist keine Textfarbe! Da es sich hier um ein Wordart-Element handelt, muss man mit Füllfarben aus der Symbolleiste „ZEICHNEN“ (Icon „FÜLLFARBE“ arbeiten.

7.14 Drucken

Wenn Sie Ihren Vortrag halten wollen, können Sie sich Ihre Folien jetzt ausdrucken und mitnehmen.

Zum Ausdrucken stehen Ihnen mehrere Optionen zur Verfügung. Klicken Sie in der Menüleiste auf „DATEI“ und „DRUCKEN“, so können Sie neben den für Windows-Programme üblichen Funktionen auswählen, was genau Sie drucken wollen. Neben den erstellten Folien können Sie auch Handzettel, Notizseiten und die Gliederungsansicht ausdrucken. Klicken Sie dazu im erschienenen „DRUCKEN“-Fenster auf „DRUCKEN“ (vgl. Abbildung 7.13).

Abb. 7.13: Ausschnitt aus dem Fenster „Drucken“

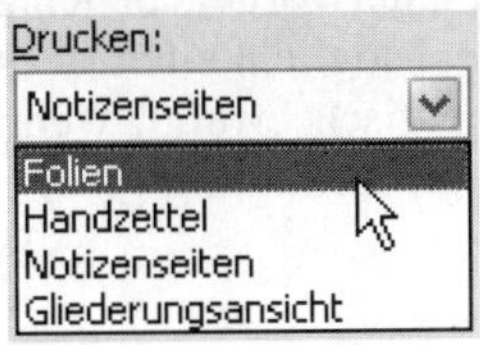

Mit „FOLIEN“ drucken Sie Ihre Präsentation auf Folien aus. Mit „HANDZETTEL“ können Sie mehrere Folien auf ein Blatt drucken. Das spart Papier und wird häufig für Handouts verwendet. Wenn Sie diese Option ausgewählt haben, können Sie rechts unter „HANDZETTEL“ angeben, wie viele Folien Sie auf ein Blatt drucken wollen. Bei der Auswahl von „NOTIZENSEITEN“ können Sie sich einen Ausdruck erzeugen, bei dem eine Folie pro Seite zusammen mit Ihren pro Folie gemachten Notizen erscheint. Mit der Option „GLIEDERUNGSANSICHT“ können Sie sich die Gliederung Ihrer Präsentation ausdrucken.

Mit dem Button „VORSCHAU“ können Sie sich am Bildschirm anschauen, wie Ihr Ausdruck aussehen würde.

7.15 Präsentieren

Vielleicht wollen Sie sich den Ausdruck aber auch sparen und Ihre Präsentation direkt mit Computer und Beamer halten? PowerPoint bietet Ihnen hierbei viele Funktionen an.

7.15.1 Folienübergänge

Wenn Sie Ihre Folien als Bildschirmpräsentation vorführen, sorgen animierte Übergänge für einen optisch angenehmen Wechsel zwischen den Folien. PowerPoint enthält eine große Anzahl von animierten Folienübergängen, die durch Klick auf „BILDSCHIRM-PRÄSENTATION" in der Menüleiste, dann „FOLIENÜBERGANG" im Aufgabenbereich angezeigt werden.

Wählen Sie die Folie(n) aus, für die Sie einen Übergang definieren wollen. Wählen Sie dann unter „FÜR AUSGEWÄHLTE FOLIEN ÜBERNEHMEN" im Aufgabenbereich den gewünschten Effekt aus. Unter „ÜBERGANG ÄNDERN" können Sie noch die Geschwindigkeit des Überganges festlegen sowie einen Soundeffekt hinterlegen. Unter „NÄCHSTE FOLIE" bestimmen Sie, ob der Folienwechsel manuell durch einen Mausklick ausgelöst oder ob er automatisch nach einer vorgegebenen Zeit von statten gehen soll. Sie können auch beide Möglichkeiten aktivieren, so dass der Wechsel immer dann automatisch erfolgt, wenn er nicht zuvor manuell ausgelöst worden ist (vgl. Abbildung 7.14).

Abb. 7.14: Animation: Nächste Folie

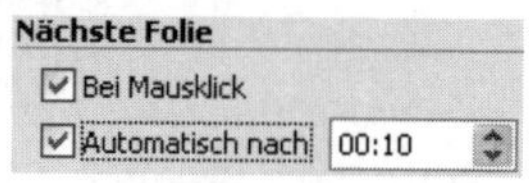

Ist „AUTOVORSCHAU" 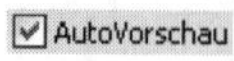

aktiviert, wird Ihnen der Effekt nach der Auswahl kurz vorgeführt. Ansonsten können Sie ihn sich mit dem Button „WIEDERGABE" 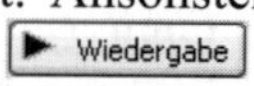

anzeigen lassen.

Gefällt Ihnen ein Effekt so gut, dass Sie ihn zur Grundlage für die gesamte Präsentation machen wollen, klicken Sie auf „FÜR ALLE FOLIEN ÜBERNEHMEN" 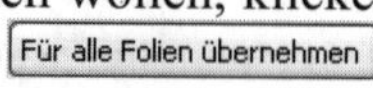

.

7.15.2 Animationen

Nicht nur die Folienübergänge sind in besonderer Art und Weise darstellbar. Auch jedes einzelne Element jeder einzelnen Folie ist in PowerPoint animierbar. In einem ersten Schritt hilft PowerPoint bei dieser Aufgabe, denn es werden viele Vorlagen zur Verfügung gestellt. Durch Klick auf „BILDSCHIRMPRÄSENTATION" in der Menüleiste, dann „ANIMATIONSSCHEMAS" erscheint der Aufgabenbereich „FOLIENDESIGN". Wiederum wählt man die Folie(n) aus, die man animieren möchte, und wiederum stehen im Aufgabenbereich verschiedene Animationen zur Auswahl. Animiert werden auf diese Art und Weise pro Folie die Titelzeile und Textblöcke aus PowerPoint Vorlagen.

Doch damit nicht genug. Jedes Element auf jeder Folie kann falls gewünscht separat animiert werden. Dazu wählen Sie zunächst ein beliebiges Element auf einer Folie Ihrer Wahl aus. Klicken Sie dann in der Menüleiste unter „BILDSCHIRMPRÄSENTATION" auf „BENUTZERDEFINIERTE ANIMATION". Im Aufgabenbereich stehen Ihnen daraufhin vielfältige Animationsmöglichkeiten zur Verfügung. Klicken Sie hierfür auf den Button „EFFEKT HINZUFÜGEN" 

. Sie haben daraufhin die Wahl zwischen Effekten aus den vier Kategorien „EINGANG", „HERVORGEHOBEN", „BEENDEN" und „ANIMATIONSPFADE". Ihrem Spieltrieb sind hierbei keine Grenzen gesetzt. Versuchen Sie es einfach und machen sich ein Bild davon, was alles möglich ist. Wenn Sie dann allerdings eine seriöse Präsentation vorbereiten denken Sie bitte daran, dass weniger manchmal auch mehr ist.

7.15 Zusammenfassung

Sie haben in diesem Kapitel die grundlegenden Funktionen des Präsentationsprogramms PowerPoint kennen gelernt. Sie wissen jetzt, wie PowerPoint im Groben funktioniert, welche Designeinstellungen ermöglicht werden, wie Texte gestaltet werden, wie man Objekte einbindet und formatiert, wie Diagramme und Tabellen bearbeitet werden, wie man Cliparts einbindet und modifiziert, wie man mit Organisationsdiagrammen arbeitet, wie man Zeichnungselemente integriert und wie man das Endprodukt ausdruckt oder direkt am Computer präsentiert.

Wenn Sie die einzelnen Übungen durchgearbeitet haben sollten Sie in der Lage sein, ohne größeren zeitlichen Aufwand eine einfache Folienpräsentation zu erstellen, um ihre Daten in einem Vortrag adäquat vorstellen zu können.

Dennoch konnten im Rahmen dieses Kapitels nicht alle Möglichkeiten des Programms im Detail dargestellt und beschrieben werden. Probieren Sie deswegen in einer stillen Stunde einfach weiter aus. Sie werden sehen, es gibt noch viele Kleinigkeiten im Programm zu entdecken.

Viel Spaß bei der Arbeit und Ihren nächsten Vorträgen!

LITERATUR

American Psychological Association (APA), (1994). *Publication Manual* (4. edition). Washington, DC: APA. [Kapitel 6]

Atteslander, P. (1971). *Methoden der empirischen Sozialforschung.* Berlin: Walter de Gruyter. [Kapitel 1]

Atteslander, P. (1993). Methoden der empirischen Sozialforschung (7. Auflage). Berlin: de Gruyter. [Kapitel 3]

Ballstaedt, S. P. (1997). *Wissensvermittlung.* Die Gestaltung von Lernmaterial. Weinheim: Psychologie Verlags Union. [Kapitel 6]

Berelson, B. (1952). *Content analysis in communication research.* Glencoe: Free Press. [Kapitel 1]

Bol, G. (1995). *Deskriptive Statistik: Lehr- und Arbeitsbuch* (3. Auflage). München, Wien: Oldenbourg Verlag. [Kapitel 6]

Bortz, J. (1979). *Statistik für Sozialwissenschaftler.* Heidelberg: Springer Verlag. [Kapitel 6]

Bortz, J. (1984). *Lehrbuch der empirischen Forschung für Sozialwissenschaftler.* Berlin: Springer-Verlag [Kapitel 1]

Bortz, J. & Döring, N. (1995). *Forschungsmethoden und Evaluation* (2. Auflage). Berlin: Springer. [Kapitel 1, 2, 6]

Cranach, M. von & Frenz, H. G. (1969). Systematische Beobachtung. In C. F. Graumann (Hrsg.), *Sozialpsychologie. Handbuch der Psychologie, Bd. 7, 1,* (S. 269-331). Göttingen: Hogrefe. [Kapitel 1]

Deutsche Gesellschaft für Psychologie (DGPs), (1997). *Richtlinien zur Manuskriptgestaltung* (2. Auflage). Göttingen: Hogrefe Verlag. [Kapitel 6]

Diehl, J. M. & Arbinger, R. (1991). *Einführung in die Inferenzstatistik.* Eschborn: Dietmar Klotz. [Kapitel 2]

Drever, J. & Fröhlich, W. D. (1971). *DTV-Wörterbuch zur Psychologie* (5. Auflage). München: Deutscher Taschenbuch Verlag. [Kapitel 1]

Faßnacht, G. (1995). *Systematische Verhaltensbeobachtung* (2. Auflage). München: Ernst Reinhardt Verlag. [Kapitel 1]

Friedrichs, J. (1980). *Methoden empirischer Sozialforschung.* Opladen: Westdeutscher Verlag. [Kapitel 2]

Friedrichs, J. (1984*). Methoden empirischer Sozialforschung* (12. Auflage). Opladen: Westdeutscher Verlag. [Kapitel 3]

Friedrichs, J. (1985). *Methoden empirischer Sozialforschung* (13. Auflage). Opladen: Westdeutscher Verlag. [Kapitel 1]

Früh, W. (1991). *Inhaltsanalyse. Theorie und Praxis* (3. Auflage). München: Ölschläger. [Kapitel 1]

Gäde, E.-G. (1993). *Gruppen erfolgreich leiten. Empfehlungen für die Zusammenarbeit mit Erwachsenen.* Mainz: Grünewald. [Kapitel 3]

Geis, A. (1992). Computerunterstützte Inhaltsanalyse – Hilfe oder Hinterhalt? In C. Züll & P. P. Mohler (Hrsg.), *Textanalyse. Anwendungen der computerunterstützten Inhaltsanalyse* (S. 7-32). Opladen: Westdeutscher Verlag. [Kapitel 1]

Geßler, J. R. (1993). *Statistische Graphik.* Basel, Boston, Berlin: Birkhäuser Verlag. [Kapitel 6]

Hippler, H.-J., Schwarz, N., Noelle-Neumann, E., Knäuper, B. & Clark, L. (1991). *Der Einfluss numerischer Werte auf die Bedeutung verbaler Skalenendpunkte.* ZUMA-Nachrichten, 28, S. 54-63. [Kapitel 3]

Holsti, O. R. (1969). *Content analysis for the social sciences and humanities*. Reading, Mass.: Addison-Wesley. [Kapitel 1]

Jacobs, B. (1994). Graphische vs. tabellarische Präsentation von statistischen Daten. *Zeitschrift für Pädagogische Psychologie*, *8*, 73-87. [Kapitel 6]

Krämer, W. (1994). *So überzeugt man mit Statistik.* Frankfurt a.M.: Campus Verlag. [Kapitel 6]

Krapp, A., Hofer, M. & Prell, S. (1982). *ForschungsWörterbuch. Grundbegriffe zur Lektüre wissenschaftlicher Texte.* München: Urban & Schwarzenberg. [Kapitel 1]

Lippe, P. von der (1993). *Deskriptive Statistik.* Stuttgart: Fischer Verlag. [Kapitel 6]

Lissmann, U. & Paetzold, B. (1982). *Leistungsrückmeldung, Lernerfolg und Lernmotivation.* Weinheim: Beltz. [Kapitel 1]

Lissmann, U. (1989). Die computerunterstützte Inhaltsanalyse als Instrument der empirisch pädagogischen Forschung. In W. Bos & C. Tarnai (Hrsg.), *Angewandte Inhaltsanalyse in Empirischer Pädagogik und Psychologie* (S. 241-251). Münster: Waxmann. [Kapitel 1]

Mayntz, R., Holm, K. & Hübner, P. (1972). *Einführung in die Methoden der empirischen Soziologie* (3. Auflage). Opladen: Westdeutscher Verlag. [Kapitel 3]

Mayring, P. (1992). Analytische Schritte bei der Textinterpretation. In G. L. Huber (Hrsg.), *Qualitative Analyse: Computereinsatz in der Sozialforschung* (S. 11-41). München: Oldenbourg. [Kapitel 1]

Mayring, P. (1995). *Qualitative Inhaltsanalyse* (5. Auflage). Weinheim: Deutscher Studien Verlag. [Kapitel 1]

Mummendey, H. D. (1987). *Die Fragebogen-Methode* (4. Auflage). Göttingen: Hogrefe. [Kapitel 3]

Paetzold, B. & Lissmann, U. (1982). Mündliche Leistungsrückmeldungen im Unterricht. *Unterrichtswissenschaft, 10*, 51-58. [Kapitel 1]

Schnell, R., Hill, P. B. & Esser, E. (1988). *Methoden der empirischen Sozialforschung.* München: Oldenbourg. [Kapitel 2]

Schnotz, W. (1997). Wissenserwerb mit Diagrammen und Texten. In L. J. Issing & P. Klimsa (Hrsg.), *Information und Lernen mit Multimedia* (S. 85-105) (2. Auflage). Weinheim: Psychologie Verlags Union. [Kapitel 6]

Schuchard-Fischer, Ch., Humme, U., Lohrberg, W., Plinke, W. & Schreiner, W. (1980). *Multivariate Analysemethoden: Eine anwendungsorientierte Einführung.* Heidelberg: Springer. [Kapitel 3]

Schulz, W., Teschner, W. P. & Voigt, J. (1973). Verhalten im Unterricht. Seine Erfassung durch Beobachtungsverfahren. In K. Ingenkamp (Hrsg.), *Beobachtung und Analyse von Unterricht. Teilausgabe des Handbuchs für Unterrichtsforschung* (S. 13-120). Weinheim: Beltz. [Kapitel 1]

Schwarz, E. (1963/1970). Experimentelle und quasi-experimentelle Anordnungen in der Unterrichtsforschung. In K. Ingenkamp & E. Parey (Hrsg.), *Handbuch der Unterrichtsforschung, Bd. 1.* Weinhein: Beltz. [Kapitel 1]

Traxel, W. (1974). *Grundlagen und Methoden der Psychologie.* Bern: Hans Huber. [Kapitel 3]

Urban, K. (1990). *Statistik, Einführung in die statistische Methodenlehre für Wirtschafts- und Sozialwissenschaftler* (2. Auflage). München, Wien: Oldenbourg Verlag. [Kapitel 6]

Zelazny, G. (1993). *Wie aus Zahlen Bilder werden. Wirtschaftsdaten überzeugend präsentieren* (3. Auflage). Wiesbaden: Gabler Verlag. [Kapitel 6]

Ziegler, B. (1993). *Grundlagen der statistischen Methodenlehre.* Gernsbach: Deutscher Betriebswirte-Verlag. [Kapitel 6]

Weiterführende Literatur

Zu Kapitel 1:

Bohnsack, R. & Marotzki, W. (Hrsg.). (1998). *Biographieforschung und Kulturanalyse. Transdisziplinäre Zugänge qualitativer Forschung.* Opladen: Leske & Budrich.

Bos, W. & Tarnai, C. (Hrsg.). (1996). *Computerunterstützte Inhaltsanalyse in den Empirischen Sozialwissenschaften. Theorie – Anwendung – Software.* Münster/New York: Waxmann.

Brähler, E. & Wilz, G. (1997). *Tagebücher in Forschung und Therapie.* Bern & Göttingen: Verlag Hans Huber.

Czienskowski, U. (1996). *Wissenschaftliche Experimente: Planung, Auswertung, Interpretation.* Weinheim: Psychologie Verlags Union.

Erdfelder, E., Mausfeld, R., Meiser, T. & Rudinger, G. (Hrsg.). (1996). *Handbuch Quantitative Methoden.* Weinheim: Psychologie Verlags Union.

Friebertshäuser, B. & Prengel, A. (Hrsg.). (1997). *Handbuch Qualitative Forschungsmethoden in der Erziehungswissenschaft.* Weinheim: Juventa.

Glinka, H.-J. (1998). *Das narrative Interview. Eine Einführung für Sozialpädagogen.* Weinheim: Juventa.

König, E. & Zedler, P. (Hrsg.). (1995). *Bilanz qualitativer Forschung. Band II: Methoden.* Weinheim: Deutscher Studien Verlag.

Lamnek, S. (1989). *Qualitative Sozialforschung. Band 2: Methoden und Techniken.* München: Psychologie Verlags Union.

Lissmann, U. (2000). *Inhaltsanalyse von Texten.* Landau: Verlag Empirische Pädagogik.

Masendorf, F. (Hrsg.). (1997). *Das Experiment in der Sonderpädagogik. Ein Lehrbuch zur angewandten Forschung.* Weinheim: Deutscher Studien Verlag.

Mason, J. (1997). *Qualitative researching.* London: Sage.

Strauss, A. & Corbin, J. (1995). *Grounded Theory: Grundlagen qualitativer Sozialforschung*. Weinheim: Psychologie Verlags Union.

Zu Kapitel 3:

Altstötter-Gleich, C. (1996). *Theoriegeleite Itemkonstruktion und –auswahl*. Landau: Verlag Empirische Pädagogik.

Bernart, Y. & Krapp, S. (1997). *Das narrative Interview*. Landau: Verlag Empirische Pädagogik.

Bortz, J. & Döring, N. (1995). *Forschungsmethoden und Evaluation* (2. Auflage). Berlin: Springer.

Jäger, R. S. & Petermann, F. (1999). *Psychologische Diagnostik: Ein Lehrbuch* (3. Auflage). Weinheim: Beltz.

Konrad, K. (1999). *Die mündliche und schriftliche Befragung*. Landau: Verlag Empirische Pädagogik.

Saldern v., M. (1998). *Beobachtung und Befragung im Betrieb*. Hohengehren: Schneider.

Zu Kapitel 4:

Bortz J. (1993). *Statistik. Für Sozialwissenschaftlicher* (4. Auflage). Berlin: Springer

Diehl, J. M. & Kohr, H. U. (1989). *Deskriptive Statistik* (8. Auflage). Eschborn: Klotz.

Yamane, T. (1975). *Statistik. Ein einführendes Lehrbuch* (Bd. 1 und Bd. 2). Frankfurt: Fischer.

Zu Kapitel 5:

Diehl, J. M. & Staufenbiehl, P., Thomas (1997) *Statistik mit SPSS für Windows. Version 6.1.* Eschborn: Dietmar Klotz.

Kähler, W. M. (1994). *SPSS für Windows. Datenanalyse unter Windows.* Braunschweig: Viehweg.

Röhr, M. (1997). *Statistica für Windows. Eine anwendungsorientierte Einführung.* Bonn: Addison, Wesley Longman.

Zu Kapitel 7:

Eisenkolb, K. & Weickardt, H. (1997). PC PraxisBuch: Gestalten und Präsentieren mit PowerPoint 97. Düsseldorf: Data Becker.

Peyton, C. & Müller, A. (1997). PowerPoint 97. Das Trainingsbuch für das erfolgreiche Selbststudium. Düsseldorf: Sybex.

Seifert, J. W. (1998). Visualisieren, Präsentieren, Moderieren. Bremen: GABAL Verlag GmbH.

Anhang

16 Musterfragebogen:

1

(1) In welche Klasse gehst Du?
5. Klasse ☐ 6. Klasse ☐ 7. Klasse ☐
8. Klasse ☐ 9. Klasse ☒ 10. Klasse ☐

(2) Welche Schule besuchst du?
Hauptschule ☐ Gymnasium ☒
Realschule ☐ Gesamtschule ☐

(3) Geschlecht
männlich ☒ weiblich ☐

(4) Was war Deine letzte Zeugnisnote in
Deutsch 2 Englisch 2
Mathematik 3 Religion/Ethik 1

(5) Wie gern übst Du die folgenden Tätigkeiten in Deiner Freizeit aus?

Interessengebiet	sehr gern sehr ungern
Jugendzeitschriften lesen	1—2—X—4—5
Kinofilme ansehen	X—2—3—4—5
Musik hören	X—2—3—4—5
Fernsehen	1—X—3—4—5
Rumhängen	1—2—3—X—5
Ein Jugendhaus besuchen	1—X—3—4—5
In die Disko gehen	1—2—3—X—5
Sport treiben	1—X—3—4—5
Computerspiele spielen	X—2—3—4—5

(6) Wie viel Taschengeld bekommst Du in der Woche?
20,00 €/Woche

2

(1) In welche Klasse gehst Du?
5. Klasse ☐ 6. Klasse ☐ 7. Klasse ☐
8. Klasse ☒ 9. Klasse ☐ 10. Klasse ☐

(2) Welche Schule besuchst du?
Hauptschule ☐ Gymnasium ☐
Realschule ☒ Gesamtschule ☐

(3) Geschlecht
männlich ☒ weiblich ☐

(4) Was war Deine letzte Zeugnisnote in
Deutsch 3 Englisch 2
Mathematik 3 Religion/Ethik 2

(5) Wie gern übst Du die folgenden Tätigkeiten in Deiner Freizeit aus?

Interessengebiet	sehr gern sehr ungern
Jugendzeitschriften lesen	1—X—3—4—5
Kinofilme ansehen	1—X—3—4—5
Musik hören	1—X—3—4—5
Fernsehen	1—2—X—4—5
Rumhängen	1—2—X—4—5
Ein Jugendhaus besuchen	1—2—3—X—5
In die Disko gehen	1—2—X—4—5
Sport treiben	1—2—X—4—5
Computerspiele spielen	1—2—3—4—X

(6) Wie viel Taschengeld bekommst Du in der Woche?
15,00 €/Woche

3

(1) In welche Klasse gehst Du?
5. Klasse ☐ 6. Klasse ☐ 7. Klasse ☐
8. Klasse ☒ 9. Klasse ☐ 10. Klasse ☐

(2) Welche Schule besuchst du?
Hauptschule ☐ Gymnasium ☒
Realschule ☐ Gesamtschule ☐

(3) Geschlecht
männlich ☐ weiblich ☒

(4) Was war Deine letzte Zeugnisnote in
Deutsch 1 Englisch 2
Mathematik 1 Religion/Ethik 1

(5) Wie gern übst Du die folgenden Tätigkeiten in Deiner Freizeit aus?

Interessengebiet	sehr gern sehr ungern
Jugendzeitschriften lesen	1—2—3—X—5
Kinofilme ansehen	1—2—X—4—5
Musik hören	X—2—3—4—5
Fernsehen	1—2—3—X—5
Rumhängen	1—2—3—4—X
Ein Jugendhaus besuchen	1—X—3—4—5
In die Disko gehen	1—2—3—4—X
Sport treiben	1—2—3—X—5
Computerspiele spielen	1—2—3—X—5

(6) Wie viel Taschengeld bekommst Du in der Woche?
16,00 €/Woche

4

(1) In welche Klasse gehst Du?
5. Klasse ☐ 6. Klasse ☐ 7. Klasse ☐
8. Klasse ☐ 9. Klasse ☒ 10. Klasse ☐

(2) Welche Schule besuchst du?
Hauptschule ☒ Gymnasium ☐
Realschule ☐ Gesamtschule ☐

(3) Geschlecht
männlich ☒ weiblich ☐

(4) Was war Deine letzte Zeugnisnote in
Deutsch 4 Englisch 4
Mathematik __ Religion/Ethik 3

(5) Wie gern übst Du die folgenden Tätigkeiten in Deiner Freizeit aus?

Interessengebiet	sehr gern sehr ungern
Jugendzeitschriften lesen	1—2—3—X—5
Kinofilme ansehen	1—X—3—4—5
Musik hören	1—X—3—4—5
Fernsehen	1—X—3—4—5
Rumhängen	1—X—3—4—5
Ein Jugendhaus besuchen	1—2—X—4—5
In die Disko gehen	1—2—X—4—5
Sport treiben	1—2—3—X—5
Computerspiele spielen	X—2—3—4—5

(6) Wie viel Taschengeld bekommst Du in der Woche?
16,00 €/Woche

5

(1) In welche Klasse gehst Du?
5. Klasse ☐ 6. Klasse ☐ 7. Klasse ☒
8. Klasse ☐ 9. Klasse ☐ 10. Klasse ☐

(2) Welche Schule besuchst du?
Hauptschule ☐ Gymnasium ☒
Realschule ☐ Gesamtschule ☐

(3) Geschlecht
männlich ☐ weiblich ☒

(4) Was war Deine letzte Zeugnisnote in
Deutsch **1** Englisch **1**
Mathematik **3** Religion/Ethik **2**

(5) Wie gern übst Du die folgenden Tätigkeiten in Deiner Freizeit aus?

Interessengebiet	sehr gern — sehr ungern
Jugendzeitschriften lesen	1—2—X—4—5
Kinofilme ansehen	1—X—3—4—5
Musik hören	1—X—3—4—5
Fernsehen	1—2—3—X—5
Rumhängen	1—2—3—X—5
Ein Jugendhaus besuchen	1—X—3—4—5
In die Disko gehen	1—X—3—4—5
Sport treiben	X—2—3—4—5
Computerspiele spielen	1—2—3—X—5

(6) Wie viel Taschengeld bekommst Du in der Woche?
12,00 €/Woche

6

(1) In welche Klasse gehst Du?
5. Klasse ☐ 6. Klasse ☐ 7. Klasse ☐
8. Klasse ☒ 9. Klasse ☐ 10. Klasse ☐

(2) Welche Schule besuchst du?
Hauptschule ☐ Gymnasium ☒
Realschule ☐ Gesamtschule ☐

(3) Geschlecht
männlich ☒ weiblich ☐

(4) Was war Deine letzte Zeugnisnote in
Deutsch **3** Englisch **3**
Mathematik **1** Religion/Ethik **2**

(5) Wie gern übst Du die folgenden Tätigkeiten in Deiner Freizeit aus?

Interessengebiet	sehr gern — sehr ungern
Jugendzeitschriften lesen	1—2—X—4—5
Kinofilme ansehen	1—X—3—4—5
Musik hören	X—2—3—4—5
Fernsehen	1—2—X—4—5
Rumhängen	1—2—X—4—5
Ein Jugendhaus besuchen	1—X—3—4—5
In die Disko gehen	1—2—X—4—5
Sport treiben	X—2—3—4—5
Computerspiele spielen	1—X—3—4—5

(6) Wie viel Taschengeld bekommst Du in der Woche?
17,00 €/Woche

7

(1) In welche Klasse gehst Du?
5. Klasse ☐ 6. Klasse ☐ 7. Klasse ☐
8. Klasse ☒ 9. Klasse ☐ 10. Klasse ☐

(2) Welche Schule besuchst du?
Hauptschule ☒ Gymnasium ☐
Realschule ☐ Gesamtschule ☐

(3) Geschlecht
männlich ☒ weiblich ☐

(4) Was war Deine letzte Zeugnisnote in
Deutsch **4** Englisch **5**
Mathematik **3** Religion/Ethik **4**

(5) Wie gern übst Du die folgenden Tätigkeiten in Deiner Freizeit aus?

Interessengebiet	sehr gern — sehr ungern
Jugendzeitschriften lesen	1—2—3—X—5
Kinofilme ansehen	X—2—3—4—5
Musik hören	X—2—3—4—5
Fernsehen	1—X—3—4—5
Rumhängen	1—X—3—4—5
Ein Jugendhaus besuchen	1—X—3—4—5
In die Disko gehen	1—2—X—4—5
Sport treiben	1—2—3—4—X
Computerspiele spielen	1—2—3—X—5

(6) Wie viel Taschengeld bekommst Du in der Woche?
12,50 €/Woche

8

(1) In welche Klasse gehst Du?
5. Klasse ☐ 6. Klasse ☐ 7. Klasse ☐
8. Klasse ☒ 9. Klasse ☐ 10. Klasse ☐

(2) Welche Schule besuchst du?
Hauptschule ☐ Gymnasium ☐
Realschule ☐ Gesamtschule ☒

(3) Geschlecht
männlich ☐ weiblich ☒

(4) Was war Deine letzte Zeugnisnote in
Deutsch **2** Englisch **4**
Mathematik **4** Religion/Ethik **1**

(5) Wie gern übst Du die folgenden Tätigkeiten in Deiner Freizeit aus?

Interessengebiet	sehr gern — sehr ungern
Jugendzeitschriften lesen	1—X—3—4—5
Kinofilme ansehen	1—2—3—X—5
Musik hören	1—X—3—4—5
Fernsehen	1—2—X—4—5
Rumhängen	1—2—3—X—5
Ein Jugendhaus besuchen	1—2—X—4—5
In die Disko gehen	X—2—3—4—5
Sport treiben	1—X—3—4—5
Computerspiele spielen	1—2—3—4—X

(6) Wie viel Taschengeld bekommst Du in der Woche?
15,00 €/Woche

(9)

(1) In welche Klasse gehst Du?
5. Klasse ☐ 6. Klasse ☐ 7. Klasse ☐
8. Klasse ☒ 9. Klasse ☐ 10. Klasse ☐

(2) Welche Schule besuchst du?
Hauptschule ☐ Gymnasium ☒
Realschule ☐ Gesamtschule ☐

(3) Geschlecht
männlich ☐ weiblich ☒

(4) Was war Deine letzte Zeugnisnote in
Deutsch 2 Englisch 2
Mathematik 4 Religion/Ethik 2

(5) Wie gern übst Du die folgenden Tätigkeiten in Deiner Freizeit aus?

Interessengebiet	sehr gern sehr ungern
Jugendzeitschriften lesen	1—2—X—4—5
Kinofilme ansehen	1—2—X—4—5
Musik hören	1—X—3—4—5
Fernsehen	1—2—X—4—5
Rumhängen	1—2—3—X—5
Ein Jugendhaus besuchen	1—2—3—4—X
In die Disko gehen	X—2—3—4—5
Sport treiben	1—X—3—4—5
Computerspiele spielen	1—2—3—4—X

(6) Wie viel Taschengeld bekommst Du in der Woche?
18,00 €/Woche

(10)

(1) In welche Klasse gehst Du?
5. Klasse ☒ 6. Klasse ☐ 7. Klasse ☐
8. Klasse ☐ 9. Klasse ☐ 10. Klasse ☐

(2) Welche Schule besuchst du?
Hauptschule ☐ Gymnasium ☐
Realschule ☒ Gesamtschule ☐

(3) Geschlecht
männlich ☒ weiblich ☐

(4) Was war Deine letzte Zeugnisnote in
Deutsch 3 Englisch 3
Mathematik 2 Religion/Ethik 4

(5) Wie gern übst Du die folgenden Tätigkeiten in Deiner Freizeit aus?

Interessengebiet	sehr gern sehr ungern
Jugendzeitschriften lesen	1—2—X—4—5
Kinofilme ansehen	1—2—3—X—5
Musik hören	1—2—X—4—5
Fernsehen	X—2—3—4—5
Rumhängen	X—2—3—4—5
Ein Jugendhaus besuchen	1—2—3—X—5
In die Disko gehen	1—2—3—4—X
Sport treiben	1—2—3—X—5
Computerspiele spielen	X—2—3—4—5

(6) Wie viel Taschengeld bekommst Du in der Woche?
10,00 €/Woche

(11)

(1) In welche Klasse gehst Du?
5. Klasse ☐ 6. Klasse ☐ 7. Klasse ☐
8. Klasse ☒ 9. Klasse ☐ 10. Klasse ☐

(2) Welche Schule besuchst du?
Hauptschule ☐ Gymnasium ☐
Realschule ☒ Gesamtschule ☐

(3) Geschlecht
männlich ☐ weiblich ☒

(4) Was war Deine letzte Zeugnisnote in
Deutsch 1 Englisch 1
Mathematik 2 Religion/Ethik 1

(5) Wie gern übst Du die folgenden Tätigkeiten in Deiner Freizeit aus?

Interessengebiet	sehr gern sehr ungern
Jugendzeitschriften lesen	X—2—3—4—5
Kinofilme ansehen	1—2—X—4—5
Musik hören	X—2—3—4—5
Fernsehen	1—2—3—X—5
Rumhängen	1—2—3—X—5
Ein Jugendhaus besuchen	1—2—3—4—X
In die Disko gehen	1—2—3—X—5
Sport treiben	1—2—3—X—5
Computerspiele spielen	1—2—3—X—5

(6) Wie viel Taschengeld bekommst Du in der Woche?
15,00 €/Woche

(12)

(1) In welche Klasse gehst Du?
5. Klasse ☐ 6. Klasse ☐ 7. Klasse ☐
8. Klasse ☐ 9. Klasse ☐ 10. Klasse ☒

(2) Welche Schule besuchst du?
Hauptschule ☐ Gymnasium ☐
Realschule ☒ Gesamtschule ☐

(3) Geschlecht
männlich ☐ weiblich ☒

(4) Was war Deine letzte Zeugnisnote in
Deutsch 3 Englisch 2
Mathematik 1 Religion/Ethik 1

(5) Wie gern übst Du die folgenden Tätigkeiten in Deiner Freizeit aus?

Interessengebiet	sehr gern sehr ungern
Jugendzeitschriften lesen	1—2—X—4—5
Kinofilme ansehen	1—X—3—4—5
Musik hören	X—2—3—4—5
Fernsehen	1—2—3—X—5
Rumhängen	1—2—3—X—5
Ein Jugendhaus besuchen	1—2—3—X—5
In die Disko gehen	1—X—3—4—5
Sport treiben	1—2—3—X—5
Computerspiele spielen	1—2—3—4—X

(6) Wie viel Taschengeld bekommst Du in der Woche?
50,00 €/Woche

13

(1) In welche Klasse gehst Du?
5. Klasse ☐ 6. Klasse ☐ 7. Klasse ☒
8. Klasse ☐ 9. Klasse ☐ 10. Klasse ☐

(2) Welche Schule besuchst du?
Hauptschule ☐ Gymnasium ☒
Realschule ☐ Gesamtschule ☐

(3) Geschlecht
männlich ☐ weiblich ☒

(4) Was war Deine letzte Zeugnisnote in
Deutsch 2 Englisch 2
Mathematik 2 Religion/Ethik 3

(5) Wie gern übst Du die folgenden Tätigkeiten in Deiner Freizeit aus?

Interessengebiet	sehr gern sehr ungern
Jugendzeitschriften lesen	1—X—3—4—5
Kinofilme ansehen	1—X—3—4—5
Musik hören	1—2—X—4—5
Fernsehen	1—X—3—4—5
Rumhängen	1—2—X—4—5
Ein Jugendhaus besuchen	1—2—3—X—5
In die Disko gehen	1—X—3—4—5
Sport treiben	1—X—3—4—5
Computerspiele spielen	1—2—X—4—5

(6) Wie viel Taschengeld bekommst Du in der Woche?
12,00 €/Woche

14

(1) In welche Klasse gehst Du?
5. Klasse ☐ 6. Klasse ☐ 7. Klasse ☐
8. Klasse ☐ 9. Klasse ☒ 10. Klasse ☐

(2) Welche Schule besuchst du?
Hauptschule ☐ Gymnasium ☐
Realschule ☒ Gesamtschule ☐

(3) Geschlecht
männlich ☐ weiblich ☒

(4) Was war Deine letzte Zeugnisnote in
Deutsch 1 Englisch 3
Mathematik 5 Religion/Ethik 1

(5) Wie gern übst Du die folgenden Tätigkeiten in Deiner Freizeit aus?

Interessengebiet	sehr gern sehr ungern
Jugendzeitschriften lesen	1—X—3—4—5
Kinofilme ansehen	1—X—3—4—5
Musik hören	1—X—3—4—5
Fernsehen	1—2—3—X—5
Rumhängen	1—2—X—4—5
Ein Jugendhaus besuchen	1—2—X—4—5
In die Disko gehen	1—2—3—4—X
Sport treiben	1—2—3—4—X
Computerspiele spielen	1—2—3—4—X

(6) Wie viel Taschengeld bekommst Du in der Woche?
17,00 €/Woche

15

(1) In welche Klasse gehst Du?
5. Klasse ☐ 6. Klasse ☐ 7. Klasse ☐
8. Klasse ☐ 9. Klasse ☒ 10. Klasse ☐

(2) Welche Schule besuchst du?
Hauptschule ☒ Gymnasium ☐
Realschule ☐ Gesamtschule ☐

(3) Geschlecht
männlich ☐ weiblich ☒

(4) Was war Deine letzte Zeugnisnote in
Deutsch 4 Englisch 5
Mathematik 3 Religion/Ethik 3

(5) Wie gern übst Du die folgenden Tätigkeiten in Deiner Freizeit aus?

Interessengebiet	sehr gern sehr ungern
Jugendzeitschriften lesen	1—2—3—4—X
Kinofilme ansehen	1—2—3—X—5
Musik hören	1—2—3—4—X
Fernsehen	1—2—3—4—X
Rumhängen	1—2—3—4—X
Ein Jugendhaus besuchen	1—X—3—4—5
In die Disko gehen	1—X—3—4—5
Sport treiben	1—X—3—4—5
Computerspiele spielen	1—2—X—4—5

(6) Wie viel Taschengeld bekommst Du in der Woche?
0 €/Woche

16

(1) In welche Klasse gehst Du?
5. Klasse ☐ 6. Klasse ☐ 7. Klasse ☐
8. Klasse ☒ 9. Klasse ☐ 10. Klasse ☐

(2) Welche Schule besuchst du?
Hauptschule ☐ Gymnasium ☒
Realschule ☐ Gesamtschule ☐

(3) Geschlecht
männlich ☐ weiblich ☒

(4) Was war Deine letzte Zeugnisnote in
Deutsch 1 Englisch 1
Mathematik 2 Religion/Ethik 1

(5) Wie gern übst Du die folgenden Tätigkeiten in Deiner Freizeit aus?

Interessengebiet	sehr gern sehr ungern
Jugendzeitschriften lesen	1—X—3—4—5
Kinofilme ansehen	X—2—3—4—5
Musik hören	1—X—3—4—5
Fernsehen	X—2—3—4—5
Rumhängen	1—2—3—X—5
Ein Jugendhaus besuchen	1—X—3—4—5
In die Disko gehen	1—X—3—4—5
Sport treiben	1—2—3—4—X
Computerspiele spielen	1—X—3—4—5

(6) Wie viel Taschengeld bekommst Du in der Woche?
35,00 €/Woche

Übung 4.1 a) Schule

Schulart	Häufigkeit	kum. Häuf.	% der validen Angaben	kum. % der valid. Angaben	% aller Fälle	kum. % aller Fälle
Haupt	3	3	18,75	18,75	18,75	18,75
Real	5	8	31,25	50,00	31,25	50,00
Gymn	7	15	43,75	93,75	43,75	93,75
Gesamt	1	16	6,25	100,00	6,25	100,00

Übung 4.1 b) Note in Religion

Note in Religion	Häufigkeit	kum. Häuf.	% der validen Angaben	kum. % der valid. Angaben	% aller Fälle	kum. % aller Fälle
1	7	7	43,75	43,75	43,75	43,75
2	4	11	25,00	68,75	25,00	68,75
3	3	14	18,75	87,50	18,75	87,50
4	2	16	12,50	100,00	12,50	100,00

Übung 4.1 c) Klassenstufe

Klasse	Häufigkeit	kum. Häuf.	% der validen Angaben	kum. % der valid. Angaben	% aller Fälle	kum. % aller Fälle
5	1	1	6,25	6,25	6,25	6,25
7	2	3	12,50	18,75	12,50	18,75
8	8	11	50,00	68,75	50,00	68,75
9	4	15	25,00	93,75	25,00	93,75
10	1	16	6,25	100,00	6,25	100,00

Übung 4.2 a) vgl. Übung 5.3/3

Übung 4.2 b)

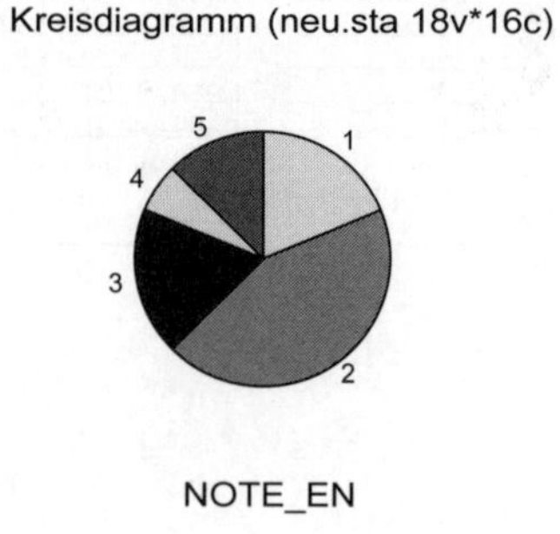

Übung 4.3 a)

Maße der zentralen Tendenz	Wert
$\bar{x}_{Mo}$	5
$\bar{x}_{Me}$	4
$\bar{x}$	3,375

Übung 4.3 b)

Maße der zentralen Tendenz	Wert
$\bar{x}_{Mo}$	3
$\bar{x}_{Me}$	3
$\bar{x}$	2,60

Übung 4.4 Abweichungen durch Rundungsfehler sind möglich

a) SP = 4 $s^2 = 2{,}383$ s = 1,183

b) SP = 4 $s^2 = 1{,}400$ s = 1,025

c) SP = 3 $s^2 = 1{,}0500$ s = 1,544

Übung 5.1.1 Siehe Abbildung 5.1.7

Übung 5.1.2

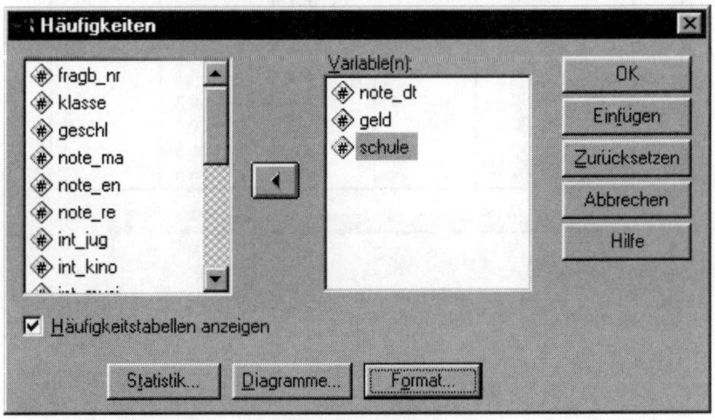

SCHULE

		Häufigkeit	Prozent	Gültige Prozente	Kumulierte Prozente
Gültig	1	3	18,8	18,8	18,8
	2	5	31,3	31,3	50,0
	3	7	43,8	43,8	93,8
	4	1	6,3	6,3	100,0
	Gesamt	16	100,0	100,0	

Diese Tabellen werden im SPSS-Viewer dargestellt.

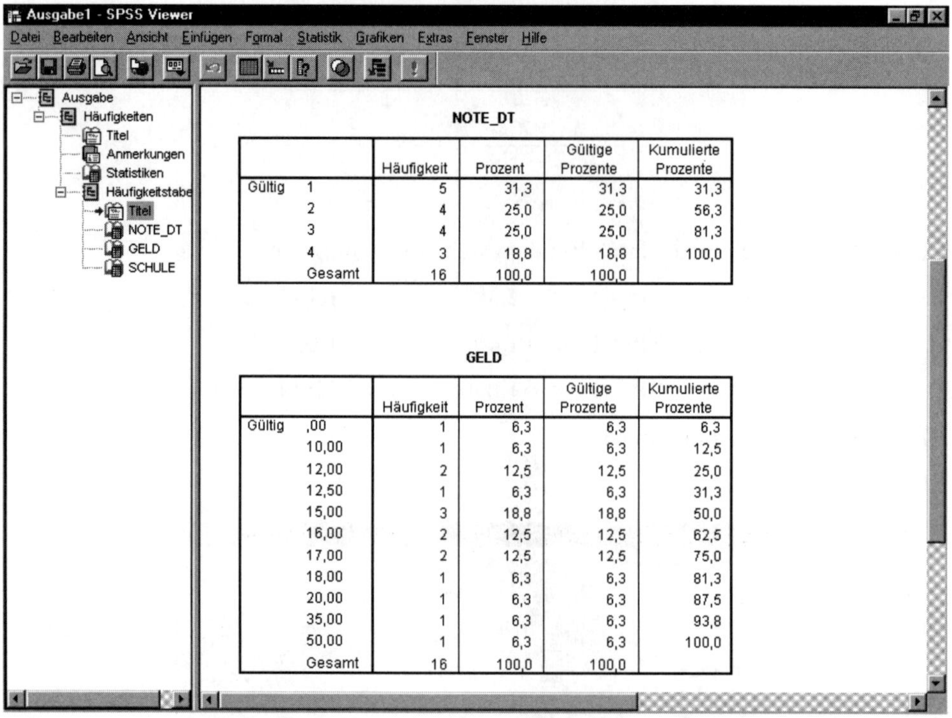

NOTE_DT

		Häufigkeit	Prozent	Gültige Prozente	Kumulierte Prozente
Gültig	1	5	31,3	31,3	31,3
	2	4	25,0	25,0	56,3
	3	4	25,0	25,0	81,3
	4	3	18,8	18,8	100,0
	Gesamt	16	100,0	100,0	

GELD

		Häufigkeit	Prozent	Gültige Prozente	Kumulierte Prozente
Gültig	,00	1	6,3	6,3	6,3
	10,00	1	6,3	6,3	12,5
	12,00	2	12,5	12,5	25,0
	12,50	1	6,3	6,3	31,3
	15,00	3	18,8	18,8	50,0
	16,00	2	12,5	12,5	62,5
	17,00	2	12,5	12,5	75,0
	18,00	1	6,3	6,3	81,3
	20,00	1	6,3	6,3	87,5
	35,00	1	6,3	6,3	93,8
	50,00	1	6,3	6,3	100,0
	Gesamt	16	100,0	100,0	

Übung 5.1.3/1

Diagramm

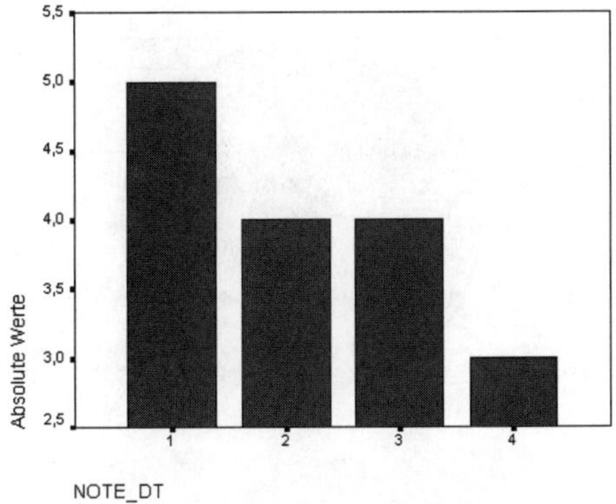

Diagramm

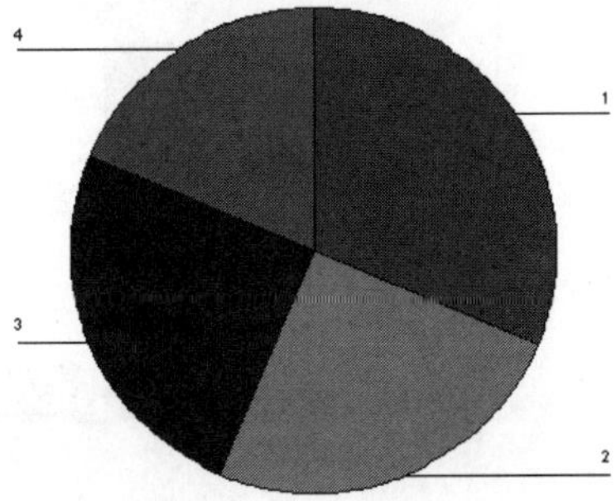

Übung 5.1.3/2

Diagramm

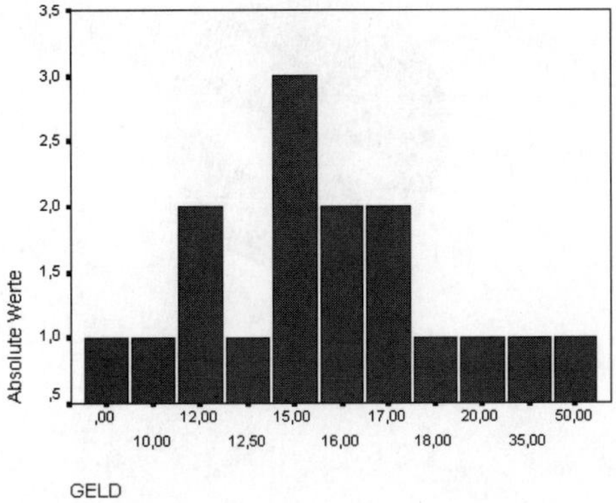

Diagramm

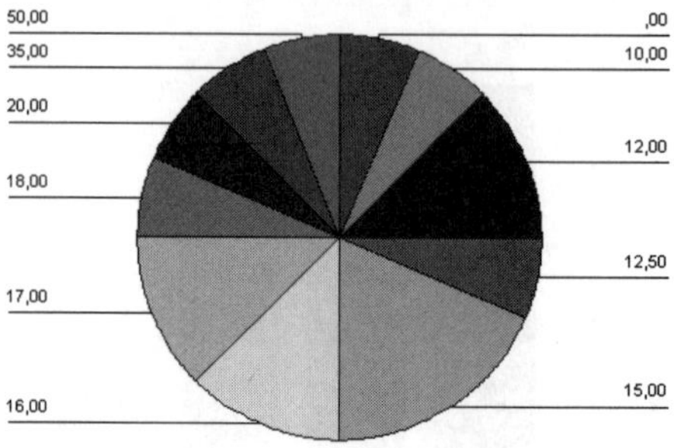

Übung 5.1.3/3

Diagramm

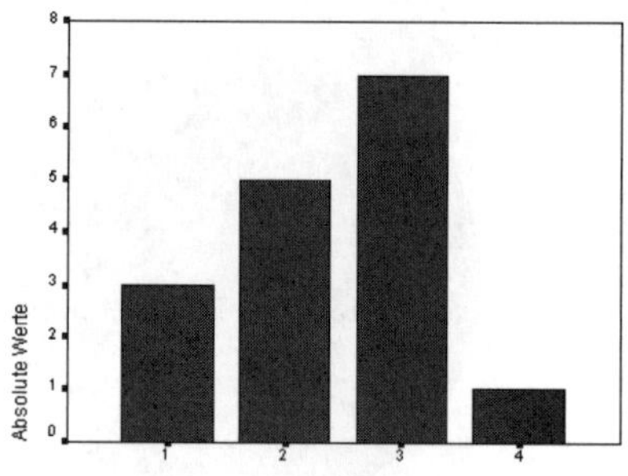

Diagramm

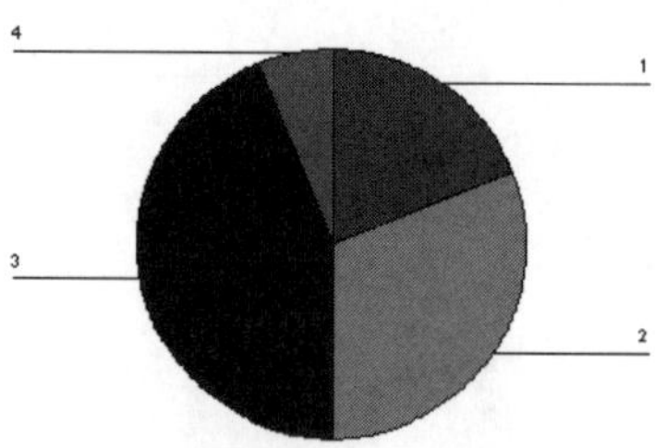

Übung 5.1.4

Häufigkeiten

Statistiken

		NOTE_DT	NOTE_MA	NOTE_EN	NOTE_RE
N	Gültig	16	15	16	16
	Fehlend	0	1	0	0
Mittelwert		2,31	2,60	2,50	2,00
Median		2,00	3,00	2,00	2,00
Modus		1	3	2	1
Standardabweichung		1,14	1,18	1,26	1,10
Varianz		1,30	1,40	1,60	1,20
Spannweite		3	4	4	3

Übung 5.1.5 a

Korrelationen

Korrelationen

		NOTE_EN	NOTE_DT	NOTE_MA	NOTE_RE
NOTE_EN	Korrelation nach Pearson				
	Signifikanz (2-seitig)				
	N				
NOTE_DT	Korrelation nach Pearson	,810**			
	Signifikanz (2-seitig)	,000			
	N	16			
NOTE_MA	Korrelation nach Pearson	,165	-,100		
	Signifikanz (2-seitig)	,556	,722		
	N	15	15		
NOTE_RE	Korrelation nach Pearson	,674**	,695**	-,022	
	Signifikanz (2-seitig)	,004	,003	,938	
	N	16	16	15	

**. Die Korrelation ist auf dem Niveau von 0,01 (2-seitig) signifikant.

Übung 5.1.5 b

Korrelationen

Korrelationen

		NOTE_EN	NOTE_DT	NOTE_MA	NOTE_RE	INT_RUM
NOTE_EN	Korrelation nach Pearson					
	Signifikanz (2-seitig)					
	N					
NOTE_DT	Korrelation nach Pearson	,810**				
	Signifikanz (2-seitig)	,000				
	N	16				
NOTE_MA	Korrelation nach Pearson	,165	-,100			
	Signifikanz (2-seitig)	,556	,722			
	N	15	15			
NOTE_RE	Korrelation nach Pearson	,674**	,695**	-,022		
	Signifikanz (2-seitig)	,004	,003	,938		
	N	16	16	15		
INT_RUM	Korrelation nach Pearson	-,361	-,438	-,046	-,668**	
	Signifikanz (2-seitig)	,169	,089	,872	,005	
	N	16	16	15	16	

**. Die Korrelation ist auf dem Niveau von 0,01 (2-seitig) signifikant.

Übung 5.1.6

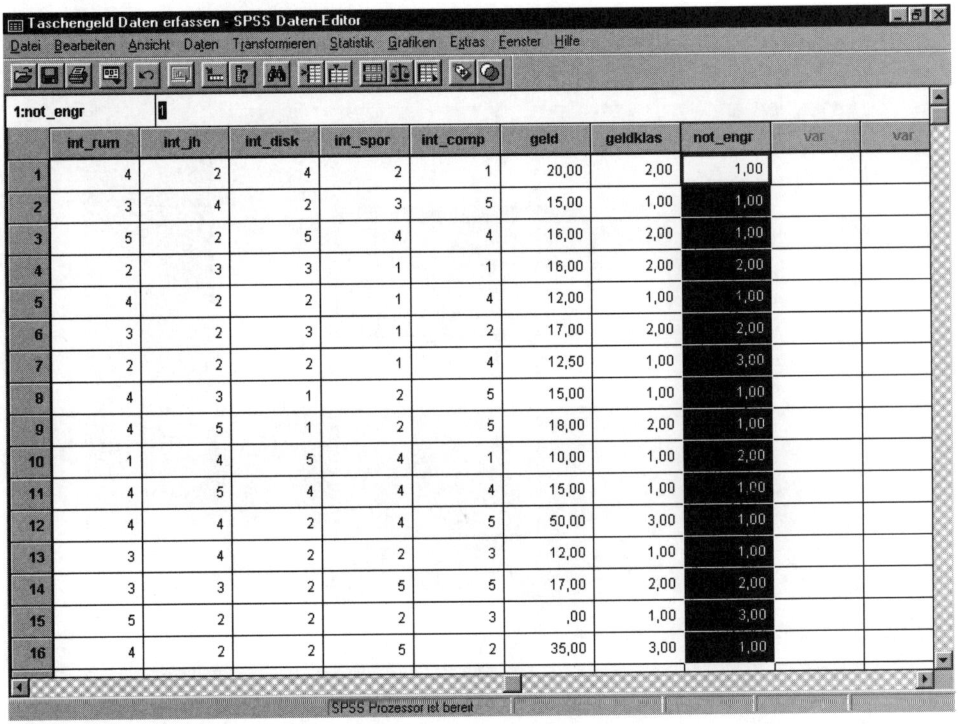

	int_rum	int_jh	int_disk	int_spor	int_comp	geld	geldklas	not_engr	var	var
1	4	2	4	2	1	20,00	2,00	1,00		
2	3	4	2	3	5	15,00	1,00	1,00		
3	5	2	5	4	4	16,00	2,00	1,00		
4	2	3	3	1	1	16,00	2,00	2,00		
5	4	2	2	1	4	12,00	1,00	1,00		
6	3	2	3	1	2	17,00	2,00	2,00		
7	2	2	2	1	4	12,50	1,00	3,00		
8	4	3	1	2	5	15,00	1,00	1,00		
9	4	5	1	2	5	18,00	2,00	1,00		
10	1	4	5	4	1	10,00	1,00	2,00		
11	4	5	4	4	4	15,00	1,00	1,00		
12	4	4	2	4	5	50,00	3,00	1,00		
13	3	4	2	2	3	12,00	1,00	1,00		
14	3	3	2	5	5	17,00	2,00	2,00		
15	5	2	2	2	3	,00	1,00	3,00		
16	4	2	2	5	2	35,00	3,00	1,00		

Übung 5.1.2

Siehe Abbildung 5.2.7

Übung 5.2.2/1

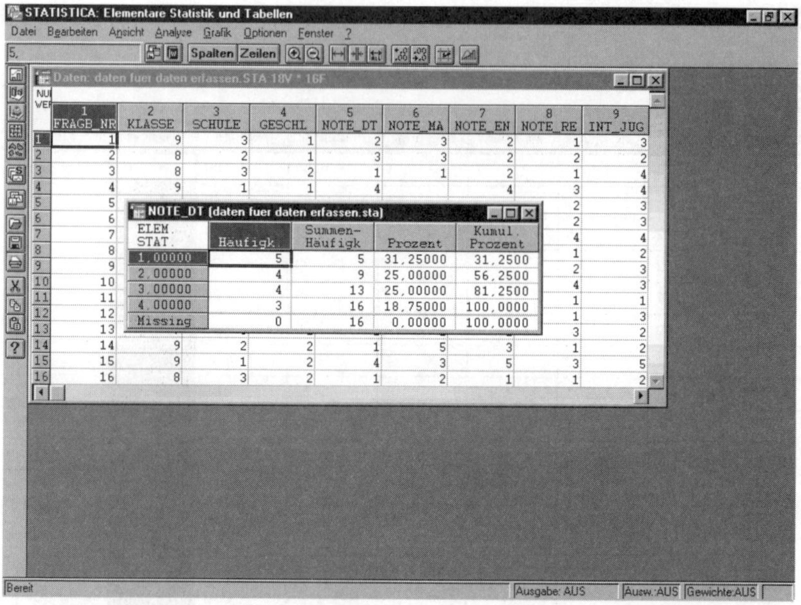

Übung 5.2.2/2

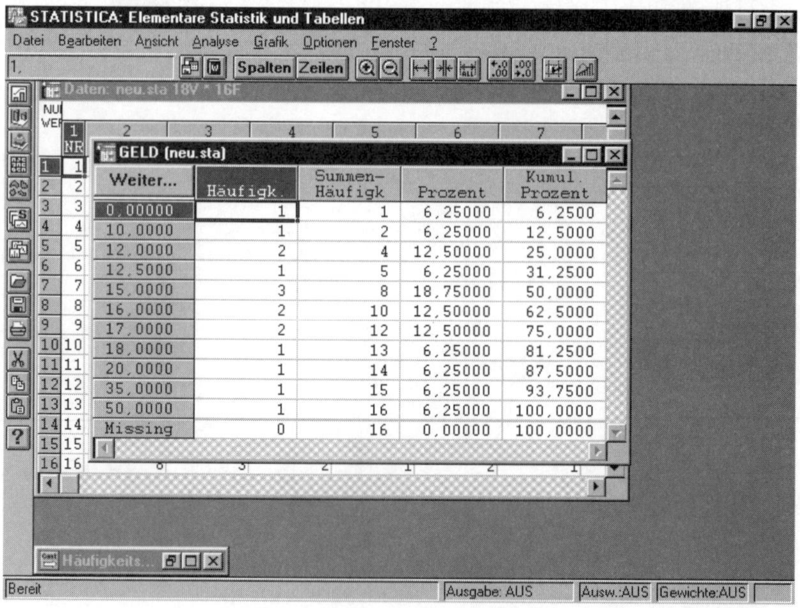

Übung 5.2.2/3

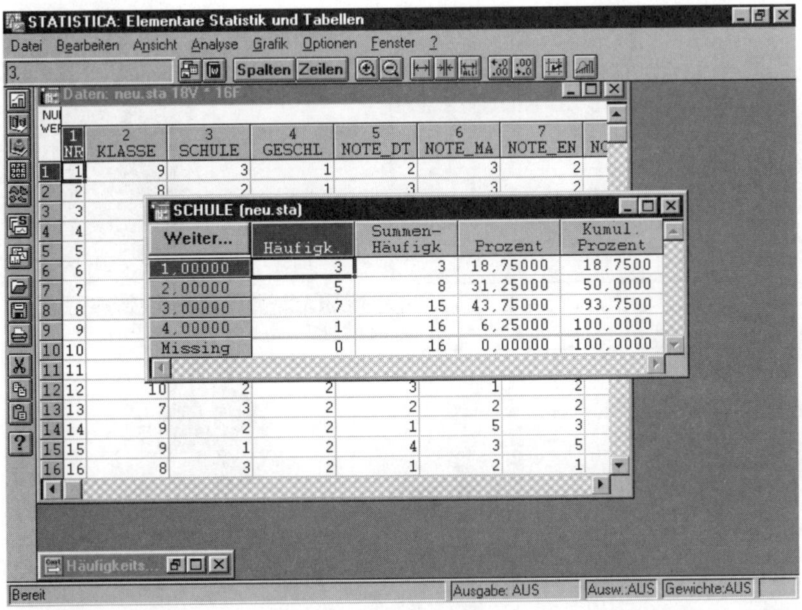

Übung 5.2.3/1

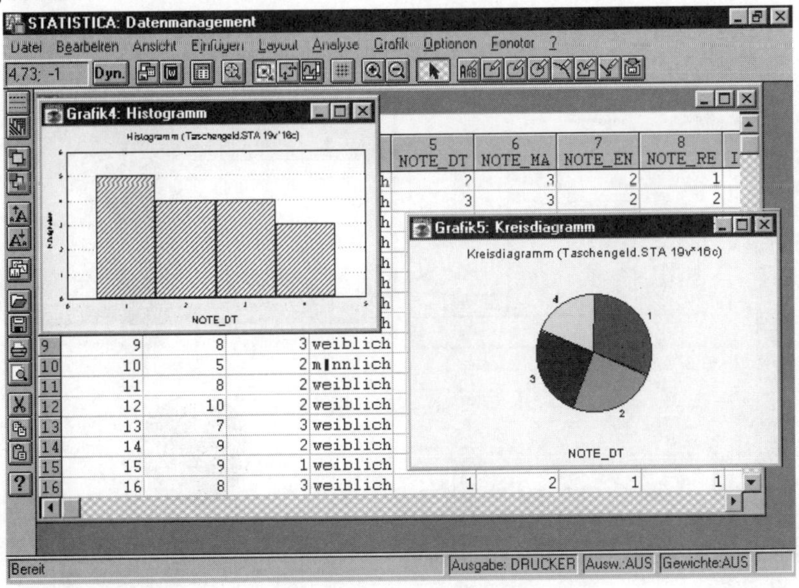

Übung 5.3/2

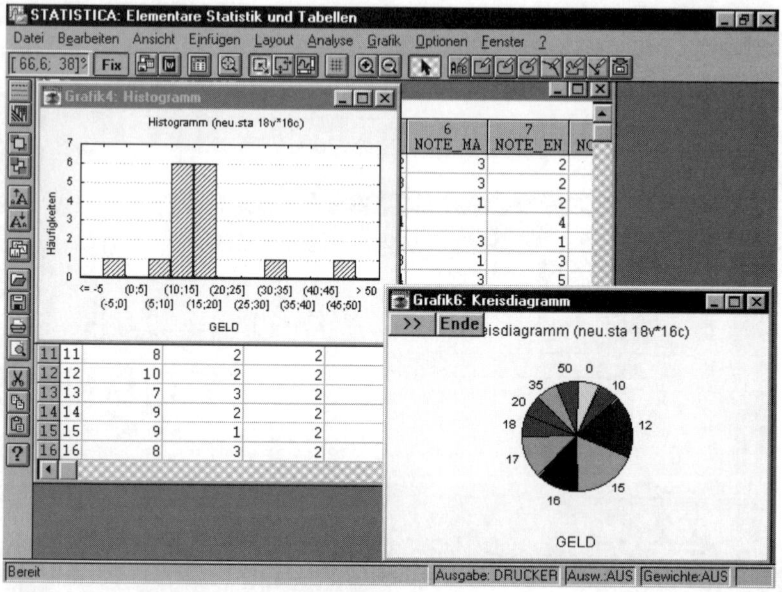

Übung 5.3/3

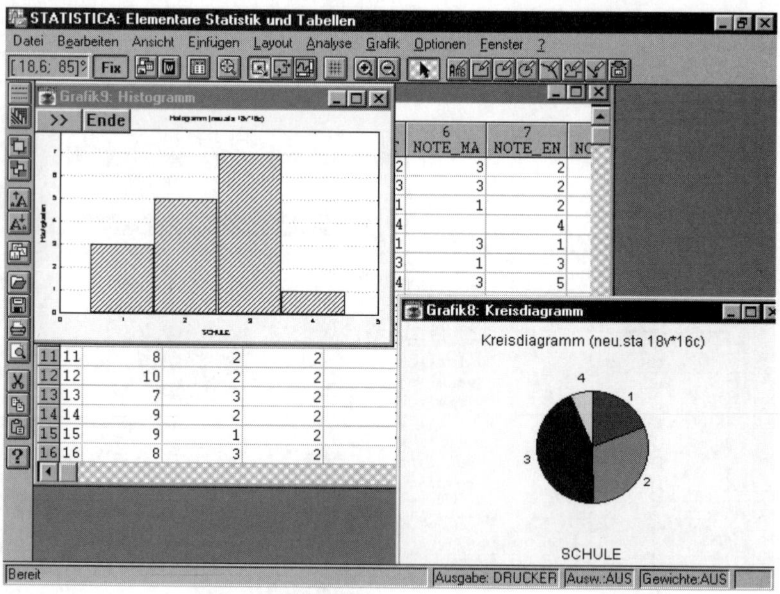

Übung 5.2.4

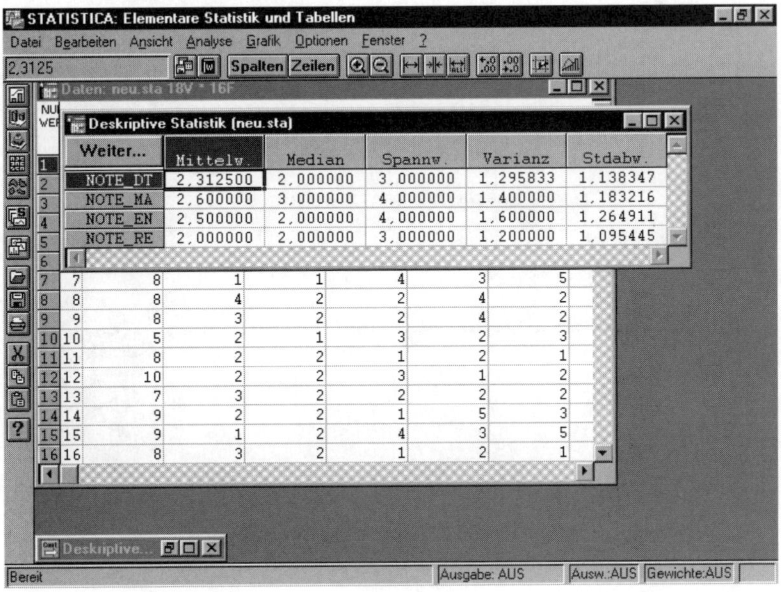

Modalwerte:

Note in Englisch	2
Note in Deutsch	1
Note in Religion	1
Note in Mathematik	3

Übung 5.2.5 a)

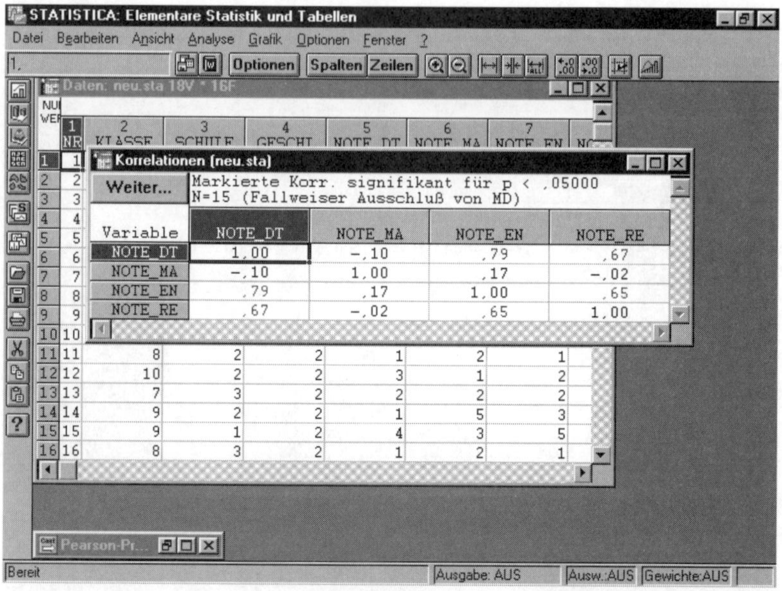

Übung 5.2.5 b)

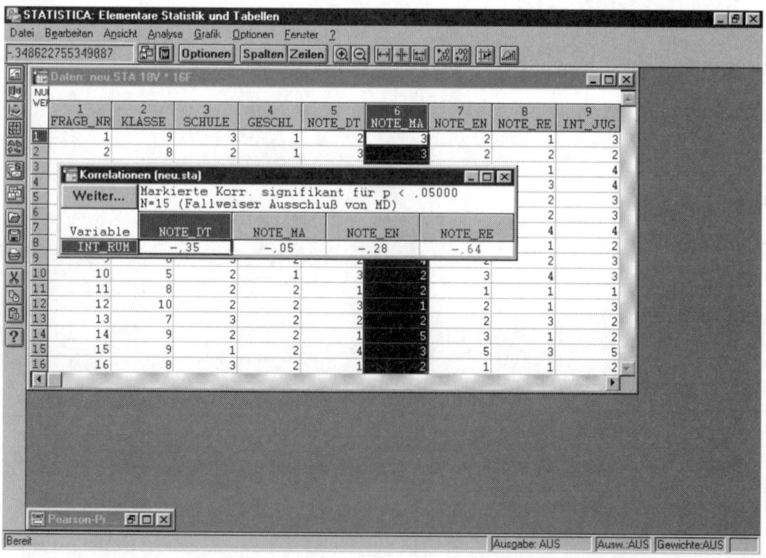

Übung 5.2.6

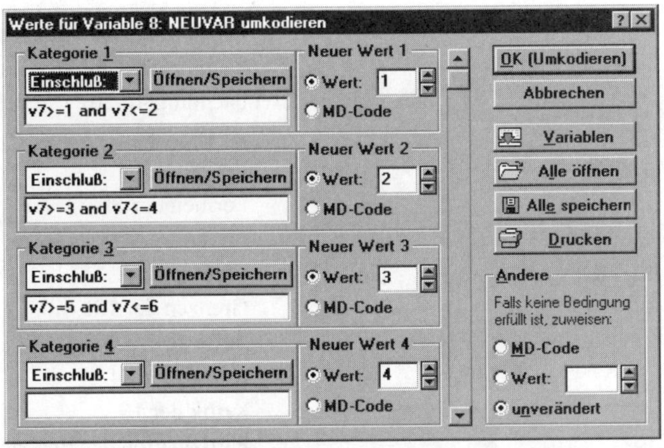

Die Variable kann ebenfalls über folgende Formeln umkodiert werden: v7 > 0 and v7 <= 2 entspricht dem neuen Wert 1; v7 > 2 and v7 <= 4 entspricht 2; v7 > 4 and v7 <= 6 entspricht 3.

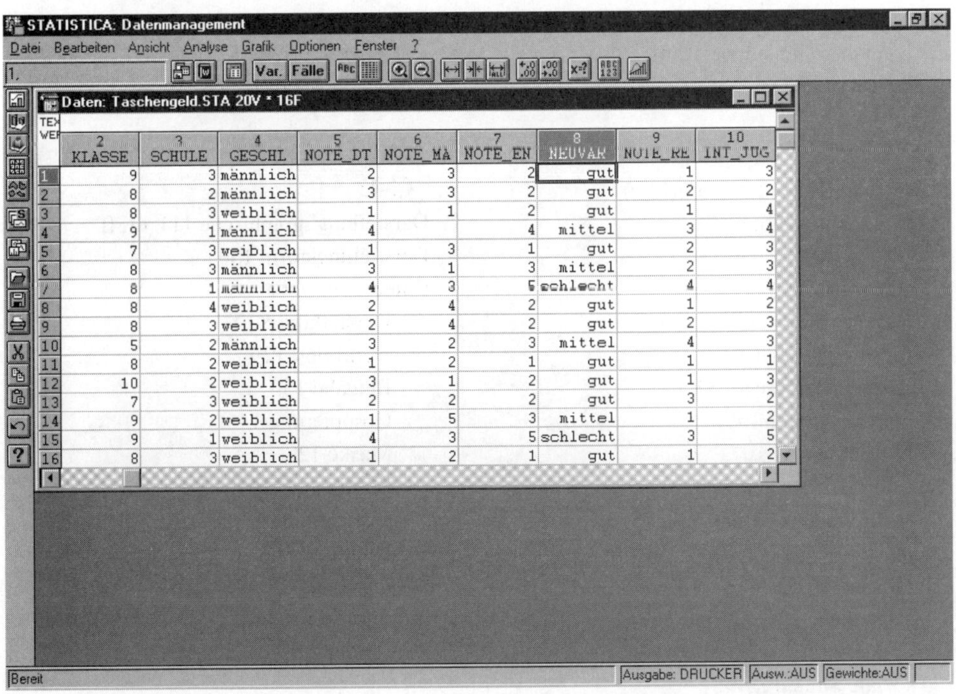

	2 KLASSE	3 SCHULE	4 GESCHL	5 NOTE_DT	6 NOTE_MA	7 NOTE_EN	8 NEUVAR	9 NOTE_RE	10 INT_JUG
1	9	3	männlich	2	3	2	gut	1	3
2	8	2	männlich	3	3	2	gut	2	2
3	8	3	weiblich	1	1	2	gut	1	4
4	9	1	männlich	4		4	mittel	3	4
5	7	3	weiblich	1	3	1	gut	2	3
6	8	3	männlich	3	1	3	mittel	2	3
7	8	1	männlich	4	3	5	schlecht	4	4
8	8	4	weiblich	2	4	2	gut	1	2
9	8	3	weiblich	2	4	2	gut	2	3
10	5	2	männlich	3	2	3	mittel	4	3
11	8	2	weiblich	1	2	1	gut	1	1
12	10	2	weiblich	3	1	2	gut	1	3
13	7	3	weiblich	2	2	2	gut	3	2
14	9	2	weiblich	1	5	3	mittel	1	2
15	9	1	weiblich	4	3	5	schlecht	3	5
16	8	3	weiblich	1	2	1	gut	1	2

SACHWORTREGISTER

G

H

I-J

K

T

U

V

W

X-Z